스피노자

자연스러운 삶을 위한 철학

일러두기
● 이 책은 2020년 출간된 『스피노자의 생활철학』의 내용 일부를 수정·보완하고, 표지와 본문 디자인을 새로 한 개정판입니다.
● 인용문은 별도의 표기가 없는 한 스피노자의 『에티카』가 출처입니다. 독자의 편의를 위해 인용 출처 표기에서 책명을 생략하였습니다.

스피노자

자연스러운 삶을 위한 철학

세상에서 가장 쉬운 『에티카』 해설서

황진규 지음

철학하는소
늘기으ㄴ

아무 것도 신경쓰지 말고, 당신의 '기쁨'을 쫓으시라.
그것이 모든 것을 바꿀 테니.

개정판 머리말
— '자연스러운 삶'을 위하여

1.

마흔다섯. 매일 일정한 시간에 일어나고, 식사를 하고, 잡니다. 매일 글을 쓰고, 책을 읽고, 운동을 합니다. 꼭 필요한 경우가 아니라면, 사람들을 잘 만나지 않습니다. 가급적 너무 기름지고 자극적인 음식은 먹지 않습니다. 쇼핑을 하지 않습니다. 담배를 피지 않습니다. 술을 마시지 않습니다. 커피를 줄여가고 있습니다.

"무슨 낙으로 사세요?" 제 삶을 아는 이들은 의아한 듯 물어보곤 합니다. 그네들의 눈에는 제 삶이 마치 수행승의 삶처럼 보였나 봅니다. 그래서인지 어떤 이는 저를 걱정해주기도 합니다. "그렇게 참고 살다가 나중에 더 크게 터져요." 저는 금욕적인 수행승처럼 살고 있는 걸까요? 그래서 눌러 둔 욕망이 언제 터질지 모르는, 아슬아슬한 삶을 살고 있는 걸까요?

저를 수행승처럼 보는 시선 앞에서 약간의 부끄러움을 느낍니다. 진정한 수행승에 비하면, 제 삶은 여전히 온갖 세속적인 욕망에 얼룩져 있다는 사실을 잘 알고 있기 때문입니다. 그리고 저의 억압된 욕망을 걱정하는 시선 앞에서는 약간의 웃음도 납니다. 예전이나 지금이나, 저는 욕망을 억압하기보다 오히려 제게 주어진 '나'를 충실히 따르는 쪽에 가깝기 때문입니다.

스물아홉. 직장인이었던 시절, 기름진 음식이든 자극적인 음식이든 먹고 싶을 때 먹고 싶은 만큼 먹었습니다. 하루가 멀다 하고 술을 마셨습니다. 퇴근 후에 백화점을 들락거리며 쇼핑을 했습니다. 주말이면 모임에 나가서 많은 사람들을 만났습니다. 세상 사람들이 말하는 '낙'을 한껏 누리며 살았습니다. 조금 더 큰 '낙'을 누리고 싶었습니다.

서른넷. 직장을 그만두고 철학을 공부하는 글쟁이가 되었습니다. 자유로워졌습니다. 밤술 대신 낮술을 마실 수 있게 되었습니다. 꼴 보기 싫은 인간들도 만나지 않고 살 수 있게 되었습니다. 그뿐인가요? 직장을 다니지 않으니 정해진 시간에 잘 필요도, 정해진 시간에 일어날 필요도 없어졌습니다. 원하는 시간에 일어나고, 식사하고, 잠자리에 들었습니다. 원하는 시간에 공부하고 글을 썼습니다.

사실 저는 긴 시간 금욕주의적 수행승보다는 쾌락주의적 자유인에 가깝게 살아왔습니다. 저는 행복해졌을까요? 그렇지 않았습니다. 직장인 시절에도, 작가로 살던 시절에도 기묘한 불행에 시달려야 했습니다. 직장인이었던 시절에는 삶이 조금씩 부서지고 있는 것 같은 불안에 시달려야 했고, 자유인이라고 믿었던 시절에는 삶이 어디에도 뿌리내리지 못한 것 같은 무의미에 시달려야 했습니다. 그것은 결코 행복한 삶이 아니었습니다.

2.

마흔 즈음. 스피노자의 『에티카』에 관한 해설서를 썼습니다. 스피노자를 공부하며 진정으로 자신의 욕망을 따른다는 것이 무엇인지 알게 되었습니다. 아마 그때부터였을 겁니다. 제가 욕망을 따르는 방식이 조금씩 변화하기 시작했던 시점이. 욕망을 따르는 것은 분명 기쁨입니다. 하지만 그 기쁨에는 세 가지 층위가 존재합니다. 자극적인 기쁨과 반발적인 기쁨, 그리고 자연스러운 기쁨입니다.

자극적인 기쁨은 무엇일까요? 이는 가장 아래 층위의 기쁨으로, 기름지고 자극적인 음식을 잔뜩 먹고, 술에 취하고, 쇼핑을 할 때 느껴지는 기쁨입니다. 이는 제가 직장을 다닐 때 빠져 있던 기쁨이었을 테죠. 이 자극적인 기쁨의 단계를 지나면, 반발적인 기쁨에 이르게 됩니다. 인간에게는 누구나 억압된 욕망이 있죠. 그 억압된 욕망을 해소할 때 느껴지는 기쁨이 바로 반발적인 기쁨입니다. 이는 제가 직장을 벗어나 작가로 살아가며 느꼈던 기쁨이었을 겁니다.

이 두 층위의 기쁨은 진정한 행복이 아닙니다. 자극적인 기쁨을 따르면 끝내는 삶이 부서지는 슬픔(불안)에 떨어질 수밖에 없습니다. 술이 깬 아침이면, 쇼핑을 끝내고 백화점을 나올 때면, 기묘한 불안에 시달렸던 것처럼 말이죠. 그다음 기쁨의 단계에 이르러도 상황은 달라지지 않습니다. 반발적인 기쁨의 끝에는 삶이 희미해지는 슬픔(무의미)이 기다리고 있으니까요. 회사를 그만두고 제멋대로 살았을 때,

기쁨은 잠시였고 이내 나 자신이 점점 희미해지는 것 같은 무의미에 시달려야 했습니다. 그것은 결코 행복한 삶이 아니었습니다.

진정한 행복은 무엇일까요? 자연스러운 기쁨입니다. 이는 햇살 좋은 바닷가에서 몸을 뉘이고 있을 때의 기쁨일 수도 있고, 고즈넉한 산속에서 산책할 때의 기쁨일 수도 있고, 일요일 오후 사랑하는 이와 함께 뒹굴거릴 때의 기쁨일 수도 있을 겁니다. 자극적이지도 않고, 딱히 특별한 순간도 아니지만, 그 어떤 자극적이고 특별한 기쁨보다 더 깊은 기쁨의 순간들이 있죠. 은은하고 고요하지만 깊은 기쁨을 느끼는 그 모든 순간이 자연스러운 기쁨일 겁니다.

자연스러운 기쁨에 언제 이를 수 있을까요? 자연스러운 삶을 살 때입니다. '자연'은 무엇일까요? 세계가 본성대로 이어지는 양상이죠. 봄이 되면 꽃이 피고, 여름이면 녹음이 짙어지고, 가을이면 단풍이 들고, 겨울이면 눈이 내리죠. 이처럼 세계의 본성이 원래 그러한 대로 펼쳐지는 모습이 바로 '자연'이죠. 자연스러운 삶 역시 이와 마찬가지입니다. 세계가 자신의 본성을 펼치는 양상이 '자연'이듯, 각자가 자신의 본성대로 살아가는 모습이 바로 '자연스러운 삶'입니다.

3.

자연스러운 삶에 어떻게 이를 수 있을까요? 흔히 '자연'스러운 삶을 '본능'적인 삶과 혼동하곤 하죠. 쉽게 말해, 먹고 싶은 대로 먹고, 자고 싶은 대로 자고, 하고 싶은 일을 하며 사는 '본능'적인 삶을 '자연스러운 삶'이라고 여기곤 하죠. 그도 그럴 것이 '본능'이란 '자연'적으로 주어진 것 아닌가요? 그러니 '본능'대로 살면 '자연'스러운 삶에 이를 수 있을 것 같다는 오해가 생길 법도 합니다.

하지만 현실은 어떤가요? '본능(동물)'대로 사는 이들을 떠올려 봐요. 그들 중 은은하고 고요한 깊은 기쁨에 이른 이들이 있던가요? 아마 단 한 사람도 찾기 어려울 겁니다. '본능'대로 사는 이가 누릴 수 있는 기쁨은 자극적인 기쁨이나 반발적인 기쁨뿐이기 때문이죠. '본능'으로는 '자연'스러운 삶에 이를 수 없습니다. 왜 '본능'적인 삶은 '자연스러운 삶'이 되지 못하는 걸까요? 인간이 만든 '문명'이 인간의 '본능'을 왜곡하기 때문입니다.

인간은 '자연'의 일부이지만, '자연' 안의 그 어떤 존재보다 부자연스러운 존재입니다. 모든 인간은 '문명'에 길들어져 있기 때문이죠. 인간 이외의 '자연'을 생각해 봐요. 파도는 단 한 순간도 멈추는 법이 없습니다. 때가 되었는데 피지 않는 꽃은 없습니다. 늦잠을 자는 새는 없습니다. 맵고 짜고 달고 기름진 음식에 중독된 늑대는 없습니다. 자신에게 해를 끼치지 않은 대상을 미워하는 동물은 없습니다. 이처럼 '자연' 안의 모든 존재는 그 자신의 본능(본성)대로 흘러가는 것만으로도 자연스럽습니다.

하지만 인간은 어떤가요? 매일 하던 일을 그만두고 싶어 하고, 때가 되었는데도 행동하지 않고, 늦잠을 자고 싶어 하고, 맵고 짜고 달고 기름진 음식만을 먹고 싶어 하고, 자신에게 전혀 해를 끼치지 않은 이를 미워하기도 하죠. 이런 일들 역시 모두 '본능'적인 반응이죠. 그런데 이 '본능'은 자연스러운 본능(본성)이라기보다 '문명'에 의해 교란된 본능일 겁니다. 바로 이것이 인간이 '본능'적인 삶으로는 결코 '자연'스러운 삶에 이를 수 없는 이유입니다.

인간은 '문명'을 이룩한 죄로, 자연스러운 삶에 이르기 위해 두 가지 대가를 치러야 합니다. 그것은 '성찰'과 '수행'입니다. 자연스러운 삶을 바란다면, '성찰'이 필요합니다. 자신의 욕망이 '문명'에 의해 왜곡된 '본능'은 아닌지, 있는 그대로의 자신의 '자연'적 욕망(본성)은 무엇인지 스스로에게 물을 수 있어야 합니다. 그리고 '문명'에 의해 왜곡된 '본능'적 욕망을 '본성'적 욕망으로 회복하는 '수행'이 필요합니다.

그 '성찰'과 '수행'을 통해, 비로소 자연스러운 삶으로의 전환이 가능합니다. 이는 자신이 원하지 않았던 것을 원하는 삶으로, 자신이 원했던 것을 원하지 않는 삶으로의 전환을 의미합니다. 즉, 자신이 진정으로 원하는 것을 원하게 되는 삶으로 나아가는 것이죠. 그 전환의 과정을 통해 자연스러운 기쁨을 누릴 수 있게 됩니다. 저 역시 그러한 전환의 과정을 지나오고 있습니다. 저는 왜곡된 욕망(술·담배·쇼핑·무규칙한 삶)을 욕망하는 삶에서 진정한 욕망(글쓰기·철학·운동·규칙적 삶)을 욕망하는 삶을 지나오고 있습니다.

사실 저는 금욕주의적 수행승이 아니라 쾌락주의자에 더 가까울 겁니다. '자연스러운 삶'이 주는 기쁨을 누리고자 하는 쾌락주의자 말이죠. 저는 지금 기쁨을 누리며 살고 있습니다. 술을 마시고 쇼핑하는 것보다 매일 글 쓰고 책 읽고 운동하는 것이 더 큰 기쁨이기 때문에 지금처럼 사는 것일 뿐입니다. 아무런 규칙도 없이 사는 것보다 일정한 시간에 일어나고 식사하고 자는 것이 더 큰 기쁨이기 때문에 지금처럼 사는 것일 뿐입니다.

저는 욕망을 따르는 기쁜 삶을 살아왔고, 지금도 그렇게 살고 있고, 앞으로도 그렇게 살아갈 요량입니다. 만약 과거의 자극적이고 반발적인 기쁨이 지금의 '자연스러운 삶'이 주는 기쁨보다 더 큰 기쁨을 준다면 저는 기꺼이 과거의 기쁨으로 돌아갈 겁니다. 저는 어떤 경우에도 기쁘게 살고 싶으니까요. 하지만 아마 그런 일은 없을 겁니다. 스피노자를 만나 '자연스러운 삶'이 어떤 것인지, 그런 삶을 살아내려는 과정이 얼마나 큰 기쁨을 선물하는지 알게 되었으니까요.

자극적인 기쁨에 지쳤나요? 반발적인 기쁨에 공허함을 느끼고 있나요? 그렇다면 여러분 역시 스피노자를 만날 시간입니다. 여러분께 닿은 이 글이, 자신의 본성을 발견하고 회복할 수 있는 각자만의 '성찰'과 '수행'을 촉발하게 되길 바랍니다. 각자의 왜곡된 욕망을 되돌아보고, 진정한 욕망에 다가설 수 있게 되길 바랍니다. 그렇게 불안과 무의미를 넘어 '자연스러운 삶'에 이를 수 있게 되길 바랍니다. 이 유리병 편지가 닿은 이들과 언젠가 은은하고 고요하며 깊은 기쁨이 그득한 행복의 세계에서 만나게 되길 소망합니다.

2025년 8월 17일
서른아홉에 썼던 원고를 마흔다섯에 다시 고쳐 쓰며
'자연스러운 삶'의 초입에서
황진규

초판 머리말

> 스피노자는 어떤 준비도 필요치 않는 직접적인 만남의 대상이다. 그렇게 때문에 비철학자 혹은 전혀 교양을 갖추지 못한 어떤 사람도 그로부터 갑작스러운 영감과 빛을 받을 수 있다. ― 질 들뢰즈, 『스피노자의 철학』

1.

"철학을 왜 공부해야 하죠?" 이 질문은 중요합니다. 이 질문에 답하지 못한다면 여러분은 이 책을 더 이상 넘겨보지 않을 테니까요. 철학을 공부해야 하는 이유는 분명합니다. 지혜로워지기 위해서입니다. 지혜로움보다 중요한 건 없지요. 지혜로운 자만이 더 작은 슬픔과 더 큰 기쁨이 있는 삶을 영위할 수 있으니까요. 문제는 지혜로워지는 것이 쉽지 않다는 겁니다. 지혜로움은 '앎'과 '삶'을 횡단하며 얻어지는 까닭입니다.

철학은 지혜를 줍니다. 철학은 '앎'과 '삶'이라는 두 가지 문제와 관련되어 있기 때문입니다. 도서관에서 어려운 글에 파묻혀 많은 이론적 지식, 즉 '앎'에 도달한 사람은 '철학'적입니다. 반대로 도서관 근처에도 가본 적 없고, 철학책 한 권 읽은 적 없지만, 자신의 '삶'을 수행하듯 정직하고 치열하게 살아낸 사람 역시 '철학'적입니다. 말하자면, '앎'은 이론이자 지식으로서의 철학이고, '삶'은 실천이자 수행으로서의 철학이라고 말할 수 있을 겁니다.

 물론 '앎'과 '삶'이라는 두 가지 철학은 별도로 분리되어 있지 않습니다. 진지하게 공부해서 명료한 '앎'에 도달하면 자연스레 그에 걸맞는 '삶'을 살게 됩니다. 진지하게 공부한 지성인들이 정갈한 삶에 이르게 되는 것이 이 경우이지요. 반대로 수행하듯 '삶'을 진지하게 살아내다 보면 자연스레 이론적 지식으로서의 '앎'에 도달하게 됩니다. 수행하듯 삶을 살아낸 직업적 장인들이 저마다의 삶의 이치(앎)를 깨닫게 되는 것이 이 경우이지요.

 즉, 지혜로움으로 가는 길에는 두 가지 방법이 있는 셈입니다. '앎'으로 '삶'에 이르는 방법과 '삶'으로 '앎'에 이르는 방법. 바로 여기에 우리가 '앎'으로서의 철학을 공부해야 하는 이유가 숨어 있습니다. 우리는 '삶'으로 '앎'에 도달하기 어려운 시대를 삽니다. 우리네 일상적 '삶'이 어떠한가요? 먹고 사느라 정신없는 삶 아니던가요? 우리는 그 삶에 치여 그저 때우듯 하루하루를 살아갑니다. 이것이 지금 우리네 '삶'의 맨얼굴입니다.

 이런 '삶'으로는 '앎'에 도달하기 어렵지요. 그래서 우리는 살지만(삶) 제대로 알지(앎) 못하는 겁니다. 그렇게 우리는 삶에 치여 지혜로부터 멀어져 갑니다. 그래서 '앎'이 중요한 겁니다. 이것이 철학을 공부해야 하는 이유입니다. '삶'으로 '앎'을 구축하기가 어렵기에, '앎'으로 '삶'을 구축해야 합니다. 제대로 공부해서 명료한 '앎'에 이르면 자연스레 그에 걸맞는 '삶'에 이를 수 있으니까요.

　　말하자면, '앎'으로서의 철학은 때우듯 쫓기듯 흘러가는 기존의 '삶'을 잠시 멈춰 세워 다른 '삶'을 구축할 수 있는 공간을 여는 시작점인 셈입니다. 그래서 '철학은 무슨 철학이야, 열심히 살면 되는 거지'라고 쉽게 말하지 말고, '앎'으로서의 철학을 공부해야 하는 겁니다. 척박한 시대를 사는 우리가 지혜로워지기 위해서는 '삶'이 아니라 '앎'에서부터 시작할 수밖에 없으니까요. 철학을 공부하기! 이것은 척박한 삶 위에서 지혜로워지기 위한 꽤 훌륭한 방법일 겁니다.

2.

"철학은 그냥 잘난 척하려고 배우는 거 아니에요?" 수업을 듣던 학생이 갑자기 던진 질문이었습니다. 흐뭇함과 안쓰러움이 교차되었습니다. 자신의 생각을 패기 있게 질문할 수 있는 젊음의 당당함에 흐뭇했습니다. 하지만 동시에 세상을 호기심 대신 냉소로 바라보는 늙음의 배타성이 느껴져 안쓰러웠습니다. 그 친구의 마음을 알 것도 같았습니다. 저 역시 한때 철학을 '있는 이'들의 '사치재'나 '먹물'들의 '장난감' 정도로 치부했던 적이 있으니까요.

　　돈깨나 '있는 이'들에게 철학은 매력적인 학문이지요. 철학은 돈만으로 살 수 없기 때문입니다. 그래서 "들뢰즈는 말이야"로 시작하는 '있는 이'들의 철학은 값비싼 '사치재'입니다. '있는 이'들 사이에서도 단연 돋보이는 '사치재' 말입니다. '먹물'들은 잘난 척하기보다 재미있어서 철학을 합니다. "비트겐슈타인은 놀라워"라고 말하는 '먹물'들에게 철학은 결코 포기할 수 없는 '장난감'이지요. 철학이 주는 지적 희열과 쾌감은 너무나 강렬하기 때문입니다.

젊음과 늙음이 뒤엉켜 버린 학생은 알고 있었던 겁니다. 우리 시대의 '철학적 앎'이라는 것은 결국 '있는 이'들의 '사치재'이거나 '먹물'들의 '장난감'이라는 사실을 말입니다. 고백컨대, 저 역시 '사치재'로서, 그리고 '장난감'으로서 철학을 공부했습니다. 잘난 척하고 싶어서 철학을 공부했습니다. 그러는 사이에 철학이 주는 지적 희열과 쾌감에 매료되기도 했습니다. 하지만 '사치재'를 넘어 '장난감'으로서의 철학을 지나오며 알게 되었습니다. 철학은 언제나 '저잣거리'의 학문이어야 한다는 사실을 말입니다.

철학이 무엇일까요? '밥'입니다. '밥'이 있어야 살 수 있듯, '철학'이 있어야 살 수 있습니다. 반문하고 싶으실 겁니다. 철학 없이도 살아가고 있는 그 많은 사람들은 무엇이냐고요. 철학은 삶을 구성하는 방식입니다. 그래서 철학이 없다면 '사는' 것이 아니라 '살아지게' 됩니다. '삶을 구성하는 방식'을 아는 이들만 능동적으로 살 수 있고, 그 방식을 모르는 이들은 세상에 휩쓸리게 되니까요. '사는 것'과 '살아지는 것'은 다르지요. 스스로 삶을 구성해 나가지 못하고 세상에 휩쓸릴 때 우리는 정말 살아 있다고 말할 수 있을까요? '사는 것'과 '살아지는 것' 사이에는 '삶'과 '죽음'만큼이나 큰 간극이 있는 것 아닐까요?

철학은 '있는 이'들과 '없는 이'들, '배운 이'들과 '못 배운 이'들 모두에게 필요합니다. 누구나 살아야 하니까요. 이것이 철학이 언제나 저잣거리의 학문이어야 하는 이유입니다. 철학이 '밥'이라면, 철학은 어디에 있어야 할까요? '있는 이'들만 드나들 수 있는 고급 카페일까요? '먹물'들만 드나들 수 있는 상아탑일까요? 철학이 고급 카페에만 있을 때 철학은 '사치재'가 되고, 철학이 상아탑에만 있을 때 철학은 '장난감'이 됩니다. 철학을 '사치재'와 '장난감'으로 머물게 하는 것보다 반反철학적인 일도 없을 겁니다.

철학은 저잣거리에 있어야 합니다. 우리네 삶 가장 낮은 곳에 있기에, 크고 작은 삶의 애환과 고민이 녹아 있고 누구든 와서 즐겁게 떠들 수 있는 저잣거리. 철학은 그곳에 있어야 합니다. 탁월한 철학자가 될 수 있을지는 잘 모르겠습니다. 하지만 철학을 하는 동안, 저는 언제나 '저잣거리의 철학자'로 남을 것이란 사실만은 분명히 알고 있습니다. 저잣거리의 사람들이 이해할 수 있는 '철학적 앎'을 펼쳐내려는 시도를 멈추지 않을 겁니다. 그것이 철학의 본령이라고 믿기 때문입니다. 여러분께 닿은 이 책이 작은 저잣거리가 되길 바랍니다. 각자의 애환과 고민을 즐겁게 떠들 수 있는 저잣거리에서 만납시다.

2020년 7월 21일
영등포구청 앞 어느 저잣거리에서
황진규

프롤로그

"스피노자는 항상 기억하고 있다네. 그에 대한 것은 잊지 않는다네. 그것은 머리가 아니라 가슴으로 기억하는 것이거든." — 질 들뢰즈, 『L'Abecedaire de Gilles Deleuze』

1.

'신도림 스피노자'. 철학과 글쓰기를 시작하며 스스로에게 붙인 별칭입니다. 이 별칭을 지은 데는 두 가지 이유가 있습니다. 첫째는 '철학은 일상 속에 있으며 유쾌해야 한다'는 바람 때문이었습니다. 철학은 진지眞摯한 학문입니다. 그 때문일까요? 철학은 종종 현학적이고 무거운, 그래서 우울한 어떤 것으로 오해받곤 합니다. 세상 사람들은 '진지충'을 멀리하듯, 철학도 그리 멀리하게 된 것일 테죠. 하지만 이는 철학에 대한 가장 큰 오해 중 하나일 겁니다.

철학은 진지한 학문이죠. 진지는 '진짜로眞 쥐다摯'는 의미입니다. 사랑이든 여행이든 운동이든 공부든 그것을 진짜로 꽉 쥐어 본 사람들은 압니다. 그것들이 우리네 삶 그 자체이며, 그래서 유쾌하고 기쁜 일이라는 사실을 말입니다. 철학도 마찬가지입니다. 철학을 진짜로 꽉 쥐어 보면 알게 됩니다. 철학은 우리네 일상의 이야기이며, 무겁고 우울한 일이 아니라, 경쾌하고 유쾌한 일이라는 사실을 말입니다.

그 삶의 진실을, 철학을 진짜로 꽉 쥐어 보지 않은 분들에게 미리 말해 주고 싶었습니다. 그것이 '신도림 스피노자'라는 우스꽝스러운 별칭을 스스로 붙인 이유였습니다. 누구보다 깊은 철학을 보여 준 '스피노자'가 일상 너머의 현학적인 곳이 아니라, 가장 많은 일상이 교차하는 '신도림'에 있다는 사실을 말해 주고 싶었습니다. 그리고 철학을 진지하게 대하면 더 유쾌하고 기쁜 삶을 구성해 나갈 수 있다는 사실 역시 알려 주고 싶었습니다.

'신도림 스피노자'라는 별칭을 지은 또 하나의 이유가 있습니다. '스피노자'의 철학은 제 가슴에 남아 있기 때문입니다. '신도림'에서 철학을 공부하며 많은 철학자들을 만났습니다. 크고 작은 지식과 지적 통찰을 얻었지만, 그것들은 이내 잊혀지곤 했습니다. 하지만 '스피노자'만은 달랐습니다. 스피노자는 시간이 지나도 잊혀지지 않았습니다. 스피노자의 철학은 저의 온 마음을 뒤흔들 만큼 강렬했기 때문일 겁니다. 그래서 그의 철학은 제 머리가 아니라 제 가슴에 남았습니다.

'스피노자'를 공부하며 제게는 많은 변화가 있었습니다. 삶의 확신이라 자부했던 것들이 터무니없는 것임을 깨닫게 되었지요. 그렇게 삶의 확신이 하나씩 찢겨 나갈 때마다 조악했던 사유가 하나씩 전복되는 경험을 했습니다. 그로 인해 협소했던 시야는 넓어졌고, 스스로 생각할 수 있는 힘을 얻게 되었습니다. 그런 지적 통찰과 깨달음보다 더 좋았던 것은 따뜻한 위로였는지도 모르겠습니다. 고된 삶의 굽이굽이마다 저는 '스피노자'에게 따뜻한 위로를 받았습니다.

골방에 갇혀 철학을 공부하고 글을 쓰며 외롭고 두려운 시간을 마주할 때마다 『에티카』를 읽었습니다. 암스테르담의 '스피노자'에게 적지 않은 빚을 지고 있는 셈입니다. 지적인 부분은 물론 정서적인 부분까지 빚졌으니, 그것은 꽤나 큰 빚일 겁니다. 그 빚을 잊지 않고 조금이라도 갚고 싶어서 저는 '신도림 스피노자'가 되었습니다. 우리 시대의 애환과 고민을 1600년대 '스피노자'의 철학으로 답해 보는 것. '스피노자'에게 받았던 것을, '스피노자'를 아직 모르는 이들에게 돌려주는 것. 그것으로 스피노자에 대한 빚을 조금이라도 갚고 싶었습니다.

2.

이제 만나게 될 이야기들은 우리의 일상적 고민들에 대해 '스피노자'라는 철학자가 응답하는 형식으로 전개될 겁니다. 이는 흥미로운 일일 겁니다. 지금 우리네 고민들을 17세기의 탁월했던 철학자가 답해 주는 셈이니까요. 일상적 고민에 대한 철학적 응답. 이것이 제가 여러분께 드리고 싶은 '기쁨'입니다. 그런 의미에서 이 책은 꼭 순서대로 읽을 필요는 없습니다. 가장 관심이 가는 주제부터 골라 읽으셔도 됩니다. 그렇게 이 책이 건네는 '기쁨'을 충분히 누리셨으면 좋겠습니다.

하지만 저자의 욕심으로 하나 제안하고 싶은 것이 있습니다. 스피노자의 사유를 조금 더 깊이 설명한 '『에티카』 한 걸음 더' 역시 빠뜨리지 않으셨으면 좋겠습니다. 조금 어렵고 낯선 이야기들을 만나게 될 수도 있습니다. 그렇더라도 조금의 인내를 갖고 차분히 읽어 보셨으면 좋겠습니다. 이는 저자의 자존심이나 아집 때문이 아닙니다. 이 책을 읽으실 여러분의 '기쁨' 때문입니다.

저는 이 책에 또 하나의 '기쁨'을 숨겨 놓았습니다. 저의 당부를 따라 이 책을 읽어 나가다 보면, 제가 이 책에 숨겨 놓았던 또 하나의 '기쁨'을 만나게 될 겁니다. 수많은 인연이 교차되어 이 책이 여러분께 닿았겠지요? 그렇게 기적처럼 닿은 이 책이 건네는 '기쁨'을 모두 누리셨으면 좋겠습니다. 그것은 여러분의 '기쁨'인 동시에 저자로서 더할 나위 없는 저의 '기쁨'일 겁니다. 이제 '신도림'에서 '스피노자'를 만날 준비가 되셨나요? 삶의 '기쁨'을 찾아 떠나는 여행을 시작해 봅시다.

차례

개정판 머리말 007
초판 머리말 015
프롤로그 021

1   더 나은 '나'를 위해

지성 ― 지성인이 될 수 있을까요? 031
자유 ― 자유롭고 싶나요? 043
의지 ― 의지박약을 어떻게 해야 할까요? 053
욕망 ― 꿈을 이루면 행복할까요? 064
『에티카』 한 걸음 더 ― 스피노자는 무신론자인가? 073

2   더 편안한 '마음'을 위해

배타 ― 왜 나와 다른 사람이 싫을까요? 079
자아 ― 자기부정에서 벗어날 수 있을까요? 090
정신 ― 유리멘탈에서 벗어날 수 있을까요? 100
기억 ― 피해의식에서 벗어날 수 있을까요? 110
『에티카』 한 걸음 더 ― '자기원인'이란 무엇인가? 120

3 더 성숙한 '관계'를 위해

이성 — 이성적인 것은 성숙한 것인가요? 127
감정 — 부정적인 감정을 어떻게 다루어야 할까요? 138
선악 — 착하게 살면 호구가 되나요? 149
섹스 — 왜 섹스 뒤에 슬픔이 찾아올까요? 161
『에티카』 한 걸음 더 — '실체'와 '양태'란 무엇인가? 171

4 더 작은 '슬픔'을 위해

중독 — 중독에서 벗어날 수 있을까요? 179
반감 — 왜 이유 없이 누군가가 싫어질까요? 191
험담 — 뒷담화를 어떻게 멈출 수 있을까요? 200
질투 — 질투심을 어떻게 해야 할까요? 211
『에티카』 한 걸음 더 — 스피노자는 어떻게 신을 해체했을까? 221

5 더 큰 '기쁨'을 위해

사랑 — 사랑이 왜 금방 식을까요? 229
소심 — 소심함을 극복할 수 있을까요? 241
희망 — 희망을 가지면 삶이 나아질까요? 251
미신 — 왜 미신에 휘둘릴까요? 260
『에티카』 한 걸음 더 — '자연'이란 무엇인가? 271

6 더 맑은 '지혜'를 위해

후회 — 후회될 때 어떻게 해야 할까요? 279
희생 — 희생하는 삶은 좋은 삶일까요? 289
오해 — 오해를 어떻게 해야 할까요? 300
자기애 — 나를 사랑할 수 있을까요? 312
『에티카』 한 걸음 더 — '심신평행론'이란 무엇인가? 324

7 더 행복한 '삶'을 위해

지혜 ― 지혜롭게 살 수 있을까요? 333

불행 ― 불행에 어떻게 대처해야 할까요? 344

행복 ― 진정한 행복은 무엇일까요? 356

『에티카』한 걸음 더 ― 지혜로움이란 무엇인가? 369

에필로그 375

1 더 나은 '나'를 위해

지성
— 지성인이 될 수 있을까요?

031 지식인과 지성인

스님, 목사, 사업가, 정치인, 작가, 일타 강사 등 한동안 '멘토' 열풍이 불었던 적이 있다. 아니, 지금도 그 열풍은 계속되고 있는지도 모르겠다. 롤 모델, 라이프 코치 등으로 이름만 바꾸어서 말이다. 하지만 멘토를 자처하는 이들을 모두 '지성인'이라 부르기는 어렵다. 그들은 특정한 분야의 지식을 갖고 있는 '지식인'에 가깝다.

  지식이 많다고 해서 무조건 좋은 인생을 살 수 있는 것도, 좋은 인생에 대해 조언해 줄 수 있는 것도 아니다. 지식은 해당 분야를 벗어나면 쓸모가 없어지기 때문이다. 어려운 영어 단어를 많이 안다고 해서 사랑의 열병을 해결해 줄 수 있는 것은 아니다. 금융 지식에 해박하다고 해서 잠들기 직전 밀려오는 공허함과 불안감에 대해 답을 줄 수 있는 것도 아니다. '지식인'은 오직 객관적인 지식만을 전해 줄 뿐, 불안하고 흔들리는 삶에 대해 해 줄 말이 없다. 그것은 '지식인'이 아니라 '지성인'의 몫이다.

'지성인'은 누구인가? 앎의 방향을 바꾸려는 이들이다. '지식인'은 앎을 더할 뿐이지만, '지성인'은 앎의 방향을 바꾼다. 주식에 관한 앎을 더하는 이들이 '지식인'이라면, 주식에 관한 앎에서 사랑에 관한 앎으로 방향을 바꾸는 이들을 '지성인'이라고 말할 수 있다. 그래서 '지성인'은 지식을 넘어 지혜에 이르려 애쓰는 이들이라고 말할 수 있다. 앎의 방향을 바꾸려 애쓰는 이들은 필연적으로 지혜로워지기 때문이다.

멘토에 열광하는 이유

이것이 세상 사람들이 '지식인'을 넘어 '지성인'을 찾아 헤매는 이유인지도 모르겠다. 지식을 넘어 지혜를 얻으면, 끊임없이 앎을 더해도 사라지지 않던 내면의 불안과 우울에서 벗어날 수 있을지도 모른다는 희망을 품고 있기 때문이다. 세상 사람들이 끊임없이 찾았던 멘토는 '지성인'이었던 셈이다.

그렇다면 멘토를 찾아 헤매던 이들은 삶의 지혜를 얻었을까? 아마 그렇지 못한 모양이다. 그들은 이 멘토 저 멘토를 바꿔 가며 여전히 삶의 지혜를 찾아 헤매고 있으니까 말이다. 멘토들의 잘못이었는지, 멘토를 찾던 이들의 잘못이었는지는 모르겠다. 하지만 이것만은 분명히 안다. 세상 사람들이 멘토들에게서 얻은 것은 '지혜'가 아니라 '의존'이다. 왜 아니겠는가? 멘토들의 이야기는 너무나 달콤한 것이었을 테니. 그 이야기가 따뜻한 위로든 따끔한 독설이든 마찬가지다.

자기 행동을 정당화하고 싶은 이들에게는 "괜찮아"라는 위로보다 달콤한 것이 없고, 자신의 게으름을 꾸짖어 주길 바라는 이들에게는 "정신 차려"라는 독설보다 달콤한 것이 없다. 이런 달콤함에 중독되다 보면, 지혜를 찾고자 했던 처음의 의지는 흐지부지되기 마련이다. 도리어 위로와 독설에 중독되어 멘토에게 점점 더 의존하게 될 뿐이다. 그럴수록 더 깊은 불안과 우울에 내몰리는지도 모른 채.

스피노자의 '지성'

이제 위로나 독설을 구걸하며 멘토를 찾아다니는 일은 그만하자. 우리가 직접, 당당하고 씩씩한 '지성인'이 되는 길을 찾아보자. 어떻게 '지성인'이 될 수 있을까? '지성인'이 되기 위해서는, 먼저 지성이 무엇인지부터 알아야 한다. 스피노자는 지성을 어떻게 정의하고 있는지 살펴보자.

> 유한한 지성이든 무한한 지성이든, 지성은 무엇보다도 신에 대해 파악하는 것이다. ─ 제1부, 정리 30

유신론자라면 섣부른 안정감이 생길지도 모르고, 무신론자라면 벌써부터 거부감이 생길지도 모르겠다. 차차 설명하겠지만, 스피노자가 말하는 '신'은 특정 종교의 절대자가 아니다. 그러니 안정감도 거부감도 잠시 내려두고, 처음부터 차분히 살펴보자.

우선 스피노자는 지성을 두 가지 범주로 나눈다. '유한한 지성'과 '무한한 지성'이다. '유한한 지성'은 말 그대로 앎의 범위에 한계가 있는 지성이다. 인간의 지성이 바로 '유한한 지성'이다. 그렇다면 '무한한 지성'은 무엇일까? 이는 앎의 범위에 한계가 없어서 무한히 확장되는 지성이다. 이 '무한한 지성'은 '신'의 지성이다.

나비효과를 예로 들어 보자. 나비효과란, 나비의 날갯짓처럼 작고 사소한 원인이 어떤 연쇄적 과정을 거쳐, 태풍처럼 예상치 못한 큰 결과로 이어지게 되는 현상을 말한다. 인간의 '유한한 지성'은 이 나비효과의 일부 과정까지는 파악할 수 있다. 예컨대 나비의 날갯짓이 주변에 작은 바람을 일으키고, 그 바람이 다른 바람과 합쳐져 조금 더 큰 바람이 되는 과정까지는 이해할 수 있다. 하지만 인간의 지성은 유한하기에, 나비효과의 연쇄적 과정 전체를 파악할 수는 없다.

그런데 이 나비효과의 연쇄적 과정 전체를 파악할 수 있는 '무한한 지성'이 있다. 그것은 바로 '신神'이다. 만약 '신'이 있다면, '신'의 '무한한 지성'은 나비의 날갯짓이 태풍으로 이어지기까지의 모든 연쇄적 과정을 파악할 수 있을 것이다. 이처럼 스피노자의 '지성'을 이해하려면, 인간뿐만 아니라 '신'이 무엇인지도 파악할 수 있어야 한다.

신은 자연이다

스피노자가 말하는 '신'은 무엇일까? 바로 '자연'이다. 이는 '신'이 세상 '밖'에서 세상을 굽어보며 피조물을 만드는 초월적 존재가 아니라, 세상 '안'에 존재하는 이 세상 자체이자 세상 만물을 만들어 내는 자연의 질서(힘)라는 의미다. 그래서 스피노자는 '신'에 대해 이렇게 말한다.

> 자연이라는 것을 우리는 … 신이라고 이해하지 않으면 안 된다. — 제1부, 정리 29, 주석

'신'은 '자연'이다. 자연을 자연스럽게 하는 어떤 힘, 이것이 스피노자가 말하는 '신'이다. '자연'을 생각해 보라. 때가 되면 계절이 바뀌고, 봄이 오면 꽃이 피고, 겨울이 되면 눈이 내린다. 늘 어느 곳에나 바람이 불고, 크고 작은 파도가 치고, 새가 지저귀고, 셀 수 없이 많은 생명이 탄생한다. 이 모든 일들은 끊임없는 순환 구조 아래서 아름다운 조화를 이룬다. 자연은 그 순환 구조의 조화(질서)를 항상 실현해 낸다. 이런 일을 전지전능한 '신'이 아니라면 누가 할 수 있겠는가. '자연'은 '신'이다.

종교가 신을 '모든 것을 창조하고 통제하는 초월적 존재'라고 말하는 것과 달리, 스피노자는 우리가 보고 듣고 느끼는 자연 그 자체가 곧 '신'이라고 말한다. 계절이 오면 꽃이 피고, 계절이 지나면 꽃이 지고, 그 자리에 달린 열매를 새가 먹고, 새가 싼 똥에서 다시 싹이 돋는, 그 모든 과정 말이다. 누군가 그 과정을 위해 새나 꽃을 일부러(부자연스럽게) 만들어 내서 통제하는 것이 아니다. '자연'은 그저 일어날 일을 일어나게 하고, 일어나지 않을 일을 일어나지 않게 할 뿐이다. 이것이 스피노자가 말하는 '신'이다.

'자연'을 모르면 지성은 없다

이제 스피노자의 '지성'에 대해 이해할 수 있다. 스피노자에 따르면, '지성'은 '신', 즉 '자연'을 이해하는 능력이다. 다시 말해, '자연'이 무엇이며 어떻게 변화하는지를 파악할 수 있어야 비로소 '지성'을 논할 수 있다는 말이다.

스피노자는 '자연'을 두 가지 범주로 나눈다. '생산된 자연'과 '생산하는 자연'이다(이는 각각 '소산적 자연'과 '능산적 자연'으로 번역되기도 한다). '생산된 자연'은 우리가 감각적으로 확인할 수 있는 새, 꽃, 열매 같은 자연물이나 날씨, 탄생, 죽음(소멸) 같은 자연 현상을 가리킨다. 한편 '생산하는 자연'은 그러한 자연물과 자연 현상을 일어나게 하는 힘이다. 스피노자의 '자연'은 '생산된 자연'을 가능케 하는 '생산하는 자연'을 의미한다.

'자연'은 일어날 일을 일어나게 하는 힘이다. 여기서 '일어날 일'은 '생산된 자연'을, '일어나게 하는 힘'은 '생산하는 자연'을 의미한다. 일어날 일이 일어나는 것. 여기엔 아무것도 개입하지 않는다. 말 그대로 '자연自然'은 스스로自 그러한然 것이다. 다른 원인 없이 스스로 그러하게, 그저 자연스럽게 일어날 뿐이다. 이 '자연'스러운 힘이 바로 '생산하는 자연'이자 '신'이며, 스피노자가 말하는 '지성'의 탐구 대상이다.

여기서 하나의 의문이 생길 수 있다. '자연'을 탐구하는 학문은 과학 아닌가? 그렇다면 스피노자가 말하는 '지성'은 결국 과학인 걸까? 전혀 그렇지 않다. 과학(생물학·물리학·천문학…)은 '생산된 자연'을 다루는 학문이고, '지성'은 '생산된 자연' 너머 '생산하는 자연'까지 파악하는 능력이라고 말할 수 있다. 과학은 '생산된 자연'을 설명할 수 있지만, '생산하는 자연'에 대해서는 설명할 수 없다(현대 과학으로도 여전히 설명할 수 없는 자연 현상은 많다). 즉 과학은 '지성'의 하위 개념인 셈이다. '개미'로 '곤충' 일반을 설명할 수 없는 것처럼, 하위 개념(과학)으로 상위 개념(지성)을 설명할 수는 없다.

'자연'을 본다는 것

이제 처음의 질문으로 돌아가 보자. 어떻게 해야 '지성인'이 될 수 있을까? '지성인'이 되고자 한다면 바로 이러한 '자연'을 알아야 한다. '자연'을 안다는 것은 무엇인가? '자연'은 자연自然스러운 것, 즉 '있는 그대로'다. 그러므로 '자연'을 안다는 것은 있는 그대로를 본다는 말과 같다. 이것이 우리가 '지성인'이 되지 못하는 이유다. 우리는 '자연', 즉 '있는 그대로'를 보지 못하기에 '지성인'이 되지 못하는 것이다.

당혹스러울지도 모르겠다. 있는 그대로의 '자연'을 보는 것이 뭐 그리 어려운 일이란 말인가? 물론 '생산된 자연'을 보는 것은 어렵지 않다. 산, 나무, 바다, 꽃, 부모, 친구, 연인처럼, '생산된 자연'을 보는 일은 쉽다. 이것이 산이고 저것이 바다라고 말하는 것, 이 사람이 부모고 이 사람은 친구라고 파악하는 것은 전혀 어려운 일이 아니다. 하지만 '생산하는 자연'은 어떤가? 우리는 '생산하는 자연'을 볼 수 있을까? 즉, '자연'을 자연스럽게 하는 힘을 볼 수 있을까?

쉽지 않은 일이다. '생산하는 자연' 안에는 무수한 자연물과 자연 현상들이 얽혀 있기 때문이다. 다시 말해, '생산하는 자연'이란 그 모든 것의 무한한 연결이자 마주침이다. 이는 눈에 보이지 않는다. 우리는 왜 '나비효과'를 이해하지 못하는가? 나비의 날갯짓이 만들어 내는 그 무한한 연결과 마주침을 전부 다 보지 못하기 때문이다. 즉, '있는 그대로' 본다는 것은 우리가 인식하는 것 외에도 분명히 존재하는 그 무수한 연결과 흐름까지 전부 다 본다는 의미다. 그러니 '생산된 자연'이 아니라 '생산하는 자연'을 본다는 것은 얼마나 어려운 일이겠는가.

저 산은 어떤 과정을 통해 저 산이 되었는가? 내 부모와 친구는 어떤 연결과 흐름을 통해 내 부모와 친구가 되었는가? 나는 어떻게 내가 되었는가? 수억 마리의 정자 중에서, 어떻게 지금의 나를 만든 그 정자와 난자가 만날 수 있었는가? 그렇게 생성된 나(정자-난자)는 어떤 연결과 마주침을 통해 지금의 내가 되었는가? 그 모든 과정을 전부 다 파악하기란 불가능하다. '생산하는 자연', 그 무한한 연결과 마주침의 장을 우리는 온전히 이해할 수 없다.

자연과 진여

불교에는 '진여眞如'라는 개념이 있다. 이는 사물들의 '있는 그대로'의 모습, 즉 '자연'의 모습을 의미한다. 이는 스피노자의 '생산하는 자연'과 맞닿아 있다. '진여', 즉 '자연'을 있는 그대로 보는 것은 어렵고 힘든 일이다('진여'는 불교의 궁극, 즉 열반과 깨달음에 이르러 부처가 되는 길이다). '진여'는 '생산된 자연'뿐만 아니라 '생산하는 자연'까지 있는 그대로 본다는 의미이기 때문이다. '자연' 안에 존재하는 수많은 존재들 사이에 얽힌 연결과 마주침의 연쇄 과정을 온전히 파악하는 것은 얼마나 어렵고 또 힘든 일이겠는가.

'세상에서 일어나는 수많은 존재들의 연결과 마주침의 과정을 얼마나 파악할 수 있는가?' 이것이 지혜로운 '지성인'이 될 수 있는지를 가늠하는 질문이다. 흔한 지식인들은 '진여'를 보지 못한다. 오직 '생산된 자연'만을 볼 뿐, '생산하는 자연'은 보지 못하기 때문이다. 그들은 '생산된 자연'으로서의 타인을 볼 뿐, 그 타인이 어떤 연결과 마주침의 과정을 통해 지금의 타인이 되었는지는 보지 못한다.

바로 이것이 사회적 약자와 소수자에 대한 감수성이 턱없이 부족한 지식인들이 그리도 많은 이유다. 그들에게는 지식이 있을 뿐, '지성'은 없기 때문이다. '지성'이 결여된 지식인들은 '생산하는 자연'을 보지 못하고, 보려고 하지도 않는다. 그들은 그저 눈앞에 있는 '생산된 자연'만을 볼 뿐이다. 아니, 그들은 눈앞에 있는 '생산된 자연'이 세상의 전부라고 믿는다. 스피노자는 많은 사람들이 '지성인'이 되지 못하는 이유에 대해 이렇게 진단한다.

지성인이 되지 못하는 이유

> 그들은 뿌리 깊은 편견에서 벗어나려고 하지 않았다. 왜냐하면 … 현재 그들의 내재적인 무지 상태를 유지하는 쪽이 전체 구조를 파괴하고 새로운 구조를 생각해내는 것보다 쉬웠기 때문이다. ─ 제1부, 부록

누구나 이해할 수 없는 사건과 마주칠 때가 있다. '게으르면 노숙자가 된다'는 편견에 사로잡혀 있는 이들이 있다. 그런 이들이 누구보다 성실하게 살았음에도 노숙자가 된 사람을 만나게 되면 어떨까? 그들은 자신이 믿던 편견을 깨고 앎의 방향을 바꾸려 할까? 그런 일은 좀처럼 일어나지 않는다. "그들은 뿌리 깊은 편견에서 벗어나려고" 하지 않는다. 왜 그런가? "현재 그들의 내재적인 무지 상태(편견)를 유지하는 쪽이 전체 구조(세계관)를 파괴하고 새로운 구조(생산하는 자연)를 생각해 내는 것보다 쉽기" 때문이다.

　모든 편견은, 그 편견을 정당화해 주는 나름의 '전체 구조(세계관)' 속에서 자리 잡는다. 그러니 편견에서 벗어나려면, 그 '전체 구조(세계관)'를 파괴하고 '새로운 구조(생산하는 자연)'를 볼 수 있어야 한다. 즉 앎의 방향을 새롭게 재편할 수 있어야 한다. 하지만 이는 결코 쉬운 일이 아니다. 그래서 대부분은 자신의 무지 상태(편견)를 유지한다. 바로 이것이 우리 시대 흔한 지식인의 모습 아닌가?

　하지만 '지성인'은 다르다. 그들은 '무한한 지성'으로 나아가려는 노력을 멈추지 않는다. 그래서 '생산하는 자연' 혹은 '진여'에 이를 수 있다. 그렇기에 '지성인'에게는 타인에 대한 섬세한 감수성이 생길 수밖에 없다. '지성인'의 섬세한 감수성은 윤리나 도덕 차원의 문제가 아니다. 그것은 '지성'적 차원의 문제다. '지성인'은 기존의 전체 구조(세계관)를 파괴하고 새로운 구조(생산하는 자연)를 알아가려는 노력을 멈추지 않는다. 이것이 '지성인'이 더 많은 이들의 아픔과 상처에 공감할 수밖에 없는 이유다.

'지성인'은 피해의식에 휩싸인 사람, 분노 조절을 못 하는 사람, 쇼핑에 중독된 사람, 돈밖에 모르는 사람, 더 나아가 노숙자나 장애인 같은 사회적 약자와 소수자들의 아픔과 상처에 공감할 수밖에 없다. 그들이 그렇게 된 것은, 결코 그들 자신만의 책임이라고 할 수 없는 수많은 연결과 마주침의 결과라는 사실을 알고 있기 때문이다. 또 누구에게나 그런 연결과 마주침이 일어날 수 있다는 사실 역시 알고 있기 때문이다. '지성인'은 '그들의 탓'뿐만 아니라, '그들의 탓이 아닌 원인'까지 전부 다 '있는 그대로' 보려 하기 때문에 타인에 대한 민감한 감수성을 가질 수밖에 없다.

아름답고 씩씩한 지성인을 위하여

'지성인'이 되고 싶다면 하나만 기억하면 된다. 있는 그대로의 세상을 볼 것! '생산하는 자연' 혹은 '진여'를 보려고 노력하면 된다. 물론 '생산하는 자연'을 완전하게 인식하기는 어려울 것이다. 세상 모든 것의 연결과 마주침의 과정을 완전히 파악하는 것은 불가능한 일일지도 모른다. 그것은 정말 '신'의 영역이니까. 하지만 있는 그대로의 타자와 세계를 보려고 노력할 수는 있다. 지금 눈앞에 보이는 타자(세계)가 될 수밖에 없었던 연결과 마주침을 조금 더 많이 보려고 노력할 수는 있다. 그 노력으로 우리는 씩씩하고 아름다운 지성인이 될 수 있다.

지성인은 씩씩하다. '생산하는 자연' 혹은 '진여'의 끄트머리라도 보게 되었을 때, 달리 말해 있는 그대로의 세상이 어떤 연결과 마주침의 과정을 통해 존재하게 되었는지 보이기 시작할 때, 누구나 놀라운 깨달음에 이르게 된다. 가부장적 세계, 자본주의적 세계, 권위적 세계, 국가적 세계, 그 모든 것이 불완전한 앎이었음을 알게 된다. 그렇게 앎의 방향을 바꾸어 삶의 진실에 직면한 이는 씩씩하게 외칠 수밖에 없다. 이 세상은 잘못되었다고, 다른 세상이 가능하다고. 누구노 말하지 않는 삶의 진실을 이렇게나 당당히 외치는 이는 얼마나 씩씩한가.

또한 지성인은 아름답다. 앎의 방향을 바꾸어 있는 그대로의 세상을 보게 되면 깨닫게 된다. 행복도 불행도 모두 우발적인 연결과 마주침의 결과라는 사실을. 있는 그대로의 세계를 통해 한 사람을 보게 된 이들의 얼굴에는 따뜻한 미소와 눈물이 깃든다. 그들은 누군가의 행복을 보며 참 다행이라고 안도한다. 그들은 누군가의 불행을 보며 네 잘못이 아니라며 함께 아파한다. 이처럼 삶의 진실에 이르러, 자신의 행복과 불행 너머 타인의 행복과 불행에 미소 짓고 눈물 짓는 이는 얼마나 아름다운가.

자유
— 자유롭고 싶나요?

043 우리는 왜 자유롭지 못할까?

'자유롭게 살고 싶다.' 이보다 더 간절한 소망이 있을까? 왜 그리도 대학에 가고 싶었을까? 왜 그리도 돈을 벌고 싶었을까? 왜 그리도 여행을 떠나고 싶었을까? 많은 이유가 있겠지만 근본적인 이유는 하나다. 자유. 대학에 가면, 돈을 벌면, 여행을 떠나면 자유로운 삶이 펼쳐질 것 같았다. 그래서 그 모든 것을 갈망했다. 우리가 진정으로 원했던 것은 대학도, 돈도, 여행도 아니다. 그것들이 가져다줄 자유로움, 이것이 우리가 진정으로 원했던 것이다. 어찌 보면 우리네 삶 자체가 자유를 향한 발버둥 같기도 하다.

자유가 무엇인가? 어떤 것에도 얽매이지 않고 자기 마음대로 할 수 있는 상태. 이 상태가 되었을 때 자유롭다고 느낀다. 구체적으로 말해, 자고 싶을 때 자고, 일어나고 싶을 때 일어나고, 직장에 가고 싶으면 가고, 가기 싫으면 가지 않을 수 있는 상태, 즉 무엇이든 내 마음대로 할 수 있는 상태를 자유롭다고 한다. 반대로 삶이 어딘가에 얽매여 자기 마음대로 할 수 없는 상태를 부자유하다고 한다.

자유는 드물다. 누구나 자유를 원하지만 정작 자유로운 사람은 드물다. 왜 그럴까? 자유롭지 못할 때, 흔히 그것을 자신의 역량 문제라고 여긴다. 쉽게 말해, 대학에 갈 역량이 부족해서, 돈을 벌 역량이 부족해서, 여행을 떠날 역량이 부족해서 자유롭지 못하다고 여긴다. 물론 그럴지도 모르겠다. 하지만 자유의 부재, 그것은 '역량'의 문제가 아니라 '정의 definition'의 문제인 것은 아닐까?

자유로울 수 있는 '역량'이 부족해서가 아니라, 자유를 잘못 '정의'했기에 자유롭지 못한 것은 아닐까? 마치 달릴 수 있는 능력이 부족해서가 아니라, 잘못된 곳을 향해 달렸기에 목적지에 도달하지 못하는 상황처럼 말이다. 진정으로 자유를 원한다면, '역량'을 문제 삼기 전에 '정의'부터 살펴보아야 한다. '자유로울 역량이 있는가?'보다 먼저 해야 할 질문은 '진정한 자유는 무엇인가?'이다.

스피노자의 '부자유'

'자유'를 논하기 전에 먼저 '부자유'에 대해 알아보자. 스피노자는 '부자유'를 어떻게 정의했을까?

> 일정하고 결정된 방식으로 존재하고 작용하도록 다른 것에 의하여 결정되는 것을 우리는 '필연적'이라거나, 오히려 '강제된다'고 말한다. — 제1부, 정의 7

스피노자에 따르면, '필연적'인 것은 부자유하다. '필연적'은 어떤 의미인가? "나는 필연적으로 가난해질 거야!" 이 말은 내가 어떤 일을 하더라도 반드시 가난해질 수밖에 없다는 뜻이다. 즉, '필연적'이란 자신의 자유 의지와 무관하게 외부적 원인에 의해 결정되는 상태를 의미한다. '필연적'인 것은 '강제된다'는 것이며, '강제된다'는 것은 부자유한 것이다. 이는 결코 난해한 이야기가 아니다.

길가에 핀 작은 꽃을 생각해 보자. 그 꽃은 부자유하다. 왜 그런가? 햇볕이 드는 쪽에 핀 꽃은 활짝 피지만, 그늘진 쪽에 핀 꽃은 그렇지 못하다. 또 햇볕이 드는 쪽에 핀 꽃이라 하더라도 바람이 거세게 불면 뿌리째 뽑힐 수도 있다. 그 꽃의 생장은 외부적 요소(햇볕·바람)에 의해 '필연적'으로 결정된다. 이렇듯 "일정하고 결정된 방식으로 존재하고 작용하도록 다른 것에 의하여 결정되는 것"은 '필연적'인 것이며, 그것들은 모두 부자유하다. 이는 비단 꽃만의 이야기일까?

우리 역시 마찬가지다. 우리는 언제 부자유하다고 느낄까? '필연적'일 때다. 즉, 우리 자신이 "일정하고 결정된 방식으로 존재"할 수밖에 없고, 또 그런 방식으로 살아갈("작용") 수밖에 없을 때 부자유하다("강제된다")고 느낀다. 생각해 보라. 아무리 열심히 일해도 가난이 필연적으로 강제된다면, 우리네 삶은 얼마나 부자유하게 느껴지겠는가? 그렇다면 이제 묻게 된다. 무엇이 우리를 강제하는가? 우리를 그토록 부자유하게 만드는 원인은 무엇인가?

'규칙·체계·반복'을 벗어던지면 자유로워질까?

바로 '규칙(법칙)'이다. '부자유'를 생각할 때 '규칙(법칙)'이란 개념을 빼놓고 생각할 수 없다. 직장, 학교, 군대가 대표적으로 부자유한 공간인 이유가 무엇인가? 그곳에는 반드시 따라야만 하는 '규칙'이 있기 때문이다. 그 '규칙' 때문에 내 마음대로 할 수가 없다. '규칙'은 단지 '규칙'으로 끝나지 않는다. '규칙'은 '체계'를 만들고, 그 체계는 특정한 '반복routine'을 구성한다. 규칙, 체계, 반복은 한 묶음이다. 이 묶음에서 우리는 부자유를 느낀다.

'규칙(9시 출근·6시 퇴근)'은 '체계(직장생활)'를 만들고, 그 '체계'를 통해 지루한 '반복(직장인의 삶)'이 만들어진다. 그 규칙·체계·반복으로 이루어진 삶은 '필연적'인 삶이며, 그 속에서 우리는 결코 자유를 느낄 수 없다. 바로 이것이 자유를 원하는 이들이 일탈을 꿈꾸고 감행하는 이유다. 그 일탈은 정확히, 규칙·체계·반복으로부터의 일탈이다. 그렇다면 묻자. 그런 일탈을 감행했을 때 우리는 자유를 얻게 될까?

직장, 학교, 군대를 벗어나 모든 규칙·체계·반복을 초월해 버리면 자유로움을 느낄 수 있을까? 쉽게 말해, 무엇이든 내 마음대로 할 수 있는 상태가 되면 자유로움을 느낄까? 우리의 바람과 달리 그런 일은 일어나지 않는다. 어떤 규칙·체계·반복도 없는 삶은 자유가 아니라 기묘한 공허를 낳는다. 학교를 자퇴하고 자기 마음대로 살았던 친구가 있었다. 어떤 규칙·체계·반복도 없이 몇 년을 지냈다. 그는 자유로웠을까? 그에게서 자유로운 이들이 가지고 있는 활력은 찾아볼 수 없었다. 오히려 어딘가에 갇힌 듯 우울하고 무기력해 보였다.

나 역시 그런 적이 있었다. 제대 후에 몇 개월 동안 어떤 규칙·체계·반복도 없는 생활을 이어갔다. 그때 자퇴했던 그 친구가 왜 그리 우울하고 무기력했는지 알게 되었다. 어떤 규칙·체계·반복도 없이 살았던 나는 자유로웠을까? 아니다. 부자유했다. 무언가 텅 비어 버린 기분에 갇혀(부자유!) 버렸기 때문이다. 규칙-없음, 체계-없음, 반복-없음이 남기는 공허는 자유가 아니다.

스피노자의 '자유'

자신을 둘러싸고 있는 모든 규칙·체계·반복을 벗어던지면 자유로워질 것이란 믿음, 이것이 '자유'에 대한 가장 큰 오해다. 이제 더욱 암울해진다. 우리를 구속하는 규칙·체계·반복을 벗어던져도 자유로울 수 없다면, 도대체 어떻게 자유로울 수 있을까? 이 질문에 답하기 위해서는 먼저 진정한 자유가 무엇인지 물어야 한다. 스피노자가 '자유'를 어떻게 정의했는지 알아보자.

> 자신의 본성의 필연성에 의해서만 존재하며, 자기 자신에 의해서만 행동하도록 결정되는 것을 우리는 '자유롭다'고 말한다. — 제1부, 정의 7

스피노자에 따르면, '필연성'은 자유다. '필연적'은 부자유이지만, '필연성'은 자유다. 거대한 폭포를 생각해 보자. 폭포는 늘 위에서 아래로 거대한 물줄기를 떨어뜨리려는 본성을 지니고 있다. 폭포는 새들의 지저귐, 주변의 바위들, 뜨거운 햇볕, 거센 비바람 등 어떤 외부적 요소에도 영향을 받지 않는다. 폭포는 폭포이기 때문에 아래로 떨어질 뿐이다. 폭포는 오로지 "자신의 본성의 필연성(아래로 떨어짐)에 의해서만 존재"한다.

이처럼 "자기 자신에 의해서만 행동하도록 결정되는 것"은 자유롭다. 그 어떤 외부적 원인에도 영향을 받지 않기 때문이다. 길가에 핀 꽃이 부자유한 이유는 그 꽃의 생장이 외부적 원인에 의해 '필연적'으로 결정되기 때문이다. 반면, '필연성'에 의해 존재하는 것은 자유롭다. 그런데 사실 엄밀히 말하자면, 아무리 거대한 폭포라 하더라도 완전히 자유롭지는 않다. 극심한 가뭄이나 거대한 댐과 같은 외부적 요소가 개입하면, 그 폭포 역시 멈춰 버릴 수 있기 때문이다. 그렇다면 진정으로 자유로운 존재는 무엇일까?

'신'의 자유란 무엇인가?

> 신은 그 자신의 법칙에 의해서만 활동하고, 다른 어떤 것에 의해서도 강제되지 않는다. ─ 제1부, 정리 17

스피노자는 진정으로 자유로운 존재는 '신'이라고 말한다. '신'은 자유롭다. 오직 "그 자신의 법칙에 의해서만 활동"할 뿐, "다른 어떤 것에 의해서도 강제되지 않기" 때문이다. 만약 전지전능한 '신'이 존재한다면, 그 존재는 완전히 자유로운 존재일 수밖에 없다. 외부의 영향을 받아 '필연적'으로 존재하는 것은 '신'이 아니니까. 누군가에 의해 신이 된 존재, 외부의 명령을 받는 존재, 시간에 따라 늙고 병드는 존재를 '신'이라고 할 수는 없지 않은가? 흥미로운 점은, 스피노자가 '신'의 자유가 어떤 것인지 구체적으로 이야기한 부분이다.

> 세상 사람들은, 신의 본성에서 생긴다고 우리가 말한 것, 곧 신의 힘 안에 있는 것을 신 자신이 생성시키거나 또는 그들이 믿기에 신이 자신이 그것을 산출되지 않게 할 수 있으므로 신은 자유 원인이라고 믿는다. 그러나 이것은 마치 신은 삼각형의 본성에서 세 각의 합이 180도와 동일하다는 것을 생기지 않게 하거나 주어진 원인에서 아무런 결과도 생기지 않게 할 수 있다고 말하는 것과 똑같다. 이것은 부당하다. ─ 제1부, 정리 17, 주석

스피노자는 세상 사람들이 '신'의 자유를 오해하고 있다고 말한다. 세상 사람들은 신에게 우주적 법칙을 초월할 수 있는 자유가 있다고 믿는다. 즉, '신'은 자신의 힘으로 무엇이든 제 마음대로 할 수 있기 때문에 자유롭다고 믿는다. 예를 들어, '신'이 평면 위에서 삼각형 세 내각의 합을 90도가 되게 할 수 있다거나, 봄이 되었는데("주어진 원인") 꽃이 피지 않게("아무런 결과도 생기지 않게") 할 수 있기 때문에 '신'이 자유롭다고 말한다. 하지만 이는 '신'이 아니라 '신' 할아버지가 와도 되지 않을 부당한 일이다.

스피노자가 말하는 '신'의 자유, 즉 진정한 자유는 자연의 법칙을 초월한 자유가 아니다. 쉽게 말해, 모든 것을 제멋

대로 할 수 있는 자유가 아니다. 그렇다면 '신'의 자유는 무엇인가? '신' 자신의 본성(필연성)을 따르는 것이다. 스피노자의 '신'은 '자연'이다. '자연'을 자연스럽게 흘러가게 하는 법칙들 자체가 바로 '신'이다. '자연'의 법칙 자체가 '신'이기 때문에 '신'은 자유롭다. '신(자연)'은 그 어떤 외부 원인에도 영향을 받지 않고 자신(자연)의 본성을 따르기 때문이다. 어떤 경우에도 평면 위 삼각형 세 각의 합이 180도가 되게 하는 것, 어떤 경우에도 봄이 되면 꽃이 피게 하는 것, 그것이 바로 '신(자연)'의 자유로움이다.

자유롭게 사는 법

이제 자유로워지는 법에 대해 말할 수 있다. 아무런 규칙·체계·반복이 없는 상태는 자유가 아니다. 그것은 망상이고 혼란이며, 허무고 무기력이다. 그것은 지독한 부자유다. 망상과 혼란, 허무와 무기력에 갇힌 부자유. 진정한 자유를 원한다면 '신'의 자유를 본떠야 한다. 자신의 본성(필연성)을 따르는 삶. 달리 말해, 오직 자신이기에 따를 수밖에 없는 '규칙'을 발견하고, 그 규칙에 따라 '체계'를 만들고, 그 체계를 유지할 수 있도록 '반복'하는 삶. 그것이 진정으로 자유로운 삶이다. 스피노자는 이렇게 말한다.

> 우리가 할 수 있는 최선의 것은, 올바른 생활 규칙이나 일정한 생활 지침을 구상하고 이것을 기억에 남겨 인생에서 흔히 마주치는 개개의 경우에 끊임없이 적용하는 것이다. ― 제5부, 정리 10, 주석

인간이 할 수 있는 최선의 것은 무엇인가? 기쁨이든 슬픔이든 가리지 않고 제멋대로 사는 일이 아니다. 진정한 기쁨을 주는 생활 규칙이나 생활 지침을 마련하여, 그것을 삶에서 부딪히는 개개의 경우에 적용하는 것이다. 즉, 자신의 삶에서 특정한 '규칙·체계·반복'을 관철하는 것이다. 예를 들면, 매일 아침 달리기를 하는 것이 기쁨을 준다면, 어디에 있든 누구를 만나든 '매일 달린다'는 생활 규칙이나 생활 지침을 지켜 나가는 것이다. 여기서 중요한 것은, 기쁨을 주는 '규칙·체계·반복'은 사회가 지정한 '규칙·체계·반복'이 결코 아니라는 사실이다.

　　직장을 성실히 다니는 사람을 생각해 보자. 그는 '매일 아침 6시에 일어난다!'는 '규칙'에 의해 형성된 '체계'를 '반복'하는 삶을 산다. 그는 자유로운가? 아니다. 부자유하다. 왜 그런가? 그의 '규칙·체계·반복'은 사회(외부적 요소)가 지정한 것이기 때문이다. 반면, 글을 쓰기 위해 직장을 그만둔 사람을 생각해 보자. 그 역시 '매일 아침 6시에 일어난다!'는 '규칙'에 의해 형성된 '체계'를 '반복'하는 삶을 산다. 그렇다면 그 역시 부자유한가? 아니다. 그는 자유롭다.

자유는 규칙 '밖'이 아니라 규칙 '안'에 있다

왜 그런가? 전날 과음을 했든 몸이 아프든 우울하든 여행 중이든 그는 "자신의 본성의 필연성에 의해서만 존재하며, 자기 자신에 의해서만 행동하도록 결정"하기 때문이다. 그의 본성은 무엇인가? '쓴다'는 것이다. 폭포의 본성이 '떨어짐'이라면, 그의 본성은 '씀'이다. 그는 그 어떤 외부적 요소의 영향도 받지 않고 자신의 본성(쓈)에 의해서만 행동하기 때문에 자유롭다.

우리를 부자유하게 하는 것은 '규칙·체계·반복' 그 자체가 아니다. 자신의 본성을 따르지 못하게 하는, 사회 관습적 '규칙·체계·반복'이 우리를 부자유하게 하는 것일 뿐이다. 우리에게 슬픔을 주었던 것은 '규칙·체계·반복'이 아니라 사회 관습적 요구일 뿐이다. 놀랍게도, 우리를 자유롭게 하는 것은 '규칙·체계·반복'이다. 우리의 본성을 따르는, 그래서 우리에게 기쁨을 주는 '규칙·체계·반복'.

이제 진정한 자유가 무엇인지 명료하게 답할 수 있다. 모든 환경과 조건을 초월해서 제멋대로 하려는 것은 자유가 아니다. 그것은 우리네 삶을 부자유로 몰아넣을 방종일 뿐이다. 오직 자신이기에 따를 수밖에 없는 '법칙'을 발견하고, 그 법칙에 따른 '체계'를 만들어 나가며, 그 '체계'를 유지하기 위해 묵묵히 '반복'하는 삶. 그것이 진정으로 자유로운 삶이다. 진정한 자유는 '규칙' 밖이 아니라 '규칙' 안에 있다.

의지
— 의지박약을 어떻게 해야 할까요?

"나는 왜 의지가 없을까?"

철없던 시절, 전형적인 의지박약이었다. 공부든 운동이든 무엇이든 작심삼일이었다. 의지를 다지며 세운 야심 찬 계획은 3일 후면 깊은 자괴감이 되어 되돌아왔다. 재능 있는 아이들이 부러웠다. 타고난 머리와 운동 신경이 좋은 친구들이 부러웠다. 3일만 공부해도 성적이 잘 나오고, 3일만 연습해도 능숙하게 운동을 해내는 친구들이 부러웠다. '나는 왜 저런 재능이 없을까?' 삶을 변화시킬 재능이 없는 나 자신이 무던히도 싫었다.

나는 머리도, 운동 신경도 그저 그렇다는 것을 알게 되었다. 철이 들어 버렸다. 철은 들었지만, 부러움은 줄어들지 않았다. 부러움의 대상이 바뀌었을 뿐이다. 타고난 재능 대신 이제 굳은 의지가 있는 사람들이 부러워졌다. 머리는 나쁘지만, 하루 종일 책상에 앉아서 지독하게 공부하는 아이. 운동 신경은 없지만, 아침부터 저녁까지 농구 연습을 하는 아이. 그런 아이들이 부러웠다. 타고난 재능이 없어도, 굳은 의지로 그것을 극복해 나가는 이들이 한없이 부러웠다. '나는 왜 저런 의지가 없을까?' 다시 한탄했다.

강한 의지라는 특별함

'노력하면 된다!'는 말이 제일 싫었다. 노력해도 안 되는 일이 있어서가 아니었다. '노력'이라는 것을 마음만 먹으면 누구나 쉽게 할 수 있는 일처럼 말하는 것이 싫었다. 노력은 아무나 할 수 있는 일이 아니다. 묵묵히 노력할 수 있음, 그 자체가 이미 특별함이다. 그 특별함은 어디서 오는가? 강한 의지다. 강한 의지가 있는 사람만이 노력할 수 있다.

 강한 의지는 드문 역량이다. 어떤 상황과 조건에서도 묵묵히 노력하는 것은 귀하고 드문 역량이다. 오죽하면, '의지도 재능'이라는 자조적인 말까지 나왔을까. 의지는 귀하고 드문 역량이기에 그것조차 타고난 이들의 전유물이라고 여기게 된 것일 테다. 이 얼마나 서글픈 패배주의인가? 재능이 타고나는 것이라면, 의지는 결코 재능이 아니다. 의지는 매 순간 내린 선택의 누적분일 뿐이다. 매 순간 포기하지 않고 끝까지 하겠다고 선택한 일들이 쌓이는 것, 그것이 바로 의지다. 그래서 의지는 타고난 특별함과는 아무 상관이 없다.

 강한 의지는 삶에서 중요한 덕목이다. 삶을 잘 산다는 것이 무엇인가? 닥쳐온 고난과 역경을 잘 극복한다는 것이고, 조금 더 나은 삶을 위해 노력한다는 것이다. 이 모든 것은 강한 의지가 없다면 요원한 일이다. 오직 강한 의지가 있는 이들만이 주어진 고난과 역경을 극복하고 더 나은 삶을 향해 노력할 수 있기 때문이다. 그렇다면 이제 다음 질문을 향하게 된다. '강한 의지는 어떻게 만들어지는 것일까?'

스피노자의 '의지'

스피노자는 이 질문에 어떻게 답할까? 먼저 스피노자는 '의지'를 어떻게 정의하고 있는지 알아보자.

> 의지는 자유 원인이라고는 불릴 수 없고, 단지 필연적 원인이라고 할 수 있다. ― 제1부, 정리 32

스피노자에 따르면, 의지는 '자유 원인'이 아니라, '필연적 원인'이다. '자유 원인'은 무엇일까? 이는 말 그대로 특정한 외부 원인 없이 스스로 자유롭게 생겨나는 원인이다. 반대로 '필연적 원인'은 특정한 외부 원인으로 인해 반드시 그렇게 될 수밖에 없는 원인이다. 즉, '필연적 원인'은 다른 원인의 영향을 받아 필연적(강제적)으로 만들어진 원인이다. 스피노자는 의지가 바로 이 '필연적 원인'이라고 말한다.

당구공을 예로 들어 보자. 당구대 위에 흰 공과 파란 공이 있다. 흰 공이 아무런 외력 없이 저절로 굴러갔다고 해 보자. 그렇게 굴러간 흰 공이 파란 공을 쳐서 움직이게 했다. 이때 흰 공은 '자유 원인'이라고 말할 수 있다. 흰 공은 외부 원인 없이 스스로 자유롭게 움직였기 때문이다. 그리고 파란 공은 '필연적 원인'이라고 말할 수 있다. 파란 공은 흰 공의 영향을 받아 필연적(강제적)으로 움직이게 되었기 때문이다.

> 각각의 의지 작용은 다른 원인에 의해 결정되지 않으면 존재할 수도, 작용할 수도 없으며 그 원인도 역시 다른 원인에 의해 결정되고 이렇게 무한히 진행된다. ― 제1부, 정리 32, 증명

이제 스피노자의 '의지 작용'에 관한 난해한 이야기도 어렵지 않다. '의지 작용', 즉 '의지는 어떻게 만들어지고 작용하는가?'라는 질문에 스피노자는 이렇게 답하고 있다. "의지 작용은 다른 원인에 의해 결정되지 않으면 존재할 수도, 작용할 수도 없다." 스피노자에 따르면, '의지 작용'은 일종의 연쇄 반응이다. 하나의 의지가 있다면, 그것은 어떤 원인에 의해 발생한 것이고, 그 원인 역시 또 다른 원인에 의해 발생한 것이다. 이러한 연쇄가 끝없이 이어져 의지가 작용하게 된다.

무한히 넓은 당구대 위에 무한히 많은 당구공이 있다고 생각해 보자. 그중 한 당구공이 움직여 다른 공을 움직이게 하고, 그렇게 움직여진 공이 또 다른 공을 움직이게 한다. 이런 흐름이 끝없이 이어지는 장면을 상상해 보자. 이것이 스피노자가 말하는 '의지 작용'이다. 사람의 '의지 작용'도 이와 같다. 하나의 당구공이 다른 공에 영향을 받아 움직이듯, 사람 또한 다른 원인에 영향을 받아 움직이는 연쇄의 일부다. 이것이 스피노자가 '의지'는 '자유 원인'이 아니라 '필연적 원인'이라고 말한 이유다. 의지는 스스로 자유롭게 존재하는 것이 아니라 외부 원인에 의해서만 필연적으로 존재하게 된다.

'의지'는 '있으라!' 한다고 생기는 것이 아니다

'의지'는 하늘에서 갑자기 뚝 떨어지는 '자유 원인'이 아니다. 의지는 외부 원인에 영향을 받아 필연적으로 생기는 '필연적 원인'이다. 여기서 우리는 의지에 대한 뿌리 깊은 오해 하나를 바로잡을 수 있다. "의지를 가져!"라는 흔한 말에서 알 수 있듯, 우리는 의지를 스스로 만들어 낼 수 있는 역량이라고 생각한다. 즉, 의지를 '자유 원인'으로 간주한다. 그러나 이는 긴 시간 삶의 진실을 왜곡해 온 우리의 착각이다.

인간의 의지는 결코 '자유 원인'이 아니다. '필연적 원인'이다. 즉, 의지는 마음먹는다고 해서 생기는 것이 아니다. 의지는 그에 합당한 '필연적 원인'에 의해서만 생기게 된다. 이를 내 삶에서 절절하게 확인했다. 강한 의지를 갖고 싶었다. '나는 할 수 있다!'고 일기장에 빼곡이 적었다. 그렇게 강한 의지가 생기길 바랐다. 하지만 그것은 언제나 실패로 돌아갔다. '나는 할 수 있다!'고 수백 번 되뇌었지만 내게 남은 것은 강건한 의지가 아니라, 더 큰 자괴감이었다.

나는 왜 의지를 갖지 못했던 것일까? 간절함이 부족했기 때문일까? 아니다. 내게 타고난 재능이 없다는 걸 확인한 순간부터, 정말이지 간절하게 강한 의지를 바랐다. 그 간절함에도 불구하고 의지를 가질 수 없었던 이유를 이제 안다. 의지를 '자유 원인'으로 보았기 때문이다. 아무런 외력 없이도 스스로 굴러가는 공처럼, 의지가 내 안에서 스스로 생겨나길 바랐다. 이런 바람이 얼마나 허황된 것인지 스피노자는 노골적으로 지적한 바 있다.

> 인간이 … 자신의 자유 의지로 어떤 일을 할 수도 있고, 안 할 수도 있다고 생각하는 것은 잘못 생각하는 것이다. 이러한 의견은 단지 그들이 자신들의 행동에 대해서는 의식하면서도 자신들을 결정한 원인들에 대해서는 모른다는 것의 표시이다. 그러므로 그들의 자유 관념은 단지 자신들의 행동의 원인에 대한 무지일 뿐이다. — 제2부, 정리 35, 주석

스피노자에 따르면, 인간이 자유 의지로 어떤 일을 할 수도 있고, 하지 않을 수도 있다고 믿는 것은 잘못된 생각이다. 많은 이들이 자유 의지를 믿는 이유는 자신의 행동에 대해서만 생각할 뿐, 그 행동을 하게 된 원인에 대해서는 생각하지 않기 때문일 뿐이다. 강한 의지를 가지고 지독하게 공부하는 아이가 있다. 그의 노력은 자유 의지의 결과인가? 아니다. 그의 의지는 부모의 기대, 미래에 대한 두려움, 인정 욕구 등의 외부 원인이 작용한 결과다.

하려는 의지=알려는 지성

우리는 이러한 외부 원인을 모르기에(혹은 관심이 없기에) 자신에게 '자유 의지'가 있다고 오해한다. 우리네 일상이 이를 증명하지 않는가? 많은 이들이 돈을 벌고 싶은 욕망을 '자유 의지'라고 확신한다. 정말 그런가? 정말 자신의 자유 의지로 돈을 벌고 싶은 마음이 생긴 것일까? 아니다. 그것은 지금 돈을 벌고 싶은 마음에 집착하느라, 그 마음이 (가난으로 인해 상처받은 기억이나 미래에 대한 과도한 불안 등) 특정한 외부

원인에 의해 촉발되었다는 사실을 알지 못하기 때문에 발생한 착각일 뿐이다. 이제 스피노자의 이야기를 이해할 수 있다.

의지와 지성은 동일하다. ─ 제2부, 정리 49, 계

의지는 지성(앎)이다. 즉, 무엇인가를 '하려는 의지'는 무엇인가를 '알려는 지성'과 동일하다. 이는 난해한 말이 아니다. 의지는 '자유 원인'이 아니다. 의지는 '있으라!' 한다고 마법처럼 생기는 것이 아니다. 의지는 그 의지를 필연적으로 촉발시킬 외부 원인들에 의해 만들어진다. 그러니 '의지'라는 것은 그 외부 원인들에 대한 '앎(지성)'과 깊은 관계를 맺고 있다. 의지의 강도 역시 마찬가지다. 의지의 강도 역시 지성, 즉 외부 원인들에 대한 앎에 지대한 영향을 받는다. 즉, 자신의 '의지'가 어떤 외부 원인들에 의해 생겨났는지를 더 많이 알면 알수록 '의지'는 더욱 강해지거나 혹은 약해질 수 있다.

돈을 벌려는 의지를 생각해 보자. 그 의지는 언제 더 강해지거나 약해질까? 돈을 벌려는 의지가 어떤 외부 원인에 의해 촉발되었는지를 알게 될 때다. 자신이 돈에 집착하는 이유가 단지 어린 시절의 가난했던 기억 때문이라는 사실을 알게 되면, 돈을 벌려는 의지가 한층 약해질 수도 있다. 반대로 자신이 돈에 집착하는 이유가 사랑하는 이를 행복하게 해 주기 위해서라는 사실을 알게 되면, 돈을 벌려는 의지가 한층 강해질 수도 있다. 이처럼, 의지는 그 존재뿐만 아니라 강도까지 지성과 동일하다. 의지를 불러일으킬 외부 원인들에 대한 지성(앎)이 곧 의지다.

나의 의지박약 탈출기

의지박약이었던 내게 강한 의지가 생겼던 적이 있다. 그런 기적 같은 일이 내게도 일어났다. 스물 몇 살쯤에 100kg에서 70kg까지 다이어트를 했다. 말이 쉬워 다이어트지, 30kg을 감량하는 일은 고된 일상의 연속이었다. 먹고 싶은 것을 못 먹고, 매일 세 시간씩 운동을 해야만 했다. 매일 포기하고 싶었다. 하지만 포기하지 않았다. 태어나서 처음으로 내게도 강한 의지가 있다는 사실을 확인한 순간이었다.

그 강한 의지는 어디서 왔을까? 매혹적인 그녀 때문이었다. "나는 살찐 사람은 별로야"라고 말했던 그녀를 좋아했다. 그녀를 만날 수만 있다면 못할 것이 없다고 생각했다. 그녀 덕분에 강한 의지가 생겼다. 그렇게 생긴 의지로 포기하지 않고 다이어트에 성공할 수 있었다. 그런 기적은 지금 내게도 일어나고 있다.

학창 시절의 나는 공부는커녕 책상 앞에 30분만 앉아 있으면 몸이 뒤틀리는 아이였다. 그런 내가 읽고 쓰는 것을 직업으로 하는 삶을 살고 있다. 매일 거르지 않고 서너 시간, 많게는 네다섯 시간씩 책을 읽고 글을 쓴다. 그 끈덕진 노력을 가능하게 만든 의지는 어디서 나왔을까? 내 안에서 나왔을까?

아니다. 필연적으로 그렇게 할 수밖에 없게 만든 외부 원인들로부터 나왔다. 매혹적인 철학자들과 작가들, 그네들

덕분에 강한 의지가 생겼다. 그들의 사유를 좇고 싶었고, 그들처럼 쓰고 싶었다. 그들이 나의 강한 의지를 불러일으킨 셈이었다. 그 의지로 철학을 공부하고 글을 쓰는 작가가 될 수 있었다.

'의지'는 자신 안에 없다. 세상 안에 있다

의지는 '자유 원인'이 아니다. '필연적 원인'이다. 그러니 마음속으로 의지를 수백 번 다진다고 해서 의지는 생기지 않는다. 강한 의지를 원한다면, 자신의 내면에서 세상의 타자들로 시선을 돌려야 한다. 자신의 의지를 불러일으킬 외부 원인을 찾아 나서야 한다. 그렇게 의지박약에서 벗어나 강한 의지를 갖게 된 이들은 많다. 절대 살을 못 뺀다던 아이가 복싱이라는 외부 원인을 만나 살을 빼게 되었다. 책 읽는 게 제일 싫다던 아이가 소설이라는 외부 원인을 만나 매일 책에서 손을 떼지 않게 되었다.

그들의 강한 의지는 그들 안에서 자유롭게 생겨난 것이 아니다. 그들의 '의지 작용'은 다른 외부 원인(복싱·소설)에 의해 결정되고, 존재하게 된 것이다. 의지는 그렇게 작용한다. 우리가 의지박약인 이유는 우리의 시선이 항상 우리의 내면에만 머물기 때문이다. 우리를 비범한 삶으로 인도할 의지는 우리 안에 없다. 세상 안에 있다. 그러니 과감하게 세상 속으로 들어가야 한다. 스피노자의 이야기를 들어 보자.

정신 안에는 절대적이거나 자유로운 의지가 존재하지 않는다. 오히려 정신은 이것 또는 저것을 의지하도록 어떤 원인에 의하여 결정되며, 이 원인 역시 다른 원인으로 인하여 결정되고, 이것은 다시금 다른 원인에 의하여 결정되며, 이렇게 무한히 반복된다. — 제2부, 정리 48

스피노자에 따르면, 우리 안에는 절대적이거나 자유로운 의지는 존재하지 않는다. 하지만 이러한 삶의 진실이 우리의 의지가 단지 수동적인 상태로 존재한다는 사실을 의미하지는 않는다. 우리의 의지는 분명 자유롭지 않다. 외부 원인에 의해서만 촉발되기 때문이다. 그렇다고 하더라도, 우리가 능동적으로 개입할 수 있는 부분이 없는 것은 아니다. 의지를 직접적으로 생성하지는 못하더라도, 그 의지를 생성하게 할 외부 원인을 찾아 나설 수는 있다.

의지를 원한다면, 가장 먼저 의지를 직접적으로 만들려는 헛된 바람부터 버려야 한다. 그리고 의지를 불러일으킬 원인을 찾아 나서야 한다. 살을 뺄 의지를 스스로 만들 수는 없지만, 살을 빼게 할 의지를 불러일으킬 '그녀'를 찾아 나설 수는 있다. 공부할 의지를 스스로 만들 수는 없지만, 공부하게 할 의지를 불러일으킬 '그'를 찾아 나설 수는 있다. 어쩌면 우리네 삶은 의지를 찾아 떠나는 여행인지도 모른다. '그녀'와 '그'를 찾아 떠나는 여행.

그 여행 중 '그녀'와 '그'를 발견했을 때 우리는 알게 된다. 강한 의지, 적어도 우리를 활력 넘치는 삶으로 인도할 강한 의지는 비장하거나 엄숙한 어떤 것이 아니라, 유쾌하고 명랑한, 그래서 깊은 기쁨을 주는 어떤 것이라는 사실을 말이다. 강한 의지는 자신의 욕망을 억누르는 것이 아니라 자신의 욕망을 따라 흐르는 삶 속에서 발견된다. 자신의 진정한 욕망 끝에 자신도 놀랄 만큼 강건한 의지를 만나게 된다. '그녀'와 '그'를 만난 이들은 이 사실을 모두 알고 있다.

욕망
— 꿈을 이루면 행복할까요?

꿈을 이루면 행복할까?

"그 학교에 들어갈 수만 있다면." "이 직장에서 일할 수만 있다면." "저 사람과 사랑할 수만 있다면." 꿈을 '간절히 원하는 어떤 일'이라고 정의하자. 많은 이들이 꿈을 품고 살아간다. 하지만 꿈이 있는 이들은 모른다. 꿈이 있는 지금이 가장 행복한 시간일 수 있다는 사실을. 입시를 준비하는 시간은 괴롭다. 취업을 준비하는 시간은 고되다. 짝사랑하는 시간은 힘들다. 하지만 간절히 꿈꾸는 일이 있기에 행복하다. 입학만 하면, 취업만 하면, 연애만 하면 행복한 삶이 펼쳐질 것이라 확신하기 때문이다.

하지만 꿈을 이뤄 본 이들은 안다. 어떤 꿈은 그냥 꿈으로 남겨두는 게 더 행복하다는 사실을. 꿈을 이룬 세 명을 알고 있다. 공무원 시험에 합격한 K. 주식 투자로 큰돈을 벌게 된 L. 오랜 시간 짝사랑했던 사람과 연애를 시작한 C. 이들은 모두 간절히 원했던 꿈을 이뤘다. 행복할 줄 알았다. 하지만 아니었다. 그네들의 삶은 이내 답답하고 공허하고 권태로워졌다. 물론 모든 꿈이 그런 것은 아니다. 어떤 꿈은 그것을 이룬 뒤에 더 큰 기쁨을 안겨 주기도 한다. 그런 꿈도 분명히 있다. 하지만 꿈의 실현이 기쁨으로 찾아오는 경우는 흔하지 않다.

"꿈의 실현은 슬픔을 준다." 삶의 불편한 진실이다. 답답함에 지친 직장인들, 공허함을 느끼는 부자들, 권태로움에 빠진 연인들은 넘쳐난다. 그네들의 삶을 살펴보라. 그들은 모두 간절히 원했던 꿈을 이루지 않았나? 이처럼 꿈의 실현은 행복보다 답답함이나 공허함, 권태로움으로 찾아오는 경우가 더 흔하다. 이것이 많은 이들이 나이가 들수록 허무주의와 염세주의에 빠지는 이유다. 왜 안 그럴까? 열심히 노력해서 원하는 일들을 이뤘는데, 오히려 답답함, 공허함, 권태로움과 같은 슬픔의 감정을 마주하게 되었으니까 말이다.

그때 누구든 '인생은 의미 없다'는 허무주의나 '행복한 인생은 없다'는 염세주의에 빠지지 않을 수 없다. 결국 꿈의 실현이 주는 슬픔 때문에 많은 이들이 허무주의나 염세주의에 빠지게 되는 셈이다. 그러니 정작 우리에게 필요한 것은 꿈을 찾는 방법이나 꿈을 이루는 방법 따위가 아닐지도 모른다. 삶을 긍정하기 위해서는 꿈의 실현 뒤에 찾아오는 슬픔에 대해 먼저 고찰해 봐야 한다.

스피노자의 '욕망'과 '의욕'

'꿈을 이뤘는데, 왜 행복하지 않을까?' 진정으로 삶을 긍정하고 싶다면, 우회할 수 없는 질문이다. 스피노자는 이 질문에 어떻게 답할까? 먼저 '욕망'과 '의욕'에 대해 살펴보자.

우리가 꿈이라고 부르는 것은 '욕망'과 '의욕'에 깊이 관계되어 있다. 취업, 돈, 사랑, 명예 등을 꿈꾼다고 해 보자. 그 꿈을 이루는 힘은 '욕망'과 '의욕'에 달려 있다. 즉, 얼마나 간절히 '바라고(욕망)' 얼마나 '애쓸 수 있는지(의욕)'가 꿈의 실현 여부를 가름한다.

'욕망·의욕 → 꿈의 실현 → 감성'. 이 논리적 도식이 중요하다. 어떤 대상에 대한 욕망을 갖고 어떤 일을 의욕적으로 할 때 꿈은 실현되고, 그 이후에 어떤 감정이 우리를 찾아오게 된다. 이 도식을 통해 꿈의 실현 뒤에 찾아오는 슬픔의 정체를 규명할 수 있다. 이 도식에서 가장 중요한 것이 무엇인가? '욕망'과 '의욕'이다. 이것이 시작점이기 때문이다. 이 시작점을 묻지 않고서는 꿈의 실현도, 그 실현 뒤에 느껴지는 감정도 논할 수 없다. 이에 대해 스피노자는 날카로운 통찰을 보여 준다.

> 인간은 자신의 욕망과 의욕을 의식하고는 있으나, 자신들로 하여금 원하고 욕구하도록 결정한 원인들을 알지 못하기에, 꿈에서조차 그것들에 대해서는 생각하지 않음으로 인해, 자신들을 자유롭다고 생각한다는 결론이 나온다. — 제1부, 부록

스피노자에 따르면, 인간은 자신의 '욕망'과 '의욕'을 분명히 의식한다. 하지만 그 '욕망'과 '의욕'이 어떤 원인에 의해 생성되었는지는 꿈에서조차 생각하지 않는다. 취업하고 싶은, 돈을 벌고 싶은, 사랑하고 싶은 '욕망'과 '의욕'은

분명히 안다. 하지만 그 '욕망'과 '의욕'이 어디에서 비롯되었는지는 알지 못한다. 아니 알려고 하지도 않는다.

패션에 대한 '욕망'과 '의욕'을 가진 이를 생각해 보자. 그는 옷을 잘 입기를 '욕망'하고, 옷을 잘 입기 위해 매일 '의욕'적으로 쇼핑을 한다. 그는 그러한 자신의 '욕망'과 '의욕'을 명확히 의식하고 있다. 하지만 그는 모른다. 자신의 그 '욕망'과 '의욕'이 어디서 왔는지를. 그는 자신의 패션에 대한 '욕망'과 '의욕'이 어린 시절 짝퉁 옷을 입었다고 친구들에게 놀림 받았던 기억에서 비롯되었다는 사실을 꿈에도 모른다. 바로 이 때문에 그는 '나는 내가 원해서 패션에 관심을 갖는 거야!'라고 생각하며, 자신이 자유롭다고 착각한다. 이것이 인간의 '욕망'과 '의욕'이 각자의 마음 안에서 작동하는 방식이다.

스피노자의 사유 체계

스피노자의 이야기를 정리하면, 인간의 '욕망'과 '의욕'은 스스로 자유롭게 만들어 낼 수 있는 것이 아니다. 그것들은 반드시 어떤 외부 원인에 의해 만들어진다. 이것이 의미하는 바가 무엇인가? 우리의 꿈(욕망)과 그것을 실현하려는 노력(의욕)은 우리 스스로 만들어 낸 것이 아니라는 뜻이다. 우리의 '욕망'과 '의욕'은 외부 원인에 의해 만들어진 것이다. 단지 우리가 그 외부 원인에 대해 잘 알지 못할 뿐이다. 이 난해한 이야기를 이해하기 위해 스피노자의 사유 체계를 조금 더 자세히 살펴보자.

> 모든 개별의 사물은, 즉 한정된 존재를 갖는 유한한 모든 것은, 마찬가지로 한정된 존재를 갖는 유한한 다른 원인에 의해 존재하고 작용하도록 결정되지 않는 한 존재할 수도 작용하도록 결정될 수도 없다. 그리고 이 원인도 한정된 존재를 갖는 유한한 다른 원인에 의해 존재하고 작용하도록 결정되지 않는 한 존재할 수도 작용하도록 결정될 수도 없다. 이와 같은 방식으로 무한히 반복된다. ─ 제1부, 정리 28

"개별의 사물"은 한정된, 유한한 존재를 의미한다. 예를 들면, 컵, 종이, 연필, 책과 같은 존재들이다. 스피노자에 따르면, 이러한 개별의 사물들은 외부 원인의 영향을 받지 않으면 존재할 수도, 작용할 수도 없다. 이는 당연한 말이다. 책은 종이라는 외부 원인이 없으면 존재할 수 없다. 종이는 나무라는 외부 원인이 없으면 존재할 수 없고, 나무 역시 물과 토양이라는 외부 원인이 없으면 존재할 수도, 작용할 수도 없다. 이와 같은 방식으로 무한히 이어지는 연쇄적 과정을 통해 모든 개별의 사물들이 존재하게 된다.

'물질'과 '정신'은 동시적이다
스피노자의 사유 체계에서 놓치지 말아야 할 점이 있다. "모든 개별의 사물"에는 컵·종이·연필·책과 같은 '물질'적 존재들뿐만 아니라, 생각·욕망·의욕·감정과 같은 '정신(비물질)'적 존재들까지 모두 포함된다는 사실이다. 스피노자는 『에티카』에서 '정신'적 존재들 역시 '물질'적 존재들과 동일한 방식으로 존재하고 작용한다는 사실을 논리적으로 증명했다. 즉, 생각·욕망·의욕·감정 역시 외부 원인의 영향을 받아 존재하고 작용하며, 그 원인은 무한히 연결되어 있다는 것이다.

이 통찰을 통해 우리의 뿌리 깊은 오해 하나를 바로잡을 수 있다. 우리는 능동적으로(자유롭게) '생각'하고 '욕망'하고 '의욕'적으로 살 수 있다고 믿는다. 이는 오해다. 인간의 생각·욕망·의욕·감정은 자유롭게 존재할 수 없다. 오직 외부 원인에 의해서만 존재할 수 있다. 이는 논리적 증명을 거치지 않더라도 직관적으로 알 수 있는 사실이다. 사람마다 생각·욕망·의욕·감정이 미묘하게 혹은 현격하게 다르다. 이는 사람마다 각자의 삶 속에서 마주쳤던 외부 원인이 다 다르기 때문에 발생한 차이다.

한 사람이 어떤 환경(외부 원인) 속에서 살아왔느냐에 따라 그의 생각·욕망·의욕·감정은 다르게 형성될 수밖에 없다. 의사 부모를 둔 부잣집에서 자란 아이와 막노동 하는 부모를 둔 가난한 집에서 자란 아이의 생각·의욕·욕망·감정은 다를 수밖에 없다. 그 차이는 아이가 스스로 자유롭게 만들어 낸 것이 아니다. 그것은 각자의 삶 속에서 필연적으로 형성된 것이다.

나의 '욕망'과 '의욕'의 원인을 찾아서

이제 다시 우리의 질문으로 돌아가자. '꿈을 이뤘는데, 왜 행복하지 않을까?' 이 질문에 스피노자는 이렇게 되물을 것이다. "너희들은 취업하고 싶은, 돈을 벌고 싶은, 사랑하고 싶은 욕망과 의욕은 분명히 의식하고 있다. 그리고 그것들을 당연한 것으로 여기고 있다. 그런데 그 욕망과 의욕이 어디서 왔는지에 대해 깊이 생각해 본 적이 있느냐?" 이 질문에 답할 수 있다면, 꿈을 이뤄도 행복하지 않은 이유를 알 수 있다.

한때 나는 대기업에 가고 싶었다. 간절히 원했다. 우여곡절 끝에 입사를 했다. "입사를 축하드립니다." 합격 전화를 받은 날, 다리에 힘이 풀릴 만큼 기뻤다. 그런데 그 찰나의 기쁨이 지나자, 깊고 긴 슬픔이 찾아왔다. 직장생활 내내 답답하고 공허했다. 왜 그런 슬픔이 찾아왔던 것일까? 대기업을 향한 '욕망'과 '의욕'을 존재하고 작용하게 한 외부 원인을 몰랐기 때문이었다. 긴 시간을 돌아 그 외부 원인을 알게 되었다. 그것은 "안정적이고 돈 많이 주는 직장이 최고야!"라고 말했던 친구, 선배, 부모, 세상 사람들의 확신에 찬 표정이었다.

한때 내겐 함께하고 싶은 사람이 있었다. 간절히 원했다. 우여곡절 끝에 연애를 시작했다. "그래, 사귀자." 승낙의 문자를 받은 날, 세상을 다 가진 것처럼 기뻤다. 그런데 그 찰나의 기쁨이 지나자, 깊고 긴 슬픔이 찾아왔다. 그녀와 연애하는 동안 외롭고 권태로웠다. 왜 그런 슬픔이 찾아왔던 것일까? 그녀를 향한 '욕망'과 '의욕'을 존재하고 작용하게 한 외부 원인을 몰랐기 때문이었다. 긴 시간을 돌아 그 외부 원인을 알게 되었다. 그것은 작은 오해로 놓쳐 버린 옛사랑이었다. 그녀를 그토록 원했던 이유는, 그녀가 놓쳐 버린 옛사랑과 닮았기 때문이었다.

기쁨을 주는 꿈

우리가 주목해야 할 것은 '욕망'과 '의욕'이 아니다. 달리 말해 간절한 꿈이 있을 때, 그 꿈에만 시선을 고정해서는 안 된다. '욕망'과 '의욕'에만 시선이 고정되어 있으면, '욕망'과 '의욕'에 휩쓸려 살아가게 된다. 돈, 명예, 권력 같은 세속적인 꿈에 휩쓸려 사는 사람들이 꿈을 이루고도 슬픔에 빠지는 이유는 분명하다. 스피노자의 말처럼, 그들은 "자신의 욕망과 의욕을 의식하고는 있으나, 자신들로 하여금 원하고 욕구하도록 결정한 원인들을 알지 못하기" 때문이다.

나는 이제 내 안에 존재하는 많은 '욕망'과 '의욕'에 휘둘리지 않는다. 이 말이, 세속적인 '욕망'과 '의욕', 즉 돈을 벌고 싶고 사람들의 관심과 인정을 받고 싶은 '욕망'과 '의욕'이 완전히 사라졌다는 의미는 아니다. 내 안에는 여전히 그런 '욕망'과 '의욕'이 때로는 크게, 때로는 작게 작용하고 있다. 하지만 그 세속적 '욕망'과 '의욕'을 맹목적으로 좇지는 않는다. 그 '욕망'과 '의욕'을 잘 다룰 수 있게 되었기 때문이다.

어떻게 그럴 수 있었을까? 스피노자 덕분이다. 그의 철학 덕분에 '욕망'과 '의욕'에 매몰되지 않고, 그 '욕망'과 '의욕'을 결정한 외부 원인을 찾을 수 있게 되었다. 그 외부 원인을 알게 되었을 때, 내게 슬픔을 주는 '욕망'과 '의욕'이 무엇인지 알게 되었다. 그 깨달음으로 인해 나의 '욕망'과 '의욕'을 조금 더 잘 다룰 수 있게 되었다. 그런 과정들을 겪은 뒤에야 비로소 내게 기쁨을 주는 '욕망'과 '의욕'이 무엇인지 발견할 수 있었다.

한때 간절했던 꿈을 놓아 버렸다. 직장을 그만두었고, 그녀와 헤어졌다. 그리고 다시 꿈을 이루었다. 대기업보다 더 간절히 원했던 철학자가 되었고, 그녀를 사랑하는 것보다 더 간절히 바랐던 전혀 다른 사랑을 하게 되었다. 그 꿈을 이룬 뒤에는 답답함과 공허함, 권태로움이 찾아오지 않았다. 철학을 공부하고 새로운 사랑을 하면서 더 유쾌하고 명랑하고 충만한 삶을 살게 되었다. 이는 '욕망'과 '의욕' 그 자체가 아니라, 그것들을 결정한 외부 원인들을 고찰할 수 있게 되었기 때문에 가능한 일이었다.

　꿈을 실현하려는 노력은 중요하다. 하지만 그 노력만큼이나 그 꿈에 대한 '욕망'과 '의욕'이 어디에서 비롯되었는지를 살펴보려는 노력도 중요하다. 어떤 외부 원인으로 인해 자신의 '욕망'과 '의욕'이 생겨난 것인지 찾아야 한다. 그 외부 원인을 하나씩 찾아갈 때 우리는 지혜로운 사람이 된다. 그저 세속적인 '욕망'과 '의욕'에 휩쓸려 사는 것이 아니라, 자신을 진정으로 기쁘게 해 줄 '욕망'과 '의욕'이 무엇인지 발견하게 된다. 그렇게 찾은 꿈은, 그 꿈을 실현하더라도 답답함, 공허함, 권태로움 같은 슬픔을 주지 않는다. 그런 꿈의 실현은 반드시 경쾌함, 유쾌함, 충만함 같은 기쁨을 선물한다. 믿어도 좋다. 앎과 삶 모두에서 확인한 삶의 진실이니까.

『에티카』 한 걸음 더
— 스피노자는 무신론자인가?

스피노자, 신을 너무 사랑해 무신론자가 된 철학자

스피노자는 종종 무신론자로 언급된다. 실제로 그는 신을 부정하고 유대교 교리를 비판했다는 이유로 파문당하고, 유대교 사회에서 추방되었다. 『에티카』 제1부 「신에 관하여」에서는 당대의 전통적인 신 개념을 해체하려는 그의 의도가 노골적으로 드러난다. 그렇다면 스피노자는 정말 무신론자였을까? 쉽게 답할 수 있는 문제가 아니다. 그가 해체하려고 한 것은 신 그 자체가 아니라, 신에 대한 인간의 인식이었기 때문이다.

'신을 너무 사랑해 무신론자가 된 철학자.' 스피노자를 굳이 무신론자로 규정하고 싶다면, 이렇게 규정하는 것이 공정하다. 당대의 전통적인 신은 '초월적 신'이었다. 즉, 인간과 세상을 초월해 만물을 창조한 절대자, 그것이 그 시대 사람들이 가지고 있던 신에 대한 보편적 인식이었다. 하지만 누구보다 영민했던 스피노자는 이것이 터무니없는 이야기임을 누구보다 잘 알고 있었다. 스피노자가 해체하려고 했던 신은 바로 이 '초월적 신'이었다.

스피노자는 『에티카』에서 '초월적 신'을 빈틈없는 논리로 해체한다. 그 논리적 증명은 『에티카』의 백미로, 이보다 더 큰 지적 희열을 주는 사유도 드물다(이 내용은 뒤에서 다룰 것이다). 스피노자는 '신'이 세상을 초월해 있는 어떤 절대적 존재가 아니라, 세상 그 자체, 즉 자연이라는 결론에 도달한다. 스피노자의 '신'은 '초월적 신'이 아닌 '자연 그 자체'다.

흔히 '범신론汎神論'이라고 불리는 스피노자의 신 개념도 이와 같은 맥락이다. 자연은 곧 세상 그 자체이기에, 스피노자는 신神이 어디에나汎 존재한다고 보았다. 즉, 꽃, 나무, 새, 바람, 바다, 인간 등 자연의 모든 존재들이 신, 정확히는 신의 일부라고 보았다. 하찮은 미물은 물론, 생명이 없는 것들조차 신(의 일부)이라니! '초월적 신'을 숭배하던 당대의 교인들에게 이보다 더 불경스러운 이야기도 없었을 테다.

스피노자가 유대교 사회에서 파문당한 것은 당연한 일이었는지도 모른다. 하지만 스피노자의 이런 파격적인 신 개념은 신을 부정한 데서 비롯된 것이 아니었다. 온 마음을 다해 누군가를 사랑했던 적이 있을까? 그때 우리는 그 사랑하는 이의 진짜 모습을 보고 싶다. '화장(학벌·직장·재산…)' 너머 '맨얼굴'을 보고 싶다. 스피노자 역시 그랬던 것은 아니었을까? 그는 세상 사람들이 신에게 덧씌운 허황된 분칠을 걷어내고, 신의 맨얼굴이 보고 싶었던 것 아니었을까? 스피노자는 누구보다 신을 사랑했으니까 말이다.

있는 그대로의 신을 마주하고 싶었던 스피노자의 간절한 바람, 그것이 『에티카』의 시작이었을 테다. 그 바람은 『에티카』의 곳곳에서 드러난다. 제1부 「신에 관하여」에서 전통적인 신 개념을 해체했음에도 불구하고, 그는 후반부에 이르기까지 '신'이라는 단어를 계속 사용한다. 이것은 신에 대한 그의 깊은 애정 때문이었는지도 모른다. 그는 이렇게 말하고 싶었던 것 아니었을까? "너희가 믿는 신은 없지만, 진정한 신은 있다." 스피노자는 '신을 없앤 유신론자'이자, '유신론자보다 고결한 무신론자'이다.

2 더 편안한 '마음'을 위해

배타
— 왜 나와 다른 사람이 싫을까요?

다름과 틀림

"그는 나와 틀리게 생겼잖아." 잘못된 표현이다. "그는 나와 다르게 생겼잖아." 이것이 올바른 표현이다. '틀림'은 특정한 기준에 따라 옳고 그름을 구분할 수 있을 때, '다름'은 그러한 구분이 불가능할 때 사용된다. 많은 이들이 '다름'과 '틀림'의 잘못된 사용을 민감하게 문제 삼는다. 이는 단순히 문법적 오류를 바로잡고 싶기 때문일까? 아니다. '다름'과 '틀림'의 잘못된 사용을 민감하게 문제 삼는 데는 보다 심층적인 논의가 내포되어 있다. 그것은 단독성과 다양성에 관한 논의다.

단독성은 개인마다 다른 독특한 개별적 특성이고, 그 단독성들이 모여 다양성을 만들어 낸다. 인간 사회에서 이 단독성과 다양성을 긍정하고 존중하는 것은 중요한 일이다. "나와 틀리게 생겼잖아." 이 말에서 파악할 수 있는 것은 문법적 오류만이 아니다. 은근한, 혹은 노골적인 독선과 독단이 느껴지지 않는가? 자신의 생김새를 기준삼아, 자신처럼 생긴 것이 옳고 흑인이나 동남아인처럼 생긴 것은 그른 것이라는 생각이 언뜻 비치는 것 같지 않은가?

'다름'을 '틀림'으로 자주 말하는 이는 단독성과 다양성이라는 가치에 둔감한 사람일 개연성이 높다. 이는 과도한 해석이 아니다. '생각은 언어의 지배를 받는다'는 구조언어학적 통찰이 알려주는 바가 무엇인가? 무엇을 생각해서 그에 합당한 말(언어)을 하는 것이 아니라, 무엇을 말하느냐가 그 사람의 생각을 결정한다는 것이다. 쉽게 말해, 한 사람의 언어는 그 사람의 생각을 드러낸다는 것이다.

바로 이것이 세상 사람들이 '다름'과 '틀림'의 잘못된 사용을 민감하게 문제 삼는 심층적인 이유일 테다. "나와 틀리게 생겼다"는 말에서 '잘못된 문법'이 아니라 '잘못된 마음'을 직감하는 것이다. 그렇다면, '다름'과 '틀림'을 잘 구분해서 사용하는 사람이라면 모두 단독성과 다양성을 체화하고 있을까? 단언하기 어렵다.

위선을 넘어서

나는 '다름'과 '틀림'을 명확하게 구분하여 사용한다. 그렇다면 나는 단독성과 다양성을 체화하고 있는 사람일까? 정직하게 말하자. 나와 '다른' 생각·취향·외모를 갖고 있는 이들이 내심 불편했다. 나와 '다른' 기준으로 살아가는 이들이 은근히 불쾌했다. 더 정직하게 말해, 나는 그네들이 싫었다. 군인이었을 때는 신념(양심)적 병역거부자들이 싫었다. 직장인이었을 때는 게을러빠진 예술가들이 싫었다. 나와 성적 취향이 다른 성소수자들이 싫었다. 그네들에게 '다르다'가 아니라, '틀렸다'고 말하고 싶었다.

그렇다. 나의 '올바른 문법'은 '올바른 마음'의 표현이 아니라, '잘못된 마음'을 가리기 위한 위선이었던 셈이다. 우리는 독선과 독단을 비판하고, 단독성과 다양성을 존중해야 한다고 말한다. 분명 그런 '생각'을 가지고 있다. 하지만 우리의 '감성(느낌)'은 다르다. 우리의 '감성'은 여전히 독선적이고 독단적이다. 자신과 다른 존재들이 불편하고 불쾌하다. 자신과 다른 기준으로 살아가는 이들이 싫다. 이 사실을 정직하게 인정하지 않는다면 우리는 언제까지나 위선에 머물 수밖에 없다.

스피노자의 '목적'과 '원인'

위선을 넘어 이질적인 존재들과 함께 살아가기 위해서는 다시 질문해야 한다. '우리는 왜 이질적인 존재가 싫을까?' 스피노자는 이 질문에 어떻게 답할까? 먼저 스피노자가 '인간'이라는 존재를 어떻게 파악하고 있는지부터 알아보자.

> 인간은 항상 목적을 위해서, 즉 자신들이 추구하는 이익을 위해서 행동한다는 결론이 나온다. 그러므로 그들은 언제나 이루어진 것의 목적 원인만을 알려고 하며, 그것을 듣게 되었을 때 만족한다. ─ 제1부, 부록

스피노자에 따르면, 인간은 항상 어떤 목적을 위해 행동하는 존재다. 그래서 인간은 특정한 목적(사물이나 성취)이 있을 때, 항상 그것을 있게 한 "원인만을 알려고 하며, 그것

을 듣게 되었을 때 만족한다." 그리고 그 목적은 "자신(인간)들이 추구하는 이익"이다. 스피노자의 진단은 정확하다. 17세기 스피노자의 논의는 지금 우리 시대에도 여전히 유효하다.

지금은 자본주의 시대다. 우리 시대의 거의 유일한 목적이 무엇인가? 돈이다. 거의 모든 이들이 돈이라는 목적을 위해 행동한다. 어떤 행동을 하든, 그것이 목적(돈)에 부합하는지 아닌지를 기준삼아 행동한다. 쉽게 말해, 돈이 되는지 아닌지에 따라 행동한다. 그러니 당연히 세상 사람들의 관심은 온통 그 목적의 원인, 즉 돈을 벌게 된 원인에 쏠려 있을 수밖에 없다. 그리고 그들은 그 원인(공부·취업·코인·주식·사업…)을 듣게 되었을 때 만족한다.

이처럼 세상 사람들은 어떤 대상이 있을 때, 항상 '목적'과 그것을 달성하게 할 '원인'에 대해 집착한다. 인간의 '목적'과 그 '원인'에 대한 집착은 여기서 멈추지 않는다. 스피노자에 따르면, 인간은 세상에 존재하는 모든 대상에게서 '목적'과 그 '원인'을 찾으려고 한다.

'가치'의 기원

> 사람들은 흔히, 모든 자연물이 자신들처럼 어떤 목적을 가지고 움직인다고 생각한다. — 제1부, 부록

인간은 '목적'과 '원인'을 자연물에게도 적용시키려 한다. 즉, 인간 자신들이 그러하듯, 자연물 역시 어떤 목적을

가지고 움직일 것이라고 믿는다. 만약 그렇다면, 자연물의 '목적'과 '원인'은 무엇일까? 여기서 주의해야 할 점이 있다. 스피노자가 말하는 자연물이란, 비, 바람, 나무, 개, 고양이 같은 '물질'적 존재만이 아니다. 선/악, 질서/무질서, 아름다움/추함 같은 '관념'들도 자연물이다. '물질'적인 것이든, '관념(비물질)'적인 것이든, 세상에 존재하고 있다면 모두 자연물이다. 인간은 이런 자연물의 '목적'과 '원인'을 어떻게 규정했을까?

083 사람들은 존재하는 모든 것이 자신들을 위하여 만들어졌다고 여긴다. 그 후에 각각의 사물에 대하여 자신들에게 가장 유용한 것을 핵심이라고 판단하고, 자신들을 가장 많이 만족시키는 온갖 것을 가장 탁월한 것으로 평가하게 되었다. 그리하여 그들은 사물의 본성을 설명하기 위해서 선, 악, 질서, 무질서, 따뜻함, 추움, 아름다움, 추함 등의 개념들을 형성하게 되었다. ― 제1부, 부록

스피노자에 따르면, 인간은 자연물의 존재 이유(목적)를 인간 자신에게서 찾는다. 즉, 모든 자연물이 인간을 위해 만들어졌다고 믿는다. 쉽게 말해, 비도 인간을 위해 내리고, 바람도 인간을 위해 분다는 것이다. 이런 관점은, 인간이 자연물 중 자신에게 유용한 것을 좋고 탁월한 것으로, 그렇지 못한 것을 나쁘고 열등한 것으로 평가하게 되는 기초가 된다. 하지만 이는 지극히 인간 중심적인 편견일 뿐이며, 스피노자는 이 편견의 맹점을 파고든다.

햇볕과 비는 그냥 있을 뿐이다. 하지만 그것이 인간에게 유용할 때는 '햇살·단비(선·질서·아름다움)'가 되고, 유용하지 않을 때는 '가뭄·홍수(악·무질서·추함)'가 된다. 이 얼마나 자기중심적인 편협한 발상인가? 인간에게 유용한 것이 다른 동식물에게는 유해한 것이 될 수 있다. '이것이 선(질서·아름다움·따뜻함)이고 이것은 악(무질서·추함·추움)이야!' 이런 인간의 가치 판단 역시 어디까지나 인간의 관점에서 구성된 허황된 개념일 뿐이다.

'선/악', '질서/무질서', '아름다움/추함', '따뜻함/추움' 같은 가치 판단의 개념들은 객관적이거나 명백한 진리 같은 것이 아니다. 오히려 그것들은 자연물의 본성을 인간의 관점에서 설명하려는 과정에서 생겨난 오류일 뿐이다.

선악 개념은 인간중심주의 결과다

건강과 신의 경배에 도움이 되는 모든 것을 사람들은 선이라고 하고, 그 반대를 악이라고 했다. ― 제1부, 부록

'선'은 무엇이고 '악'은 무엇인가? 그것은 태초부터 정해진 고정불변의 진리인가? 전혀 그렇지 않다. 인간 자신에게 도움이 되는 것("건강과 신의 경배")을 '선'이라고 하고, 그 반대를 '악'이라고 규정했을 뿐이다. 이것이 삶의 진실이다. '선'과 '악'은 언제나 모호하다. 상황과 조건에 따라 유익과 유해는 늘 바뀌기 때문이다.

따뜻한 위로는 '선'인가? 그 위로가 특정한 인간을 해롭

게 할 때 그것은 '악'이 된다. 일상이 그것을 말해 주지 않는가? 의존적인 이들에게 지속적인 위로는 오히려 그들의 의존성을 강화하는 '악'일 뿐이다. 참혹한 살인은 '악'인가? 아니다. 그 살인이 특정한 인간을 이롭게 하면 그것은 '선'이 된다. 역사가 그것을 말해 주지 않는가? '이토 히로부미'는 우리에게는 '악'이지만, 일본에게는 '선'이다. 마찬가지로 '안중근'은 우리에게는 '선'이지만, 일본에게는 '악'이다. '질서/무질서'라는 개념도 마찬가지다.

> 사물이 우리의 감각을 통해 쉽게 떠올릴 수 있어서 쉽게 기억될 수 있다면, 우리는 그것을 훌륭하게 질서 지어져 있다고 말하고 그 반대의 경우는 나쁘게 질서 지어져 있다 또는 혼란스럽다고 말한다. ─ 제1부, 부록

'질서/무질서'는 객관적이고 가치중립적인 개념인가? 아니다. 스피노자에 따르면, 인간은 자신의 감각을 통해 쉽게 기억될 수 있는 것을 '질서'로, 그 반대를 '무질서'로 여긴다. 두 종류의 숫자 배열이 있다. '1, 2, 3, 4, 5, 6, 7, 8…'과 '5, 7, 96, 2, 36, 85…'이다. 어느 것이 더 질서 있다고 느끼는가? 전자다. 이는 전자의 배열이 우리의 감각을 통해 더 쉽게 떠올려지고, 따라서 더 쉽게 기억되기 때문이다. 반면 후자는 그렇지 않기에 혼란스럽게 느껴지는 것일 뿐이다. 스피노자의 이러한 통찰은 인간이 얼마나 자기중심적인 존재인지를 적나라하게 드러낸다.

인류의 역사에서 신분제가 사라지지 않는 이유

이제 처음의 질문으로 돌아가자. '우리는 왜 이질적인 존재가 싫을까?' 한 존재의 단독성과 다양성을 존중해야 한다고 배웠고, 또 그래야 한다는 것을 안다. 하지만 그게 잘 안된다. 왜 그런가? 인간은 모든 자연물을 '목적'과 그 '원인'으로 보는 경향이 있다. 즉, 인간은 자연물을 '인간의 이익'이라는 '목적'을 이루기 위한 '원인'으로 본다. 물은 인간이 마시기 위해, 돼지는 인간이 먹기 위해 존재한다고 여기는 일은 흔하다.

인간은 모든 자연물이 인간을 위해 존재한다고 여기는 경향이 있다. 문제는 그 모든 자연물에 타인도 포함된다는 사실이다. 하지만 타인은 여타 자연물처럼 손쉽게 '목적'과 '원인'으로 취급하기 어렵다. 타인은 나와 동등한 인격체이기 때문이다. 이것이 타인이 불편하고 불쾌한 근본적인 이유다.

타인은 '인간(나)의 이익'이라는 '목적'을 달성하기 위한 '원인(수단)'으로 간주하기 어렵다. 바로 이것이 인류 역사에서 다양한 신분제들이 끊임없이 변주되어 왔을 뿐(노예제 → 봉건제 → 자본제), 단 한 번도 신분제 자체가 사라진 적은 없는 이유다. 노예제는 자유민(인간)이 노예(타인)를 자신의 목적을 달성하기 위한 수단으로 만들기 위해 발생한 체제 아닌가? 봉건제는 왕(인간)이 영주(타인)를, 다시 영주(인간)가 농노(타인)를 자신의 목적을 달성하기 위한 수단으로 만들기 위해 발생한 체제 아닌가? 자본제 역시 마찬가지다. 이는 자본가(인간)가 자본을 통해 시민(타인)을 자신의 목적

(이윤추구)을 달성하기 위한 수단(노동력)으로 만들기 위해 발생한 체제다. 인류 역사에서 끊임없이 반복되어 온 신분제는 '타인(인간!)'마저 '인간의 이익'이라는 '목적'을 달성하기 위한 '원인'으로 취급하려는 시도에서 비롯된 연속적 비극이었던 셈이다.

불편한 진실, 타인

'목적'과 그 '원인'에 집착하는 인간은 지독히도 자기중심적이다. 그래서 자연물뿐만 아니라 '타인'마저 '나의 이익'을 위해 존재한다고 여긴다. 이것이 우리가 '나'와 유사한 타인에게서 '선'과 '질서(익숙함·편안함)'를, 반대로 '나'와 다른 타인에게서 '악'과 '무질서(불쾌함·불편함)'를 느끼는 이유다. '나'와 유사한 타인은 나에게 유익할 것 같고, '나'와 다른 타인은 나에게 유해할 것 같기 때문이다.

나는 왜 신념(양심)적 병역거부자가 싫었을까? 그들은 나에게 '무질서'였기 때문이다. 신념(양심)적 병역거부자는 정말 무질서한 존재일까? 아니다. 그들은 종교적·이념적으로 누구보다 '질서' 있는 삶을 산다. 그 질서를 지키기 위해 병역을 거부하는 것이다. 다만 그들의 질서가 나의 질서로 환원될 수 없었던 것일 뿐이다. 나의 익숙한 질서와 그들의 낯선 질서가 다르기에 나는 그들이 불편하고 불쾌한 존재처럼 느껴졌던 것이다. 마치 '5, 7, 96, 2, 36, 85…'가 불편하고 불쾌한 무질서로 느껴지는 것처럼 말이다.

나는 왜 예술가들이 싫었던 걸까? 그들의 무책임과 게으름 때문이었다. 그것은 나에게 불편하고 불쾌한 '무질서'

였다. 하지만 예술가들은 무책임하지도 게으르지도 않다. 그들은 자신의 작품에 책임감을 갖고 성실히 임한다. 다만 그들의 질서가 나의 질서로 환원될 수 없었기에 나는 그들이 싫었던 것일 뿐이다. 지독히도 자기중심적인 인간은 자신과 다른 사람이 싫을 수밖에 없다. 그들이 모두 불쾌하고 불편한 '무질서'로 느껴지기 때문이다.

'나'와 다른 '너'가 싫은 이유, 자의식 과잉

"나는 나와 다른 사람들을 존중해." 확신에 차서 말하는 이들이 있다. 이들의 확신은 아직 예외적인 이질성을 마주치지 않았기에 유지되는 확신일 뿐이다. 이들 역시 예외적인 이질성, 예컨대 성소수자, 난민, 장애인, 이주노동자들을 마주하면 기묘한 불편함과 불쾌감을 느낄 수밖에 없다. 그 불편함과 불쾌함은 '나의 이익'에 부합하기 않기에 발생하는 감정이다. 그렇다면 그 '나의 이익'의 바닥에는 무엇이 있는가? 바로 '자의식 과잉'이다.

'나의 이익'이 '이기심'으로 드러나는 것은 표면적인 양상일 뿐이다. 그 바닥에는 '자의식 과잉'이 도사리고 있다. 자의식 과잉은 무엇인가? 온통 '나'에 대한 의식으로 가득 차 있는 정서 상태이다. 쉽게 말해, 세상이 '나'를 중심으로 돈다고 여기는 정서 상태이다. 인간은 근본적으로 자의식이 과잉된 존재다. 스피노자의 말처럼, "사람들은 존재하는 모든 것이 자신들을 위하여 만들어졌다"고 믿을 만큼 과잉된 자의식을 가지고 있다.

물이 인간이 마시기 위해, 꽃이 인간이 보기 위해, 산이 인간이 오르기 위해 존재한다고 볼 근거는 어디에도 없다. 세상에 존재하는 그 어떤 자연물도 어떤 '목적'을 이루게 하는 '원인'이 아니다. 모든 자연물은 그저 존재하는 것일 뿐이다. 타인 역시 마찬가지다. 타인은 여느 자연물(햇볕·비·바람·나무…)처럼, '나의 이익'과 아무 상관 없이 그저 존재할 뿐이다. 인간이 과잉된 자의식 때문에 그 사실을 보지 못하고 있을 뿐이다.

'나'와 다른 사람을 진정으로 긍정하고 싶은가? 타인의 단독성과 그 단독성이 만들어 내는 다양성을 진정으로 체화하고 싶은가? 그렇다면 먼저 '타인'에게서 눈을 떼야 한다. 그리고 자신의 과잉된 자의식을 정면으로 응시해야 한다. '나는 얼마나 세상을 나의 중심으로 바라보았는가?' 이를 아프게 성찰할 수 있어야 한다. 그 성찰을 통해, 자연이 나를 위해 존재하는 것이 아니라, 내가 자연의 일부라는 자명한 사실을 깨달을 수 있다.

"산은 산이요, 물은 물이다." 어느 선사의 말처럼, 세상의 모든 자연물은 어떤 '목적'을 위해 존재하는 '원인'이 아니라, 그냥 그 자체로 존재할 뿐이다. 과잉된 자의식을 조금씩 덜어가며 세상을 있는 그대로 보게 될 때, 타인 역시 있는 그대로 긍정할 수 있다. 그때 우리는 나와 다른 사람들을 위선 없이, 오롯이 긍정할 수 있다. 그때 진정한 의미의 단독성과 다양성을 머리(논리)가 아닌 마음(감성)으로 받아들일 수 있다.

자아
— 자기부정에서 벗어날 수 있을까요?

우리 시대의 대표적 질병, '자기부정'

"자신을 사랑하라!" 유행처럼 반복되고 있는 말이다. 한 시대의 슬로건은 그 시대의 결핍을 반영한다. '정직'이 슬로건인 시대는 비리가 난무하는 시대이고, '정숙'이 슬로건인 시대는 난잡한 욕망이 난무하는 시대이다. 정직하게 말하자. 우리는 자신을 사랑하기는커녕 싫어한다. 자신을 진정으로 사랑하는 이들이 드물기에 '자신을 사랑하라!'는 말이 그리도 유행처럼 번진 것일 테다. 지금은 자신을 싫어하는 마음, 즉 자기부정이 넘쳐나는 시대다.

자기부정은 우리 시대의 대표적인 정서 상태다. 외모, 직장, 수입, 성격 등 지금 자신의 모습에 만족하지 못하는 사람들은 넘쳐난다. 왜 이런 일이 벌어졌을까? 나름 똑똑하다고 자부하는 이들은 이를 자본주의 때문이라고 답한다. 이는 일정 정도 사실이다. 자기부정은 자본주의적 삶의 방식과 관계되어 있다. 자본주의는 자기부정을 키우고 퍼트리는 측면이 있다.

자본주의는 어떻게 자기부정을 증폭하고 전파하는가? 완벽한 모델을 통해서다. 넘쳐나는 광고들을 보라. 아찔한 몸매에 명품을 두르고 외국어까지 잘하는 완벽한 모델이 등장한다. 그때 시선을 돌려 거울에 비친 초라한 우리의 모습을 보며 자기부정에 빠지지 않던가. 완벽한 존재(모델)에 매혹될 때, 자기부정에 빠지지 않을 도리가 없다. 자본주의는 완벽한 존재를 만듦으로써 자기부정을 증폭하고 전파한다.

그러나 자본주의는 자기부정을 '증폭·전파'할 수 있을 뿐, '탄생'시키지는 못한다. 아무리 전능한 자본이라 할지라도 애초에 존재하지 않는 자기부정을 만들어 낼 수는 없다. 있는 그대로의 자신을 충분히 긍정하는 이들이 있다. 자본주의가 아무리 완벽한 모델로 자기부정을 증폭하고 전파하려고 해도 그들은 자기부정에 빠지지 않는다. 모델은 모델의 삶이 있고, 자신은 자신의 삶이 있다고 여기기 때문이다.

그러니 자기부정에 시달리는 이들이 근본적으로 문제 삼아야 할 대상은 자본주의가 아니다. 그들이 물어야 할 질문은 이것이다. 자기부정이 최초로 '탄생'하는 곳은 어디인가? 자기부정에서 벗어나고 싶다면 '내'가 싫어진 근본적인 이유를 찾아야 한다. 이것이 자기부정에서 벗어나는 첫 번째 단계다.

자기부정의 기원은 '완전성'이다

'내'가 싫은 이유가 무엇일까? 얼굴이 못생겨서, 키가 작아서, 뚱뚱해서, 성격이 모나서, 직장이 변변치 않아서, 돈이 없어서, 지적이지 못해서 등등 이유들은 차고 넘친다. 하지만 그것들은 본질적인 이유가 아니다. 자기부정의 본질적인 이유는 '완전성'에 있다. 구체적으로 언어화하거나 형상화하지 못하더라도, 우리의 머릿속에는 어떤 '완전성'이 있다. 그것이 자신이 싫어지는 근본적인 이유다.

얼굴이 못생겼다는 이유로 자기부정에 시달리는 이를 생각해 보자. 그의 머릿속에는 '완전'하게 아름다운 얼굴이 있다. 그 '완전성'에서 자신은 무엇인가 결핍되었다고 느끼기에 자신이 싫은 것이다. 코의 높이, 쌍꺼풀의 모양, 속눈썹의 길이 등 그의 머릿속에는 아름다운 얼굴의 '완전성'이 있다. 그 '완전성'을 기준으로 자신의 코, 쌍꺼풀, 속눈썹은 무엇인가 부족하다고 느끼기에 자신이 못생겼다고 판단하는 것이다. 이것이 자기부정이 형성되는 내적 원리다. 다른 자기부정의 사례들도 마찬가지다.

키가 작아서, 뚱뚱해서, 성격이 모나서, 직장이 변변치 않아서, 돈이 없어서, 지적이지 못해서 자신을 싫어하는 이들을 생각해 보자. 그들은 모두 키, 몸매, 성격, 직장, 수입, 지적 수준에 대한 자신만의 '완전성'이 있고, 그 '완전성'에서 자신이 무엇인가 결핍되어 있다고 여기기에 자기부정에 빠지게 된다. 사람마다 자기부정의 세기가 다른 것도 이 때문이다. '완전성'에서 자신이 조금 결핍되어 있다고 여기는 이는 가벼운 자기부정에, 많이 결핍되어 있다고 여기는 이는 심한 자기부정에 시달리게 된다.

스피노자의 '완전성'

자기부정은 '완전성'이라는 개념과 깊이 연관되어 있다. 이것이 '완전성'이라는 개념을 숙고해 보아야 하는 이유다. 스피노자는 '완전성'에 대해 어떻게 이야기했는지 들어 보자.

> 사물은 인간의 감각을 즐겁게 만들어 주거나 불쾌하게 한다는 이유로, 혹은 인간의 본성에 부합하거나 거슬린다는 이유로 더 완전하거나 덜 완전하지 않다. ─ 제1부, 부록

인간은 자신의 감각을 즐겁게 하는 것을 '더 완전한 것'으로, 불쾌하게 하는 것을 '덜 완전한 것'으로 여기는 경향이 있다. 하지만 스피노자는 이러한 판단이 오류라고 말한다. 스피노자에 따르면, 어떤 사물은 인간의 감각을 즐겁게 혹은 불쾌하게 한다는 이유로 더 완전하거나 덜 완전하지 않다. 이해가 어렵다면, 스피노자가 말한 '사물'을 '얼굴'로 바꿔 생각해 보자. 스피노자의 말은 이렇게 바꿀 수 있다. "얼굴은 인간의 감각을 즐겁게 만들어 주거나 불쾌하게 한다는 이유로 더 완전하거나 덜 완전하지 않다."

조각처럼 잘생긴 연예인의 얼굴은 우리의 감각을 즐겁게 해 준다. 반면, 화상을 입은 사람의 얼굴은 우리의 감각을 불쾌하게 한다. 그래서 종종 조각처럼 잘생긴 얼굴을 '더 완전한 얼굴'로, 화상을 입은 얼굴을 '덜 완전한 얼굴'로 여기는 경향이 있다. 하지만 이는 인간의 감각적 오류일 뿐이다. 있는 그대로를 보자. 연예인의 얼굴이 '더 완전한 것'도, 화

상을 입은 사람의 얼굴이 '덜 완전한 것'도 아니다. 그냥 각자의 생김새가 있을 뿐, '더 완전한 얼굴'도, '덜 완전한 얼굴'도 없다.

'완전성'에 대한 또 하나의 오류가 있다. 그것은 어떤 존재가 인간의 본성에 부합하는지 혹은 거슬리는지에 따라 '완전성'의 위계를 나누는 태도다. 벌레, 물고기, 원숭이 중 어느 것이 더 '완전'에 가깝다고 느끼는가? 아마 많은 이들이 원숭이라고 답할 테다. 왜 그런가? 원숭이가 인간의 본성에 더 부합하게, 달리 말해 인간과 더 비슷하게 느껴지기 때문이다. 하지만 인간의 본성에 거슬린다는 이유로 벌레나 물고기가 덜 완전하다고 말할 근거는 어디에도 없다. 모든 존재는 각자 그 자체로 존재할 뿐, '더 완전한 생물'도, '덜 완전한 생물'도 없다.

우리가 흔히 생각하는 '완전성'은 결코 완전하지 않다. 오히려 우리가 가진 '완전성'이라는 개념은 황당할 정도로 자의적(불완전)이다. 그것은 '아름다운 얼굴이 못생긴 얼굴보다 더 완전하다'는 감각 중심적인 착각이거나, '인간이 벌레보다 더 완전하다'는 인간 중심적인 오류일 뿐이다. 우리의 '자기부정'은 이런 황당한 거짓 '완전성'에 기초해 있다. 그렇다면, '완전성'이란 개념 자체가 허구인 걸까? 그렇지 않다. '완전성'에 대한 조금 더 올바른 이해가 있다. 스피노자는 '완전성'을 이렇게 정의한다.

실재성=완전성

> 사물의 완전성은 전적으로 그 사물 고유의 본성과 역량에 의해서만 평가되어야 한다. ― 제1부, 부록

'완전성' 그 자체는 허구가 아니다. '완전성'은 있다. 하지만 그 '완전성'은 '인간의 감각을 즐겁게 하느냐' 혹은 '인간의 본성에 부합하느냐' 같은 질문과는 아무 상관이 없다. 스피노자에 따르면, "사물의 완전성은 전적으로 그 사물 고유의 본성과 역량에 의해서만 평가되어야 한다." 여기서 말하는 사물의 "본성과 역량"은 무엇일까? 스피노자의 이야기를 조금 더 들어 보자.

> 나는 실재성과 완전성을 동일한 것으로 이해한다. ― 제2부, 정의 6

스피노자는 '실재성'과 '완전성'은 동일한 것이라고 말한다. '실재성'은 무엇일까? '실재'는 쉽게 말해, '있음(존재)'이다. 'UFO가 실재하느냐?'라는 말은 'UFO가 있느냐?'라는 의미다. 그러므로 "실재성과 완전성이 동일"하다는 스피노자의 말은, '실재하는 것은 완전하다'는 의미다. 이는 인간의 감각을 즐겁게 하든 불쾌하게 하든, 인간의 본성에 부합하든 거슬리든, 세상에 '있는' 것은 모두 '완전'하다는 의미다. 이것은 싸구려 위로도, 진부한 낙관주의도 아니다. 스피노자는 인간이라는 존재에 대해 이렇게 말한다.

> 인간은 신의 본성을 어떤 일정하고 결정적인 방식으로
> 표현하는 변용 또는 양태이다. — 제2부, 정리 11, 주석

　스피노자에게 가장 완전한 존재는 자연(신)이다. 인간은 그 자연(신)의 변용(변화)이자 양태(변화된 것)이다. 말하자면, 인간은 작은 자연(신)인 셈이다. 키가 큰 인간, 키가 작은 인간, 코가 높은 인간, 코가 낮은 인간, 피부가 흰 인간, 피부가 검은 인간이 있다. 인간마다 분명 차이가 있다. 하지만 그 차이 중 어떤 것도 결코 우열의 차이가 아니다. 거대한 바다, 큰 호수, 작은 냇가 중 어느 것이 더 완전하다거나 덜 완전하다고 말할 수 없는 것처럼, 자연의 변용이자 양태로서 인간은 그 자체로 모두 완전하다.
　'실재'하는 것은 모두 있는 그대로 '완전'하다. 모든 존재는 완전한 자연(신)의 본성과 역량을 나누어 갖고 있기 때문이다. '키가 작은 인간', '돈이 없는 인간', '피부가 검은 인간'이 불완전해 보인다면, 그것은 우리가 그들의 본성과 역량을 제대로 보지 못하기 때문일 뿐이다. 그들이 어떤 존재이고 무엇을 할 수 있는지를 보지 못하기 때문에 불완전해 보이는 것일 뿐이다. 우리 자신이 불완전해 보이는 이유도 마찬가지다. 실재하는 우리의 본성과 역량을 보지 못하고 허구적 '완전성'의 시선으로 우리 자신을 바라보기 때문이다.

자기부정에서 벗어나는 법

　이제 자기부정에서 벗어나는 법을 알겠다. 그것은 우리의

자의적인 '완전성' 개념을 해체하는 것에서 시작해야 한다. 어떻게 해체할 수 있을까? 자연의 변용이자 양태로서의 '나', 즉 자신의 "본성과 역량"을 보려고 애써야 한다. 즉, 타인과 비교된 '나'가 아니라, '나'라는 존재가 갖고 있는 고유한 성질(본성)과 오직 '나'이기에 할 수 있는 것(역량)을 파악해 보려고 애써야 한다. 그때 '실재'하는 '나'를 보게 되고, 그때 이미 그 자체로 '완전'한 자신을 만나게 된다. 이는 교과서에 나오는 뜬구름 잡는 이야기가 아니다.

한동안 극심한 자기부정에 시달렸다. 돈벌이도 시원찮고, 철학을 공부한답시고 골방에 앉아 글이나 쓰는 나 자신이 한없이 싫었던 적이 있었다. 나 자신이 혐오스러웠다. 극심한 자기부정은 이내 우울증으로 번져갔다. 나는 왜 내가 싫었던 걸까? 어른에 대한 '완전성' 개념 때문이었다. '완전한 어른'은 안정적 수입과 사회적 인정이 있어야 한다고 믿었다. 그 '완전성'에서 나는 한참이나 모자랐다. 그러니 나 자신이 싫을 수밖에 없었다.

자기부정과 우울증을 애써 누르며 꾸역꾸역 살아내고 있던 어느 날이었다. 아들이 숙제를 했다며, 삐뚤빼뚤한 글씨가 빼곡한 종이를 내밀며 말했다. "나도 아빠처럼 글 쓰는 사람이 될 거야." 눈시울이 뜨거워지는 것을 꾹 참았던 그 순간, 나의 "본성과 역량"을 깨닫게 되었다. 나는 철학을 사랑하고 조금 더 인간다운 세상을 꿈꾸는 '본성'을 가지고 있으며, 그것을 글로 쓸 수 있는 '역량'을 가지고 있었다. 아들의 숙제로 그 사실을 알게 되었다.

'실재'하는 나를 보게 될 때

나의 "본성과 역량"을 깨닫자, '실재'하는 나를 보게 되었다. 그때 세상이 요구하는 '완전한 어른'의 개념(안정적 수입·사회적 인정)과 상관없이 나 자체가 이미 '완전'하다는 사실을 깨닫게 되었다. 놀랍게도, 그 깨달음은 나의 자기부정을 멈추게 했다. 철학을 공부하고 집필실에서 글을 쓰는 나 자신이 꽤 괜찮게 느껴졌다. 돈벌이가 시원찮고 딱히 사회적 인정도 못 받고 있다는 사실은 그대로였는데 말이다.

누구라도 자신의 "본성과 역량"을 깨닫게 되면, 자기부정에서 벗어날 수 있다. 못생기고 어수룩한 아이가 음악의 기쁨을 알게 된 순간, 가난하고 폭력적인 아이가 복싱으로 인정받는 순간, 그때가 최초로 자신의 "본성과 역량"을 깨닫게 되는 순간이다. 그렇게 자신의 "본성과 역량"을 깨달은 자들은 '실재'하는 자신을 만나게 된다. '실재'하는 자신을 만난 사람은 알게 된다. '실재성'을 가진 존재들 사이에는 그 어떤 우열도 없다는 사실을. 그렇게 허구적 '완전성'은 해체되고, 그와 동시에 저주처럼 들러붙어 있던 자기부정은 조금씩 떨어져 나가게 된다.

그 집요한 자기부정의 상흔이 사라졌을 때 우리는 또 하나의 소중한 선물을 받게 된다. 그 선물은 삶의 진실을 보는 안목이다. 자기부정을 극복했을 때 우리는 삶의 진실을 볼 수 있다. 키가 크거나 작거나, 코가 높거나 낮거나, 피부가 희거나 검거나, 더 나아가 물고기이거나 벌레일지라도, 모두 동등하게 완전한 존재로 볼 수 있다. 세상에 실재하는 모든 존재들이 "신의 본성을 어떤 일정하고 결정적인 방식으로 표현하는 변용 또는 양태"임을 볼 수 있는 안목을 갖게 된다. 그렇게 자기부정에서 벗어난 이는 조금씩 더 아름다운 사람이 된다.

정신
— 유리멘탈에서 벗어날 수 있을까요?

유리멘탈, 기분에 지는 삶

"오늘은 공부할 기분이 아니야." "오늘은 밖에 나갈 기분이 아니야." 세상 사람들은 이런 말을 배부른 투정이나 핑계쯤으로 여긴다. 공부가 하기 싫어서 부리는 투정이나 집 밖에 나가기 귀찮아서 대는 핑계라고 치부한다. 뭘 몰라서 하는 소리다. 이는 '하고 싶지 않음'의 문제가 아니라, '할 수 없음'의 문제다. 공부하고 싶고, 집 밖에 나가고 싶다. 정말 그러고 싶다. 하지만 그런 마음에도 불구하고 도저히 그럴 수 없는 이들이 있다.

 그렇다면 묻게 된다. 왜 도저히 그럴 수 없는가? '유리멘탈' 때문이다. '유리멘탈'이 무엇인가? 이는 기분에 지는 마음 상태라고 말할 수 있다. 어제까지는 분명 ○○하면 더 나은 삶을 살 수 있을 것 같은 기분이었다. 그런데 오늘 아침에 눈을 뜨니 ○○해도 아무것도 달라질 것 같지 않다. 그래서 모든 일이 아무 의미 없는 것처럼 느껴진다. 이런 종잡을 수 없는 기분 때문에 삶이 조금씩 흔들리는 상태, 이것이 '유리멘탈'의 삶이다.

"○○할 기분이 아니야." 이는 투정이나 핑계가 아니다. '유리멘탈', 즉 매번 기분에 지는 삶 때문이다. 이는 어쩔 수 없는 측면이 있다. 도저히 밥을 먹을 기분이 아닌데 억지로 밥을 먹을 수는 없는 노릇 아닌가. 그렇다고 마냥 기분에 지고 살 수는 없다. 야박한 삶은 우리의 기분을 기다려 주지 않기 때문이다.

절박한 마음으로, 더 나은 삶으로 나아가려는 혹은 지금의 일상을 지키려는 이들에게 '유리멘탈'은 치명적이다. "오늘은 글을 쓸 기분이 아니에요." 작가의 삶을 꿈꾸는 이가 이렇게 말할 수는 없는 노릇 아닌가. "오늘은 일할 기분이 아니에요." 생계를 이어 나가는 일터에서 이렇게 말할 수는 없는 노릇 아닌가. '유리멘탈'은 필연적으로 삶을 불행의 나락으로 내몬다. 그러니 지금 우리에게 필요한 질문은 이것이다. '어떻게 '유리멘탈'에서 벗어날 수 있을까?'

인간의 정신은 어떻게 생겨날까?

스피노자라면 이 질문에 어떤 답을 해 줄까? 먼저 스피노자의 '정신'에 대해서 살펴보자. '유리멘탈'은 '정신'에 관련된 문제이니까 말이다.

> 인간 정신의 현실적 존재를 구성하는 최초의 것은 단지 현실적으로 존재하는 어떤 개별 사물의 관념일 뿐이다.
> ― 제2부, 정리 11

스피노자에 따르면, 인간의 정신을 구성하는 최초의 것은 '관념'이다. '관념'이 무엇일까? '필기구'를 생각해 보자. '필기구'는 관념이다. 그런데 이 '관념'은 하늘에서 뚝 떨어진 것이 아니다. '필기구'라는 관념은 연필, 볼펜, 지우개, 노트북 등 "현실적으로 존재하는 어떤 개별 사물"이 있어야만 존재할 수 있다. 달리 말해, '관념'은 지각된 것들의 개념화(혹은 추상화)라고 말할 수 있다. "현실적으로 존재하는 어떤 개별 사물"들 때문에 생긴 '관념'이 바로 인간의 정신을 구성하는 최초의 것이다.

한 아이의 정신이 최초로 구성되는 과정을 생각해 보자. 아이가 처음으로 연필, 볼펜, 지우개 등을 보고 만진다. 아이는 "현실적으로 존재하는 개별 사물(연필·볼펜·지우개)"들을 신체로 지각한다. 이를 통해 '필기구(쓸 수 있는 어떤 것)'라는 관념을 생성한다. 그렇게 생성된 '필기구'라는 최초의 '관념'은 노트북 또한 일종의 '필기구'임을 파악할 수 있는 정신을 구성한다. 이러한 과정을 통해 우리의 정신은 점점 확장된다. 즉, 우리의 정신은 현실적으로 존재하는 다양한 물체들을 온몸으로 겪으며 형성된 '관념' 복합체라고 말할 수 있다.

스피노자의 정신-신체
스피노자는 정신과 신체의 관계성에 대해 조금 더 명확하게 이야기한다.

우리는 인간의 정신이 신체와 하나로 결합되어 있다는

사실을 알 뿐만 아니라, 정신과 신체의 합일을 어떻게 이해해야 하는지에 대해서도 알게 된다. 그러나 누구든지 먼저 우리 신체의 본성을 충분히 인식하지 못한다면, 이 합을 충분히 또는 명확히 이해할 수 없을 것이다.
— 제2부, 정리 13, 주석

스피노자는 먼저 "정신이 신체와 하나로 결합"되어 있다고 말한다. 동시에 "신체의 본성을 충분히 인식하지 못한다면, 이 합(정신+신체)을 충분히 또는 명확히 이해할 수 없을 것"이라고 말한다. 이는 정신과 신체는 하나로 결합되어 있지만, 그중 더 근본적인 것은 신체라는 의미다. 스피노자의 말은 옳다. 어떤 개별 사물을 지각할 수 있는 신체가 없다면 정신(관념)도 존재할 수 없다. 입력 장치가 없는 컴퓨터에는 어떤 정보도 존재할 수 없는 것처럼 말이다. 분명 정신과 신체는 하나로 결합되어 있지만, 신체가 더 근본적이다.

이제 우리의 질문으로 돌아가자. 어떻게 '유리멘탈'에서 벗어날 수 있을까? '유리멘탈'은 매번 기분에 지는 정신 상태다. 이는 왜 발생하는 걸까? 과잉된 정신 작용 때문이다. 기분에 지는 과정을 생각해 보자. 아침에 활기찬 기분으로 출근했다. 동료들에게 활기차게 인사를 했다. 그런데 동료들의 반응이 시큰둥하다. 이 작고 사소한 일에서 시작된 생각은 꼬리에 꼬리를 문다. '어제 내가 뭘 실수했나?' '뭘 실수했지?' '나를 따돌리는 건가?' '직장생활 짜증 나네.' '그만둬야 하나?' '그만두면 뭐 하지?' '할 수 있는 게 없네.' '답도 없는 우울한 인생인데, 살아서 뭐하나?'

이처럼 작고 사소한 일에서 시작된 정신 작용이 멈추지 않고 과잉되는 상태. 그 상태가 지속되어 정신이 마비되는 것. 이것이 기분에 지는 마음의 발생 과정이다. '이걸 해 봐야 무슨 의미가 있겠어?' 이런 냉소주의적 혹은 허무주의적 마음은 그 정신적 마비 상태의 대표적인 표현이다. 이런 정신적 마비 상태에서 우리는 하던 일을 지속할 수도, 어떤 일을 새롭게 시작할 수도 없다. 도저히 그럴 기분이 아니니까 말이다. 그렇다면 어떻게 해야 할까? 스피노자의 이야기를 들어 보자.

'유리멘탈'에서 어떻게 벗어날 수 있을까?

> 정신의 본질을 구성하는 최초의 것은 현실적으로 존재하는 신체의 관념이기 때문에, 우리 정신의 제일 중요한 노력은 우리 신체의 존재를 긍정하는 것이다. — 제3부, 정리 10, 증명

'유리멘탈'에서 벗어나기 위해서는 신체의 존재를 긍정하고 그것에 충분히 집중해야 한다. 신체에 집중할 때, 정신에 대한 집착이 현저히 줄어들기 때문이다. 달리 말해, 과잉된 정신 작용을 멈출 수 있기 때문이다. 기분(정신)의 문제를 해결하기 위해 정신에 집중하면 그 끝은 필연적으로 정신적 마비일 수밖에 없다. 어떤 방식으로든, 정신(생각)을 멈추고 신체에 집중해야 한다. 이것이 기분에 지지 않는 가장 확실한 방법이다.

나 역시 긴 시간 기분에 지는 '유리멘탈'로 살았다. 아침에 눈 뜨면 글을 써 봐야 삶은 달라질 것 같지 않고, 글 쓰는 삶이 아무 의미 없는 것처럼 느껴질 때가 있었다. 그 기분은 여전히 나를 찾아온다. 하지만 이제 그런 기분에 지지 않는다. 기분에 질 것 같을 때, 바로 복싱 체육관으로 달려간다. 정신 '없이' 샌드백을 두들기고, 정신 '없이' 상대와 치고받는다. '정신'을 없애고 '신체'에 집중한다. 그 과정에서 꼬리에 꼬리를 무는 생각의 고리를 끊어낼 수 있다.

정신에 대한 집착이 사라지면, 정신적 마비 상태 역시 중단된다. 그때 정신이 건강한 방향으로 활성화된다. 신체를 펄떡이게 하는 만큼 정신은 차분해진다. 신체를 움직여 흠뻑 땀을 흘리고 나면, 언제 그랬냐는 듯이 글을 쓰면 뭐라도 될 것 같고, 글 쓰는 삶의 의미를 다시금 느끼게 된다. 이것이 내가 기분에 지지 않고 10년 넘게 글 쓰는 삶을 이어올 수 있었던 비결이라면 비결이다. "정신의 제일 중요한 노력은 우리 신체의 존재를 긍정하는 것"이라는 스피노자의 말을 삶에서 확인했다.

'강철멘탈'을 갖는 법
어떻게 '강철멘탈'을 가질 수 있을까? 이제 이 질문에도 답할 수 있다. '강철멘탈'은 말 그대로 강한 정신을 의미한다. 즉, 더 유능한 정신이다. 이는 순간순간의 기분에 휩쓸려 삶이 흔들리는 '유리멘탈'을 넘어, 어떤 경우에도 자신의 삶을 굳건히 유지해 나가는 정신이다. 이것이 어떻게 가능한지에 대해 스피노자는 이렇게 말한다.

어떤 신체가 동시에 많은 방식으로 작용하거나 작용받는 데 다른 신체들보다 더 유능할수록, 그것의 정신도 동시에 많은 것을 지각하는 데 다른 정신들보다 그만큼 더 유능하다. 그리고 어떤 신체의 활동이 그 신체에만 의존하는 것이 많고, 다른 신체들(또는 물체들)이 함께 활동하는 것이 적으면 적을수록, 그것의 정신은 명확하게 이해하는 데 그만큼 유능하다. — 제2부, 정리 13, 계

스피노자는 정신이 유능해지는 데 두 가지 방법이 있다고 말한다. 첫째, 신체가 상호작용하는 대상들이 많을수록 정신은 유능해진다. 둘째, 신체가 상호작용하는 대상들이 적을수록 정신은 유능해진다. 이는 모순이 아니다. 첫 번째 경우부터 이야기해 보자. A와 B라는 사람이 있다. A는 평생 공부만 한 사람이다. 그의 신체가 상호작용한 대상은 공부뿐이다. 반면 B는 공부도 해 보고, 운동도 해 보고, 연애도 해 보고, 직장도 다니고, 장사도 해 본 사람이다. B는 A에 비해 다양한 대상들과 상호작용했다.

A와 B 중 누가 더 강한, 달리 말해 더 유능한 정신을 갖고 있을까? 단연 B다. A는 작은 변화나 시련에도 크게 흔들리는 약한(덜 유능한) 정신을 갖고 있을 개연성이 높다. 그의 신체가 만든 관념(정신)이 협소하기 때문이다. 하지만 B는 다르다. B의 신체는 산전수전을 겪으며 다양한 대상들과 상호작용했다. 그 과정에서 B는 강한(더 유능한) 정신을 갖게 되었을 개연성이 높다. 그의 신체가 만든 관념(정신)은 크고 넓기 때문이다. 누가 뭐래도, 인생은 실전이다. 얼마나 다양

한 실존적 경험을 해 보았는지가 한 사람의 정신적 역량을 결정하게 마련이다.

광장의 신체, 밀실의 신체

이제 두 번째 이야기를 해 보자. 세상에는 수많은 B들이 있다. 온몸으로 산전수전을 겪으며 삶을 살아낸 이들은 많다. 그들은 정말 어느 순간에도 평온함과 정서적 안정을 유지하는 강한 정신을 갖고 있을까? 그렇지 않다. 세상의 수많은 B들 중 불안과 초조에 흔들리는 약한 정신을 갖고 있는 이들은 흔하다. 왜 그럴까? 그들은 세상과 부대꼈던 신체를 가지고 있을 뿐, 혼자인 신체를 가진 적이 없기 때문이다.

결국 중요한 것은 신체다. '정신-신체'는 어떤 경우에도 함께 가며, 정신보다 신체가 더 근본적이다. 하여, 우리는 신체적 유능함만큼의 정신적 유능함을 가질 수밖에 없다. 그런데 신체에는 두 가지 신체가 있다. 최인훈 선생의 말을 빌리자면, '광장의 신체'와 '밀실의 신체'가 있다. 이 두 신체 각각에 충실할 때 유능한 정신이 탄생한다.

다양한 대상들과 상호작용하는 '광장의 신체'뿐만 아니라, 상호작용하는 대상이 없는 '밀실의 신체' 역시 중요하다. 달리 말해, 오롯이 자신의 신체만을 차분히 성찰해 보는 것이 중요하다. 조용한 곳에서 숨을 내쉬며 차분하게 자신의 호흡을 느껴 보는 것(명상), 혹은 홀로 운동을 하며 자신의 근육을 느껴 보는 것(스트레칭·달리기), 이처럼 '밀실'에서 자신의 몸 상태를 느껴 보는 일이 필요하다.

강한 정신은 '광장의 신체'와 '밀실의 신체'를 횡단하며 만들어진다. 세상의 타자들과 상호작용하는 '광장의 신체', 그리고 오롯이 자신에게 집중하는 '밀실의 신체'. 이 두 신체를 가로지를 때 진정으로 강한 정신, 즉 '강철멘탈'을 갖게 된다. 당연하지 않은가? 저잣거리에서 세상 사람들과 부대끼기만 할 뿐, 자신만의 방에서 오롯이 혼자인 시간을 갖지 않는 이들에게 유능한 정신은 요원하다.

'강철멘탈'에 이르는 세 단계
'유리멘탈'을 벗어나 '강철멘탈'이 되는 법은 세 가지 단계로 정리할 수 있다. 첫째, 일단 몸을 움직일 것. 정신으로 과도하게 쏠리려는 에너지를 신체로 돌려놓아야 한다. 둘째, '광장의 신체'를 긍정할 것. 온몸으로 세상과 부딪히는 경험을 늘려야 한다. 그렇게 자신의 신체가 작용하고 작용받는 데 유능한 신체가 되도록 애써야 한다. 셋째, '밀실의 신체'를 긍정할 것. 차분하게 자기 몸의 속도와 리듬을 느끼는 경험을 늘려야 한다. 이 세 가지 단계를 거치며 신체는 유능해지고, 그만큼 정신도 유능해진다. "인간의 정신은 신체와 하나로 결합"되어 있으니까 말이다.

'강철멘탈'을 갖게 되었을 때, 우울, 비관, 허무, 염세 같은 부정적인 기분에 더 이상 지지 않게 된다. 기분에 지지 않기에 언제나 자신이 해야 할 일과 하고 싶은 일들을 흔들림 없이 해나갈 수 있다. 그렇게 어제보다 조금 더 기쁜 삶에 다가설 수 있다. 우리에게 기쁜 삶을 열어 줄 강한 정신은, '정신'이 아니라 '신체'에서 찾아야 한다. 정신의 문제를 정신(정신과·종교·명상…)으로 해결하려는 이들은 나무에 올라

물고기를 잡으려는 이들이다. 정신의 문제를 정신으로 해결하려는 이들에게 스피노자는 단호하게 말한다.

> 인간의 정신은 극히 많은 것을 지각할 수 있으며, 이러한 능력은 인간의 신체의 능력이 커짐에 따라 그만큼 커진다. — 제2부, 정리 14, 증명

기억
— 피해의식에서 벗어날 수 있을까요?

나쁜 기억에 매인 삶

어린 시절, 부모는 하루가 멀다 하고 부부싸움을 했다. 이유는 언제나 하나였다. 돈. 어머니는 항상 짜증이 나 있었다. 돈 이야기만 꺼내도 짜증스런 악다구니를 쏟아 내었다. 며칠을 쭈뼛거리며 수학여행비를 달라고 말했을 때도 마찬가지였다. 어느 날 아침, 아버지가 손에 꼬깃꼬깃한 돈 9만 8천 원을 쥐여 주었다. 고맙지 않았다. 서럽고 화가 났다. 돈이 없어서 눈치 보는 것이 서러웠고, 이 구질구질한 집구석에서 태어난 것이 화가 났다.

이것이 나의 나쁜 기억이다. 나의 나쁜 기억은 괜찮은 편인지도 모르겠다. 밥을 흘렸다는 이유로 아버지에게 몸이 날아갈 정도로 뺨을 맞은 기억을 갖고 있는 이를 안다. 영문도 모른 채 동네 오빠에게 성추행을 당한 기억을 갖고 있는 이를 안다. 나쁜 기억은 사라지지 않는다. 사라지지 않기에 거기에 매인 삶을 살게 된다.

나는 긴 시간 짐승처럼 살았다. "결국 돈이면 다 되는 거 아니야!" 돈을 벌기 위해 다른 사람들에게 크고 작은 상처를 주는 것이 어쩔 수 없는 혹은 당연한 일이라 여기며 살았다. 돈에 쪼들렸던 기억은 그렇게 내 삶을 얽매었다. 아버지의 일상적 폭력을 기억하고 있는 이도, 동네 오빠의 성추행을 기억하고 있는 이도 마찬가지다. 전자는 "결혼은 또 다른 아이의 인생을 망치는 거야!"라고, 후자는 "남자는 다 짐승이야!"라고 믿으며 산다. 우리는 그렇게 나쁜 기억에 매인 삶을 산다.

나쁜 기억이 남긴 상흔, 피해의식

나쁜 기억은 피해의식의 원인이 된다. 피해의식이 무엇인가? 피해받은 기억으로 인한 과도한 자기방어다. 결코 사라지지 않는 나쁜 기억(가난·가정 폭력·성추행) 때문에 자신을 과도하게 방어하려는 마음("결국 다 돈이야!"·"결혼은 아이를 망치는 일이야!"·"남자는 다 짐승이야!")이 바로 피해의식이다.

이런 피해의식은 우리네 삶에 크고 작은 악영향을 끼친다. 그중 가장 큰 해악은 대화의 단절이다. 피해의식이 심한 이들과 이야기를 나누는 일은 어렵다. 그들은 작은 단어 하나에도 민감하게 반응해서 감정적으로 격앙되거나 냉소적인 태도를 취하기 때문이다. 이런 격앙과 냉소는 과거에 상처받은 기억으로 인해 과도하게 자신을 방어하려는 피해의식의 양상이다.

한 사람을 불행하게 하는 것은 피해의식 그 자체가 아니다. 피해의식으로 인한 대화의 단절, 그로 인한 사회적 고립과 외로움이 삶을 불행으로 내몬다. 우리네 삶을 불행하게 만드는 피해의식을 어떻게 극복할 수 있을까? 먼저 피해의식이 근본적으로 나쁜 기억으로부터 시작되었다는 사실을 주목해야 한다. 그러니 피해의식의 극복은 이 질문에서 시작해야 한다. '어떻게 나쁜 기억에서 벗어날 수 있을까?'

스피노자의 '기억'

스피노자는 이 질문에 어떻게 답할까? 먼저 스피노자가 '기억'을 어떻게 파악하고 있는지부터 살펴보자.

> 기억이란 … 사실 인간 신체의 변용의 관념이며, 이 관념은 인간 신체의 본성과 외부 물체의 본성을 포함한다. ― 제2부, 정리 18, 주석

스피노자에 따르면, 기억은 "인간 신체의 변용의 관념"이다. 쉽게 말해, '내 몸의 변화(웃음·눈물·경직·떨림·육체적 상처…)를 생각하는 것'이 곧 '기억'이라는 의미다. 이는 적확한 정의다. 우리는 살아가면서 많은 일들을 겪지만, 그 모든 일들을 '기억'하지는 못한다. 오직 내 몸의 변화를 초래할 정도로 강렬했던 일들만 '기억'한다. 수많은 일들 중 웃음이나 눈물이 났던 일, 몸이 경직되거나 떨렸던 일, 몸에 큰 상처를 입었던 일들만이 '기억'되지 않던가.

또한 스피노자는 '기억'에 대해 다음과 같이 덧붙인다. 기억은 "인간 신체의 본성과 외부 물체의 본성을 포함한다." 스피노자에 따르면, 기억에는 두 가지 대상이 관여한다. 자신의 신체와 외부의 물체. 즉, 기억은 자신의 신체와

외부의 물체의 교집합인 셈이다. 이는 지극히 당연한 말이다. "인간 신체의 변용"이 있으려면, 그 변용을 촉발한 외부 물체가 있어야만 한다. 달리 말해, '기억'되려면 신체의 변용을 일으킬 만큼 외부 물체로부터 자극받아야 한다.

'기억', 외부 물체가 신체를 변화시키는 일
이제 왜 우리가 모든 것을 '기억'하지 못하는지 알 수 있다. 외부 물체가 있었다고 하더라도, 그 물체가 우리의 신체를 변화시킬 만큼 강렬하거나 자극적이지 않았다면 우리는 그것을 '기억'하지 못한다. 살아가면서 수없이 칼을 보고 만졌어도 우리는 칼에 관한 그 모든 일들을 '기억'할 수 없다. 오직 칼(외부 물체)에 베여 큰 상처를 입었던 일(신체의 변용)만을 기억할 수 있을 뿐이다. 그러한 외부 물체 없이 발생하는 관념(생각)은 '기억'이 아니라 공상 혹은 상상이다.

우리의 '기억' 역시 마찬가지다. 돈이 없어서 불행했던 '기억'은 무엇인가? 그것은 외부 물체(어머니·아버지·돈)로 인한 신체의 변용(화가 나서 뛴 심장·서러워서 흘린 눈물)에 대한 관념이다. 아버지에게 폭행당했던 '기억', 동네 오빠에게 성추행당했던 '기억'도 마찬가지다. 그때 그들은 두려움과 수치심, 증오와 복수심에 온 신체가 부들부들 떨렸을 테다. 외부 물체(아버지·동네 오빠)가 신체의 변용(떨림)을 일으킬 정도로 자극적이었기에 그들은 그것을 생생하게 기억하는 것이다. 이처럼 신체의 변용이 있을 정도로 외부 물체의 자극이 강렬했던 일들은 '기억'된다.

'기억'은 단순히 정신적인 문제가 아니다. 정신적인 문제인 동시에 신체적인 문제다. '기억'은 언제나 정신과 신체가 뒤섞인 채로 남겨진다. 즉, '기억'은 '정신-신체'적이다. 바로 이것이 '기억', 특히 나쁜 기억을 쉬이 떨쳐내기 어려운 이유다. 교통사고의 '기억'은 정신 속에만 있는가? 결코 그렇지 않다. 그 '기억'은 그날 신체에 남겨진 상흔 그 자체이기도 하다. 이처럼 '기억'이 정신뿐만 아니라 신체에까지 각인되어 있다면, 그것에서 벗어나는 일은 얼마나 어렵겠는가?

'피해의식'의 작동 원리

이제 피해의식이 어떻게 작동하는지 알 수 있다. 스피노자는 '기억'이 우리를 지배하는 방식에 대해 이렇게 설명한다.

> 인간의 신체를 한때 자극하여 변화시켰던 외부 물체가 지금은 존재하지 않거나 현존하지 않더라도, 정신은 그것들을 마치 현존하는 것처럼 고찰할 수 있을 것이다.
> — 제2부, 정리 17, 계

우리의 "신체를 한때 자극하여 변화시켰던" '기억'은 우리의 마음을 지배할 수밖에 없다. '정신-신체'적 '기억'은 그 '기억'을 만든 외부 물체가 지금 존재하지 않더라도, 우리의 정신으로 하여금 그것을 마치 현존하는(지금 있는) 것처럼 인식하게 만든다. 이는 삶에서도 쉽게 확인할 수 있다. 돈이 많아도 돈에 집착하는 사람은 흔하다. 그들은 왜 그러는 것일까? 지독히도 가난해서 항상 돈에 쪼들렸던 나쁜 '기억'이 있기 때문이다. 즉, 그 나쁜 '기억'이 너무나 강렬하기에 현재 '가난(돈 없음)'이 존재하지 않아도, 정신은 그것을 마치 현존하는 것처럼 인식하는 것이다.

 일상적으로 폭력을 행사하던 아버지가 죽으면, 그 나쁜 '기억'에서 벗어날 수 있을까? 아니다. 지금 아버지가 존재하지 않아도, 정신은 뺨을 후려갈기던 아버지가 마치 현존하는 것처럼 인식한다. '가난', '아버지', '동네 오빠'는 지금 존재하지 않는다. 그 '외부 물체'들은 이미 사라졌다. 하지만 정신은 그것이 계속 현존한다고 믿기에 그 상처가 다시 반복될 것 같다. 바로 이것이 우리의 마음속에서 피해의식(과도한 자기방어)이 발생하는 내적 원리 아닌가?

 "결국 돈이면 다 되는 거 아니야!" "결혼은 또 다른 아이의 인생을 망치는 거야!" "남자는 다 짐승이야!" 이는 모두 과도한 자기방어, 즉 피해의식이다. 나쁜 기억이 있으면 피해의식은 생길 수밖에 없다. 자신에게 나쁜 '기억'을 남겼던 외부 물체(가난·아버지·동네 오빠)가 사라져도 정신은 그것을 여전히 존재하는 것으로 인식하기 때문이다. 그러니 어떻게 과도한 자기방어(피해의식)의 마음이 생기지 않을 수 있겠는가? 바로 이것이 나쁜 '기억'이 우리네 삶을 지배하는 방식이다.

나쁜 기억에서 벗어나는 법
그렇다면 우리는 피해의식에서 영원히 벗어날 수 없는 것일까? 다시 스피노자의 이야기로 돌아가자.

> 우리가 외부 물체에 대해 가지는 관념은 외부 물체의 본성보다도 우리의 신체 상태를 더 많이 나타낸다. ─ 제2부, 정리 16, 계 2

스피노자에 따르면, 신체와 외부 물체라는 두 가지 요소가 결합되어야 '기억'된다. 하지만 그 두 요소가 기억에서 동등한 위상을 차지하는 것은 아니다. '기억'은 "외부 물체에 대해 가지는 관념"이지만, "외부 물체의 본성보다도 우리의 신체 상태를 더 많이 나타낸다." 이를 아버지의 폭행에 대한 '기억'을 예로 들어 설명해 보자. 그 '기억'에는 아버지라는 외부 물체의 본성보다, 그 당시 그의 신체 상태가 더 많이 반영되어 있다.

다시 말해, 아버지의 폭력이 지워지지 않는 나쁜 기억이 된 데에는 두 가지 원인이 있는 셈이다. 아버지의 폭행과 폭행을 당한 신체. 스피노자의 논의에 따르면, 그 나쁜 '기억'은 아버지의 폭행 그 자체보다 폭행을 당했을 당시의 신체 상태에 더 많은 영향을 받는다. 이는 적확한 진단이다. 아버지에게 폭행당했을 때 그는 초등학생이었다. 그때 그의 신체가 연약했기에 그 나쁜 기억이 그의 마음에 더 깊이 각인된 측면이 있다. 만약 그가 성인이 되어 강건한 신체를 지닌 상태에서 아버지에게 폭행을 당했다면 어땠을까? 분명 그 '기억'은 지금의 '기억'과는 다를 것이다.

나쁜 기억을 준 외부 물체들(가난·아버지·동네 오빠)에게 면죄부를 주려는 것이 아니다. 그 책임을 피해자에게 떠넘기려는 것은 더욱 아니다. 하지만 피해의식으로 작동하게 되는 나쁜 '기억'은 우리의 신체 상태를 반영하고 있다는 사실을 부정해서는 안 된다. 이는 아주 중요한 문제다. 나쁜 '기억'을 준 외부 물체에만 집착할 때, 우리는 결코 그 나쁜 '기억'에서 벗어날 수 없다. 나쁜 '기억'은 그 당시 우리의 신체 상태에 크게 영향받았다는 사실을 성찰할 수 있어야 한다. 이것이 나쁜 '기억'에서 벗어나기 위한 출발점이다.

이미 '없는 것'을 보지 말고, 지금 '있는 것'을 보라!
나쁜 '기억', 더 나아가 피해의식에서 어떻게 벗어날 수 있을까? 피해의식에서 벗어난다는 것은 무엇일까? 지금은 존재하지 않는 과거 외부 물체들의 잔상에서 벗어나, 지금 현실적으로 존재하는 외부 물체들을 보는 것이다. 이미 '없는 것'을 보지 않고, 지금 '있는 것'을 보면 과도하게 자신을 방어할 일도 없어진다. 그런데 이미 지독히도 상처받았던 '기억'을 가진 이들이 어떻게 그럴 수 있을까? 이에 대해 스피노자는 이렇게 말한다.

> 인간의 정신은 자기 신체 변용의 관념을 통해서만 외부 물체를 현실적으로 존재하는 것으로 지각한다. ─ 제2부, 정리 26

스피노자는 "신체 변용의 관념을 통해서만 외부 물체를 현실적으로 존재하는 것"으로 볼 수 있다고 말한다. 이것이 무슨 뜻인가? 새로운 '기억'을 통해서만 과거의 '기억'에서 벗어날 수 있다는 의미다. 과거의 '기억(신체 변용의 관념)'은 사라지지 않는다. 하지만 새로운 '기억(신체 변용의 관념)'을 통해서 지금 존재하는 외부 물체들을 있는 그대로 볼 수 있게 된다. 인간은 그렇게 자기 자신을 새롭게 인식할 수 있다.

정신은 신체 변용의 관념을 지각하는 한에서만 자기 자신을 인식한다. — 제2부, 정리 23

스피노자는 '기억(신체 변용의 관념)'을 통해서만 자기 자신을 인식할 수 있다고 말한다. 이는 새로운 자기 인식은 과거의 '기억'을 지우는 것이 아니라, 새로운 '기억'을 만듦으로써 가능하다는 의미이기도 하다. 과거의 나쁜 '기억'으로부터 벗어날 방법은 새로운 '기억'을 만드는 것이다. 신체에 각인되는 새로운 기억, 그 '기억'을 통해 세상의 다양한 외부 물체들을 피해의식 없이 바라볼 수 있게 된다.

나쁜 기억은 새로운 기억으로 벗어날 수 있다
나는 이제 돈에 매여 살지 않는다. 있으면 있는 대로 쓰고, 없으면 적게 쓰고, 더 없으면 번다. 돈에 관한 피해의식이 거의 없다. 돈에 쪼들렸던 기억이 사라졌기 때문이 아니다. 그것은 다 기억난다. 대신 많은 사람들을 만나며 새로운 '기억'을 쌓았다. 신체가 변용될 정도의 기억들. 돈은 없지만 타인을 위해 헌신하는 이들. 돈보다 소중한 가치를 위해 고된 삶을 견디는 이들. 그들을 보며 다시 심장이 콩닥거렸고, 눈물이 흘렀다. 그렇게 신체가 변용되는 새로운 '기억'들이 쌓였다. 그 '기억'을 통해 과거의 나쁜 '기억'으로부터 벗어났고,

동시에 피해의식으로부터도 자유로워졌다.

'그' 역시 그렇게 나쁜 기억과 결별했다. 그는 용기를 내어 공포와 증오의 대상이었던 아버지에게 편지를 썼다. 어린 시절 왜 그렇게 심하게 자신을 때렸냐고 물었다. 아버지는 진심 어린 답장을 돌려주었다. "정말 미안하다. 아버지가 못나서 그랬다." 그는 떨리는 손으로 짧은 편지를 부여잡고 한참을 울었다. 지금 그는 "아직 결혼할 자신은 없지만, 결혼이 꼭 아이 인생을 망치는 것은 아닌 것 같다"고 말한다. 그는 새로운 '기억'으로 과거의 나쁜 '기억'과 피해의식을 함께 떠나보냈다.

'그녀' 역시 그렇게 나쁜 기억과 결별했다. 그녀는 용기를 내어 사랑을 시작했다. 사랑스러운 연인의 입맞춤과 손길에서 이전과 전혀 다른 떨림을 경험했다. 그 신체적 떨림은 두려움의 떨림이 아니라 설렘의 떨림이었다. 연인과 첫 잠자리에서 펑펑 울었다. 지금 그녀는 "여전히 남자들을 믿을 수는 없지만, 모든 남자가 짐승은 아닌 것 같다"고 말한다. 그녀는 새로운 '기억'으로 과거의 나쁜 '기억'과 피해의식을 함께 떠나보냈다.

나도, 그도, 그녀도 이제 과도하게 자신을 방어할 필요가 없어졌다. 돈에 찌들린 삶, 폭행당한 삶, 성추행당한 삶을 나름의 방법으로 떠나보냈기 때문이다. 이제 우리는 돈, 가정, 남자에 대해 누구와도 자유롭게 대화할 수 있다. 그것들에 얽혀 있던 지독한 피해의식으로부터 자유로워졌기 때문이다. 우리는 분명 더 행복해졌다. 나쁜 기억으로부터 벗어났기에, 피해의식으로부터 자유로워졌기에.

『에티카』 한 걸음 더
— '자기원인'이란 무엇인가?

'자기원인'은 무엇인가?

『에티카』는 난해하기로 악명 높다. 첫 문장부터 책을 덮어 버리게 만들기 때문이다. 그 악명 높은 첫 문장을 살펴보자.

> 자기원인이란, 그것의 본질이 존재를 포함하는 것, 또는 그것의 본성이 존재를 제외하고는 생각될 수 없는 것이라고 나는 이해한다. — 제1부, 정의 1

스피노자는 '자기원인'이란 개념으로 『에티카』를 시작한다. '자기원인'을 "본질이 존재를 포함하는 것"이라고 정의한다. 이 난해한 말은 어떤 의미일까? 먼저 '존재'와 '본질'이라는 개념부터 살펴보자. '존재'는 현실에 실제로 있는 것(물질)을 뜻하고, '본질'은 어떤 사물의 고유한 성질(관념)을 뜻한다. 예를 들어, 연필, 볼펜, 샤프가 있다고 해 보자. 연필, 볼펜, 샤프는 '존재'한다. 그리고 그 '존재'들은 무엇인가를 쓸 수 있는 성질을 지닌다. 이 성질이 '본질'이다. 즉,

'존재'의 고유한 성질이 '본질'이다.

이제 '존재'와 '본질'의 관계에 대해 생각해 보자. '존재'는 '물질'이고, '본질'은 '관념'이다. 그렇다면 둘 중 어느 것이 더 큰 범주일까? '존재'다. 왜 그런가? '존재'하면 '본질'을 갖지만, '본질'이 있다고 해서 '존재'할 수는 없기 때문이다. 쉽게 말해, '연필'이라는 '존재(물질)' 안에는 '무엇인가를 쓸 수 있는 성질'인 '본질(관념)'이 포함되어 있다. 하지만 '무엇인가를 쓸 수 있는 성질', 즉 '본질(관념)'을 떠올린다고 해서 바로 연필이 '존재(물질)'할 수는 없다. 그러므로 '존재'는 '본질'을 포함한다.

우리 주변의 거의 모든 것들은 '존재'가 '본질'을 포함한다. 예컨대, 연필, 컵, 책 같은 '존재'들은 각각 쓸 수 있는, 담을 수 있는, 읽을 수 있는 '본질'을 포함한다. 그런데 스피노자의 '자기원인'은 이와 반대다. 즉, "본질이 존재를 포함하는 것"이다. 이는 '무엇인가를 쓸 수 있는 성질(관념)' 안에 '연필(물질)'이 포함된다는 의미다. 쉽게 말해, '무엇인가 쓸 수 있는 성질(관념)'을 떠올리기만 하면 '연필(물질)'이 뽕 하고 나타나게 된다는 것이다.

'자기원인'은 생각(관념)하는 것만으로도 이미 존재(물질)하게 되는 어떤 것이다. 즉 '관념(본질)'만으로 '물질(존재)'화 되는 것이다. 연필, 컵, 책은 '자기원인'이 아니다. '본질(쓸 수 있는 성질)'이 '존재(연필)'하기 위해 반드시 외부 원인(나무·흑심·노동…)이 필요하기 때문이다. 하지만 '자기원인'은 말 그대로 자기를 원인으로 삼기 때문에 그런 외부 원인이 필요하지 않다. 어떤 외부 원인도 없이 오직 자기 자신을 원인으로 삼는 것, 즉 '본질'이 곧 '존재'로 드러나는 것, 그것이 바로 '자기원인'이다. 그런데 세상에 그런 '자기원인'이 존재할까?

사실 '자기원인'이란 말 자체가 이미 모순이다. '자기원인', 즉 자기 자신을 원인으로 삼는 것이 과연 가능할까? 컵이나 책을 생각해 보자. 그것들이 존재하려면, 재료나 제작자 같은 외부 원인이 반드시 필요하다. '나'도 마찬가지다. 부모라는 외부 원인이 없다면, 나는 결코 존재할 수 없다. 결국 '자기원인'을 이해할 수 있는 유일한 방법은, "본질이 존재를 포함하는 것", 즉 외부 원인 없이 생각만으로 존재하게 되는 것이라는 설명뿐이다. 그리고 '자기원인'은 '본성(관념)'만으로 존재하기에, 특정한 "존재(물질)를 제외하고는 생각될 수 없는 것"이다. 이는 쉽게 말해, 성격(본성)은 눈에 보이지 않기에, 오직 신체적 행동(존재)으로만 생각될 수 있다는 의미다.

스피노자는 이 '자기원인'이 바로 '신'이라고 말한다. 만약 '신'이라는 존재가 있다면, 그것은 어떤 외부 원인 없이 스스로 존재해야 한다. '신'이 다른 외부 원인에 의해 만들어졌다면, 그것을 더 이상 '신'이라 부를 수 없지 않은가? '신'에게 부모가 있다면, 그 '신'은 우리와 다를 바 없는 유한한 존재가 되어 버리니까 말이다. 스피노자에게 '신'은 '자연' 그 자체다.

'자연'은 무엇인가? '자연물'을 만드는 힘이다. 때가 되면 계절이 바뀌고, 생명을 탄생시키고 다시 소멸시키는 어떤 거대한 힘이 바로 '자연'이다. 그리고 이것은 '관념'이자

'본질'이다. 바로 이 '관념'으로서의 '본질'(자연)이 '물질'로서의 '존재'(자연물)를 만든다. '자연'이라는 힘(관념) 그 자체가 곧 '물질'이 된다. 즉, '자연'이라는 '본질(관념)'은 어떠한 외부 원인 없이 '자연물'이라는 세계의 '존재(물질)'를 만든다.

'자연'이라는 거대한 '본질(힘)'은 그저 그 자신을 원인 삼아 꽃을 피우고 눈을 내리고 바람과 파도를 만든다. 그 과정, 즉 '본질'이 '존재'가 되는 과정에서 어떠한 외부 원인도 필요 없다. '자연'은 이미 "본질이 존재를 포함"하고 있기 때문이다. 쉽게 말해, '자연'이 "있으라!" 하면 어떤 외부 원인 없이도 '자연물'은 있게 되는 것이다. 만약 '신'이 있다면, 그 본성은 "본질이 존재를 포함"하는 '자기원인'일 테고, '자연' 외에 그 본성에 부합하는 대상은 없다. '자연'은 어떤 외부 원인 없이 스스로 존재하는 유일한 실재, 즉 '신'이다.

3 더 성숙한 '관계'를 위해

이성
— 이성적인 것은 성숙한 것인가요?

'감정'적인 사람들

"너 왜 그렇게 감정적이야?" 이 말의 숨은 뜻을 우리는 다 안다. 이는 긍정적인 말도, 가치중립적인 말도 아니다. 지극히 부정적인 말이다. 누군가 언성을 높일 때, "너 왜 그렇게 감정적이야?"라는 말은 "넌 차분하게 말할 줄 모르는구나"라는 의미다. 누군가 꾹꾹 눌러둔 마음을 털어놓을 때, "너 왜 그렇게 감정적이야?"라는 말은 "넌 참 성급하구나"라는 의미다. 누군가 영화나 음악에 푹 빠져 있을 때, "너 왜 그렇게 감정적이야?"라는 말은 "넌 생산적인 일을 하지 않는구나"라는 의미다.

"그 사람은 이성적이지." 이 말은 부정적인 말도, 가치중립적인 말도 아니다. 지극히 긍정적인 말이다. 세상 사람들은 감정적인 것을 부정적인 것으로, 동시에 이성적인 것을 긍정적인 것으로 여기는 경향이 있다. 흔히 말하는 '이성'적인 것이 무엇인가? 그것은 '감정'을 잘 억압할 수 있음을 의미한다. 아무리 화가 나도 그 감정을 억누를 수 있는 사람,

누군가를 좋아하거나 싫어하는 감정도 효과적으로 통제할 수 있는 사람. 그런 사람을 '이성'적인 사람이라고 한다.

감정적인 것은 나쁜 것일까?

우리는 이성을 긍정하고 감정을 부정하는 사회에 산다. 감정적인 반응을 억압하며, 이성적인 반응을 장려하는 사회에 산다. 그런데 의아하지 않은가? 그토록 감정을 억누르고 통제하는 것을 장려하는데도, 어째서 감정적으로 폭발하는 사람들이 그리도 많은 걸까? 사소한 일에도 짜증을 내고 미친 듯이 화를 내는 그 많은 사람들은 다 어디에서 온 걸까?

어쩌면 우리는 '감정적인 것'에 대해 무언가 오해하고 있는 게 아닐까? '감정'이라는 대상을 낯설게 살펴볼 필요가 있다. 사랑, 미움, 설렘, 분노 같은 감정에 충실하고 그것을 드러내는 삶은 정말 잘못된 것일까? 그런 '감정'을 억누르고 통제하는 '이성'적인 삶은 정말 올바르고 성숙한 것일까? '감정적인 것은 성숙하지 못한 것일까?' 이는 중요한 질문이다. 이 질문에 답하는 과정에서 우리가 행복 또는 불행을 느끼는 이유를 알게 될지도 모르기 때문이다. 행복과 불행이라는 것 자체가, 기쁨과 슬픔이라는 '감정'에서 비롯된 마음 상태니까 말이다.

스피노자의 '감정'

먼저, 스피노자가 '감정'을 어떻게 정의했는지부터 살펴보자.

감정이란 신체의 활동 능력을 증대시키거나 감소시키며, 촉진하거나 억제하는 신체의 변용인 동시에 그러한 변용의 관념이라고 나는 이해한다. — 제3부, 정의 3

스피노자에 따르면, 감정이란 "신체의 변용"이자 동시에 "그러한 변용의 관념"이다. '사랑'이라는 감정을 예로 들어 보자. 사랑에 빠지면 가슴이 두근거리고, 자신이 그 사람 때문에 두근거리고 있다는 사실을 의식하게 된다. 즉, 두근거림이라는 신체적 반응이 나타나고 그 두근거림을 의식하게 되는 것이 바로 '사랑'이라는 감정이다. 스피노자의 정의는 적확하다. 어떤 감정이든, 감정은 신체적 반응(변용)과 그 반응에 대한 의식(관념)으로 나타난다.

이는 뒤집어 말해, 신체적 반응과 그 반응에 대한 의식이 나타나지 않는다면, 그것은 '감정'이 아니라는 의미다. 가슴이 두근거리지 않고, 두근거리는 상태를 의식할 수도 없다면 그것은 '사랑'이 아니다. 가슴이 두근거릴 만큼 매혹적이지 않은 상대와는 '사랑'에 빠질 수 없다. 또한 자신을 매혹하는 상대가 있다고 하더라도, 상대로 인해 가슴이 두근거린다는 사실을 의식하지 못한다면, 그것은 단순한 호기심일 뿐 '사랑'이라고 할 수는 없다. 쉽게 말해, 매혹적인 상대 앞에서 그저 흥분만을 느낀다면, 그것은 성적 호기심일 뿐이다. 반면 그 흥분 앞에서 '나 왜 이렇게 가슴이 두근거리지?'라고 의식한다면, 비로소 '사랑'의 시작이라고 말할 수 있다.

또한 스피노자에 따르면, "감정이란 신체의 활동 능력

을 증대시키거나 감소시키며, 촉진하거나 억제"할 수 있다. 다시 말해, 신체는 자신이 느끼는 '감정'에 따라 활발해지거나 둔화될 수 있다. '사랑'과 '절망'이라는 감정을 예로 들어 보자. '사랑'이라는 감정이 찾아들 때 우리는 어떤가? 활기차고 의욕적이 된다. 즉, '사랑'은 신체의 활동 능력을 증대시키거나 촉진하는 신체적 변용을 만든다. 반면 '절망'은 우리를 위축되고 무기력하게 만든다. 즉, 신체의 활동 능력을 감소시키거나 억제하는 신체적 변용을 만든다.

감정은 신체적인 동시에 정신적이다

스피노자에 따르면, '감정'은 신체적 반응인 동시에 정신적 반응이다. 감정은 "신체의 변용"인 동시에 "그러한 변용의 관념"이기 때문이다. 그리고 감정의 결에 따라, 신체의 활동 능력은 증대되거나 감소된다. 여기서 '감정'에 대한 해묵은 오해 하나를 바로잡을 수 있다. 세상 사람들은 흔히 '감정'을 오직 정신적인 것이라 믿는다. '감정'을 머릿속 혹은 마음속으로만 느끼는 어떤 관념적인 것이라고 여기는 경향이 있다. 하지만 이는 명백한 오해다.

'감정'은 분명 관념이지만, 여느 관념과는 다르다. '이것은 저것보다 크다'는 관념과 '나는 너를 사랑한다'는 관념은 분명 다르다. 무엇이 다른가? 전자는 '이성'적 관념이고 후자는 '감정'적 관념이다. 이 두 관념은 어떻게 구분할 수 있는가? '이성'적 관념에는 "신체의 변용"이 없고, '감정'적 관념에는 그것이 있다. '이성'적 관념이 오직 정신적이라면, '감정'적 관념은 신체적인 동시에 정신적이다. 그런데 '감정'을 구성하는 두 요소 중 더 근본적인 것은 신체다.

인간의 신체는 우리가 그것을 느끼는 대로 존재한다. —
제2부, 정리 13, 계

우리의 신체는 생각(이성)하는 대로 존재하는 것이 아니다. 우리의 신체는 느끼는(감정) 대로 존재한다. 우리가 느꼈던 것(감정)들이 신체의 변용(변화)을 일으키며, 그 변용이 누적된 결과가 바로 우리의 신체이다. 기쁨(감정)을 많이 느꼈던 이의 얼굴 주름(신체)과 불만(감정)을 많이 느꼈던 이의 얼굴 주름(신체)은 다를 수밖에 없다. 이처럼 '감정'은 신체적인 동시에 정신적이지만, 더 근본적인 것은 신체이다. 이런 사실을 알게 되면, '감정'에 관한 오해와 혼란을 해소할 수 있다.

사랑, 연민, 증오, 질투 등 다양한 '감정' 앞에서 우리는 종종 혼란을 겪는다. 누군가를 사랑하는 것인지, 안쓰러워하는 것인지 잘 모를 때가 있다. 연민을 사랑으로 착각하거나 사랑을 연민으로 착각하는 일은 흔하다. 이때 '정신'이 아니라 '신체'에 집중하면 모든 것이 명징해진다. 사랑과 연민을 정신적으로 판단하지 말고, 신체적으로 판단하면 된다. 쉽게 말해, 가슴이 두근거리는지, 손이 떨리는지, 눈물이 나는지를 보면 된다.

사랑은 기쁨이고, 연민은 슬픔이다. 그러니 사랑과 연민에 유사한 떨림이 있다고 하더라도 그 둘의 신체적 변화는 다르다. 사랑의 떨림은 설렘이고, 연민의 떨림은 우울이다. 설렘의 떨림(신체적 변용)과 우울의 떨림(신체적 변용)은 다르다. 그 신체적 변용에 집중하면 된다. 그것이 우리의 '감정'을 명료하게 알려 줄 것이다. 감정은 신체적인 동시에 정신적이지만, '신체'가 더 근본적이니까.

감정은 자연의 일부다

다시 처음의 질문으로 돌아가자. 감성은 억누르고 통제해야 할 부정적인 것일까? 스피노자는 '감정'이라는 것을 어떻게 바라보았을까?

> 자연 안에서는 자연의 결함 탓으로 여길 수 있는 어떠한 일도 일어나지 않는다. 왜냐하면 자연은 항상 한결같으며, 자연의 힘과 활동 능력은 어디서나 동일하기 때문이다. 따라서 어떤 종류의 사물이든 그것의 본성을 인식하는 방법도 역시 동일하지 않으면 안 된다. … 그러므로 증오, 분노, 질투 등의 감정도, 그 자체로 고찰한다면, 다른 개개의 사물들과 마찬가지로 자연의 필연성과 힘에서 생겨난다. — 제3부, 서론

자연은 그 자체로 자연스럽다. 거기에는 어떠한 가치 판단도 없다. 그래서 "자연 안에서는 자연의 결함 탓으로 여길 수 있는 어떠한 일도 일어나지 않는다." 왜 그런가? "자연은 항상 한결같으며, 자연의 힘과 활동 능력은 어디서나 동일하기 때문이다." 자연은 그 자체로 완전하다. 가뭄, 태풍, 폭설은 자연의 결함 탓이 아니다. 그것은 옳고 그른 문제

가 아니다. 그저 '자연'스러운 일일 뿐이다. 지극히 인간 중심적인 관점으로 '자연'을 해석하려고 할 때만 그것이 '자연'의 결함처럼 보일 뿐이다.

스피노자에 따르면, 인간 역시 자연의 일부다. 인간의 정신과 신체 모두 자연의 일부다. 그러니 인간이라는 존재 안에서 일어나는 일들 역시 옳고 그른 것이 없다. 모두 '자연'스러운 일일 뿐이다. 당연히 감정 역시 '자연'의 일부다. 그러니 "증오, 분노, 질투 등의 감정도, 그 자체로 고찰한다면, 다른 개개의 사물들과 마찬가지로 자연의 필연성과 힘에서 생겨"나는 것일 뿐이다. '감정'에 딱지를 붙여 옳고 그름을 예단하는 것은 어리석은 일이다. 지극히 인간 중심적인 관점으로 '감정'을 해석하려고 할 때만 그것이 '인간'의 결함처럼 보일 뿐이다.

가뭄, 태풍, 폭설이 무언가 결여되었거나 잘못된 것이 아니듯, 증오, 분노, 질투 역시 무언가 결여되었거나 잘못된 것이 아니다. 그 모든 것은 그저 '자연'의 일부로서 존재하는 것일 뿐이다. 감정은 '자연'스러운 것이다. 이것이 스피노자가 인간의 감정을 바라보는 관점이다. 만약 우리가 스피노자에게 "감정적인 것은 나쁘고 미숙한 것인가요?"라고 묻는다면, 스피노자는 이렇게 되물을 테다. "햇살이 비추고 바람이 불고 눈이 오는 것은 나쁘고 미숙한 것인가?"

이성적인 사람은 완전한가?

앞서 말했듯이 세상 사람들은 '감정'적인 사람을 결여된 존재로 보고, '이성'적인 사람을 조금 더 완전한 존재로 보는 경향이 있다. 이는 정당한 시선일까? 이성적인 사람이 정말 더 완전한 사람일까? 스피노자는 이에 대해 이렇게 답한다.

'왜 신은 모든 인간을 전적으로 이성에 의해서만 지배되는 방식으로 창조하지 않았는가?' 이런 질문을 하는 사람들에게 이렇게 답할 수밖에 없다. 신에게는 완전성의 최고 정도에서 최저 정도에 이르기까지 모든 것을 창조할 재료가 결여되어 있지 않기 때문이다. ― 제1부, 부록

예나 지금이나 '감정'적인 사람들이 넘쳐나는 건 마찬가지였을 테다. 스피노자의 시대에도 '감정'적인 사람들은 무엇인가 결여된(완전치 못한) 존재로 여겨졌나 보다. 전능한 신이 인간을 창조했다고 믿는 이들에게 이는 의아한 일이 아니었을까? 신은 전능(완전)하기에 얼마든지 "전적으로 이성"적인 인간을 만들 수 있는 존재 아닌가. 그런데 왜 신은 모든 인간을 "전적으로 이성"적인, 즉 완전한 존재로 창조하지 않았을까? 달리 말해, 왜 신은 인간을 '감정'에 휘둘리는 불완전한 존재로 만들었을까? 이에 대해 스피노자는 번뜩이는 답을 한다. "전적으로 이성"적인 존재야말로 오히려 결여된(완전치 못한) 존재라고 말이다.

'신'은 왜 인간에게 감정을 주었는가?

스피노자에게 '신'은 자연이다. 신(자연)은 완전하다. 그 완전한 신에게 모든 것을 창조할 재료 중 결여된 것이 있을 리

없다. 스피노자에 따르면, 신은 '이성'과 '감정' 중 어느 것도 결여되지 않았기에 인간에게도 '이성'과 '감정'을 모두 준 것이다. 생각해 보라. 자연(신)은 완전하다. 자연이 만든 인간 역시 작은 자연이다. 그러니 당연히 인간 역시 작은 완전성을 가져야 한다. 즉, 어떤 결여도 없어야 한다. 이는 논리적으로 자명하다.

만약 자연(신)이 인간을 창조할 때 '이성'만 주고 '감정'을 뺐다면 어떻게 되겠는가? 자연(신)이 만든 인간이 전적으로 '이성'적인 존재라면, 그 존재에게는 '감정'이 결여되어 (불완전!) 있게 된다. 그러니 만약 인간이 전적으로 이성적이라면 그것은 역설적으로 '신'의 전능(완전)이 아니라 무능(불완전)을 입증하는 증거가 되는 셈이다. '신'은 모든 것을 창조할 재료가 있었기에 '이성'과 '감정' 중 어느 것도 빠트리지 않고 '완전한' 인간을 창조한 것이다.

자연(인간) 안에는 '이성'과 '감정'이 모두 있다. 그러니 완전히 '이성'적인 사람이 있다면, 그는 매우 불완전하고 부자연스러운 사람일 수밖에 없다. 그에게는 '감정'이 결여되어 있으니까 말이다. 사이코패스나 소시오패스를 생각해 보라. 그들은 감정이 결여되어 있기에 "전적으로 이성"적인 이들이라고 말할 수 있다. 그들이 완전해 보이는가? 오히려 때로 감정에 휘둘리는 평범한 이들이 더 완전해 보이지 않는가?

인간이 "전적으로 이성"적인 존재이기를 바라는 것만큼 어리석고 부자연스러운 일도 없다. 그것은 마치 일 년 내내 햇볕만 내리쬐고, 비는 한 방울도 내리지 않기를 바라는 것과 같다. 자연은 햇볕과 비 중 어느 것도 결여되어 있지 않기에 자연스러운 것이듯, 인간은 '이성'과 '감정' 중 어느 것도 결여되어 있지 않기에 인간다운(자연스러운) 것이다.

감정을 긍정하고 표현하는 삶
'감정'은 부정적인 것이 아니다. 그 자체로 자연스러운 것이다. 그러니 감정을 있는 그대로 긍정해야 한다. 기쁨이든 슬픔이든 욕망이든, 어느 것 하나 부정적인 것은 없다. 수많은 '감정'들, 예컨대 명예욕, 탐욕, 욕정, 경쟁심, 대담함, 자비심, 사랑, 명예, 호의, 환희, 희망, 미움, 멸시, 공포, 질투, 수치, 절망 등 그 어떤 '감정'이라도, 있는 그대로 긍정하는 연습이 필요하다. 그 모든 감정은 우리(자연) 안에 있는 것이니까 말이다.

'감정'에 관한 또 하나의 오해가 있다. 자신의 '감정'을 인정하고 드러내면 불행해질 것이란 믿음이다. 이것이 감정에 관한 가장 큰 오해다. 긴 안목으로 인간사를 볼 수 있는 사람은 안다. 인간의 거의 모든 불행은, '감정' 그 자체를 긴 시간 부정하고 억눌렀을 때 찾아온다는 사실을 말이다. 긴 호흡으로 보면, 자연을 억누르고 통제하려는 모든 시도가 더 큰 불행으로 찾아오듯, 인간의 '감정' 역시 마찬가지다.

어떤 '감정'이든, 그 '감정'은 누른다고 눌러지는 것이 아니다. 기쁨이든 슬픔이든 욕망이든, 억압된 감정은 전혀 예상하지 못한 곳에서 더 크게 터져 나오게 마련이다. 그 사실을 우리는 이미 알고 있지 않은가? '사랑'하는 감정이 눌러지던가? '증오'하는 마음이 눌러지던가? 섹스하고 싶다는

'욕정'이 눌러지던가? 잠시는 누를 수 있다. 하지만 그 모든 '감정'은 누르면 누를수록 예상치 못한 곳에서 더 크게 터져 나오게 된다.

한 사람을 향한 사랑의 '감정'을 억누른 나머지, 돈에 대한 탐욕이 더 크게 증폭된 사람이 한둘이던가? 그뿐인가? 끔찍한 범죄는 대체로 한 사람을 향한 증오의 '감정'을 긴 시간 억압한 결과다. 또한 왜곡되고 뒤틀린 성적 욕망은 섹스하고 싶다는 욕정의 '감정'을 긴 시간 강하게 억압한 결과다. 이 모든 불행의 시작은 '감정은 부정적이기에 억누르고 통제해야 한다'는 어리석은 믿음에 기초해 있다.

"사랑해!" "싫어!" "섹스하고 싶어!" '감정'을 긍정해야 한다. '감정'이 과도하게 억압되기 전에 표현해야 한다. 그래야 우리의 삶이 더 풍요롭고 유쾌해질 수 있다. "사랑해!" 사랑이라는 '감정'을 긍정하고 표현할 때, 돈보다 소중한 것이 많다는 삶의 진실을 깨닫게 된다. "싫어!" 한 사람을 미워하는 '감정'을 긍정하고 표현할 때, 그 사람을 더 이상 미워하지 않을 틈이 열리게 된다. "섹스하고 싶어!" 욕정이라는 '감정'을 긍정하고 표현할 때, 섹스가 욕구의 해소가 아니라 교감과 대화라는 삶의 진실을 볼 수 있게 된다. 이처럼 '감정'을 긍정하고 표현할 때 우리는 더 풍요롭고 유쾌한 삶으로 나아갈 수 있다.

감정
— 부정적인 감정을 어떻게 다루어야 할까요?

감정을 긍정하는 삶

감정을 긍정하는 삶은 건강하다. 두말할 나위가 없다. "다시 사랑을 할 거야." "희망을 놓지 않아야지." "환희의 순간을 만끽해야지." 사랑, 희망, 환희 같은 감정을 긍정하는 삶은 얼마나 건강한가. 반대로 피폐한 삶은 감정을 부정할 때 찾아온다. "사랑 같은 건 영화에만 있는 거야." "희망은 부질없는 거야." "환희는 순간적인 감정일 뿐이야." 이보다 피폐한 삶도 없다. 그런데 의문이 든다.

    우리에게는 다양한 감정이 있지 않은가? 그 감정 중에는 도저히 긍정할 수 없을 것 같은 감정도 있다. 증오, 절망, 복수심 같은 감정이다. "김 부장이 소름 끼치도록 싫다." "이번 생은 틀렸어." "그 새끼 죽여 버릴 거야." 이런 어두운 감정은 긍정하면 할수록 삶이 닳아 버릴 것 같다. 이처럼 긍정하고 표현할수록 삶이 더 피폐해질 것 같은 감정도 있다. 감정을 긍정해야 한다는 대전제가 옳다고 해서 이런 어두운 감정까지 무작정 긍정해야 하는 것일까?

앞에서 말했듯, 감정은 '자연'의 일부다. 즉, 감정은 '자연'스러운 것이다. 사랑, 희망, 환희 같은 기쁨의 감정만 자연스러운 것이 아니다. 증오, 절망, 복수심 같은 슬픔의 감정도 자연스러운 것이다. 삶을 살아가며 자연스럽게 증오하고 절망하고 복수심에 휩싸이게 되지 않던가. 하지만 이런 감정이 자연스럽다고 해서 무작정 긍정할 수 있는 것은 아니다. 이런 감정은 긍정할수록 삶의 활력이 점점 줄어들기 때문이다.

감정의 긍정은 수동적 수용이 아니라 능동적 수용이다

자연을 생각해 보라. 햇볕과 단비야 그저 만끽하면 된다. 그것은 우리네 삶을 기쁘게 하니까. 하지만 가뭄과 태풍은 어떤가? 가뭄과 태풍 역시 자연의 일부다. 그렇다고 하더라도, 가뭄과 태풍 속에서 가만히 있어서는 안 된다. 그랬다간 우리네 삶이 피폐해질 것이 분명하니까. 가뭄과 태풍에 잘 대처할 수 있어야 한다. 그래야 가뭄과 태풍 속에서도 조금 더 기쁘고 건강하게 살아갈 수 있다.

'자연을 긍정한다'는 것은 어떤 의미인가? 주어지는 자연 현상(햇볕·단비·가뭄·태풍…)을 그저 수동적으로 받아들인다는 것인가? 그렇지 않다. '자연의 긍정'의 참된 의미는 주어진 자연을 능동적으로 받아들인다는 것이다. 어떤 '자연'이 주어지더라도, 그 속에서 조금 더 건강하고 활력적으로 살아갈 방법을 모색하는 것, 그것이 '자연'을 진정으로 긍정하는 것이다.

감정도 마찬가지다. '감정의 긍정'은 주어지는 감정(사랑·희망·환희·증오·절망·복수심…)의 수동적 수용이 아니라, 능동적 수용이다. '자연의 긍정'이 기쁘고 건강한 삶을 위해 필요한 것이듯, '감정의 긍정' 역시 마찬가지다. 그러니 다양한 감정 중 삶의 활력을 떨어뜨리는 부정적인 감정에 대해 숙고해 볼 필요가 있다. 감정을 긍정하려 할 때, 늘 문제가 되는 것은 긍정적인 감정이 아니라 부정적인 감정이니까.

스피노자의 세 가지 감정
'부정적인 감정을 어떻게 다루어야 할까?' '감정의 긍정'을 위해 중요한 질문이다. 먼저 감정의 속성에 대해서 알아보자. 감정은 다종다양하며 변화무쌍하다. 아침 출근길에 한없이 희망찼지만, 회의 시간에 분노에 휩싸이고, 업무를 하다 자괴감에 빠지고, 퇴근길에 안도감을 느끼고, 잠들기 전에 내일 다시 회사에 가야 한다는 생각 때문에 불안하다. 이처럼 짧은 하루에도 변화무쌍한 감정의 롤러코스터를 타게 되는 일은 흔하다. 그만큼이나 인간의 감정은 복잡하고 다양하다. 이러한 감정을 스피노자는 어떻게 구분하고 분류했을까?

> 나는 이 세 가지 감정(기쁨, 슬픔, 욕망) 이외의 다른 어떤 것도 기본적인 감정으로 인정하지 않는다. — 제3부, 정리 11, 주석

스피노자는 인간의 감정은 '기쁨', '슬픔', '욕망' 세 가지뿐이라고 말한다. 의아하다. 우리가 느끼는 감정이 정말

기쁘고, 슬프고, 욕망하는 것뿐일까? 우리는 그보다 더 다양한 감정을 느끼지 않는가. 스피노자는 '기쁨', '슬픔', '욕망'이라는 세 가지 감정을 인간의 "기본적인 감정"이라고 정의한다. 달리 말해, 우리가 느끼는 다양한 감정은 '기쁨', '슬픔', '욕망'이라는 근본적인 감정의 변주라는 것이다. 스피노자는 이 세 가지 감정에 대해 각각 이렇게 정의하고 있다.

> 욕망이라는 명칭을 인간의 모든 노력, 욕구, 충동, 의욕으로 이해한다. ― 제3부, 감정의 정의 1, 해명

'욕망'은 무엇인가? 무엇인가를 원하는 마음이다. 그 '욕망'은 신체적 '욕구'와 '충동'에 의해 촉발되고, 그 욕망을 실현하기 위해 '의욕'적으로 '노력'하게 된다. 섹스를 '욕망'한다고 해 보자. 그 '욕망'은 우선 신체적 '욕구'와 '충동'에 의해 촉발된다. 하지만 그것이 끝이 아니다. 그 '욕망'을 실현하기 위해 '의욕'적으로 외모를 꾸미거나 돈을 버는 등 더 근사한 사람이 되려고 '노력'하게 되는 경우가 있다. 이처럼, '욕망'이란 "인간의 모든 노력, 욕구, 충동, 의욕으로 이해"할 수 있다.

> 기쁨이란 인간이 보다 작은 완전성에서 보다 큰 완전성으로 이행하는 것이다. ― 제3부, 감정의 정의 2

'기쁨'은 어떤 감정일까? 스피노자는 이 감정을 "보다 작은 완전성에서 보다 큰 완전성으로 이행하는 것"이라고

정의한다. 이는 우리가 '기쁨'을 느꼈던 상황을 떠올려 보면 쉽게 이해할 수 있다. 사랑하는 이와 차를 마시고 이야기를 나누고 키스를 할 때 '기쁨'을 느낀다. 그때 우리는 조금 더 완전한 존재가 된 것 같은 충만감을 느끼고, 동시에 삶을 조금 더 씩씩하게 살아갈 수 있는 활력을 얻게 되지 않던가. 이것이 스피노자의 '기쁨'이다.

> 슬픔이란 인간이 보다 큰 완전성에서 보다 작은 완전성으로 이행하는 것이다. ─ 제3부, 감정의 정의 3

'슬픔'은 어떤 감정일까? '기쁨'의 반대다. 즉, "보다 큰 완전성에서 보다 작은 완전성으로 이행하는 것"이다. 이는 내 존재가 쪼그라들어 삶의 활력이 줄어든다는 의미다. 우리에게 슬픔을 주는 이들과 함께 있을 때를 생각해 보자. 업무를 닦달하고 눈치를 보게 만드는 직장 상사는 갖가지 '슬픔'을 준다. 그때 어제 연인을 만나서 더 완전해진 것 같았던 충만감은 조금씩 줄어들게 된다. 자신이 더 초라하고 불완전한 존재가 된 것처럼 느끼며, 삶의 활력이 떨어지게 된다. 이것이 스피노자의 '슬픔'이다.

스피노자의 48가지 감정

스피노자에 따르면, 인간의 변화무쌍한 다양한 감정은 이 세 가지 근본적인 감정(욕망·기쁨·슬픔)을 통해 발생하게 된다. 스피노자의 이야기를 직접 들어 보자.

> 기쁨, 슬픔 및 욕망에는 … 그것들로 합성된 또는 (사랑, 증오, 희망, 공포 등과 같은) 그것들로부터 이끌어낸 모든 감정에는 우리를 자극하여 변화시키는 대상의 종류만큼 많은 종류가 있다. ─ 제3부, 정리 56

스피노자는 욕망, 기쁨, 슬픔, 이 세 가지 근본적인 감정을 중심에 두고 세부적인 감정들을 설명한다. '명예욕', '탐욕', '욕정', '경쟁심', '대담함', '자비심'과 같은 감정은 모두 '욕망'에 속한다. 이 세부적인 감정들은 모두 '욕망'에 관계되어 있다. 명예, 돈, 섹스에 대한 '욕망'이 바로 '명예욕', '탐욕', '욕정'이다. 다른 이들이 가진 것을 자신도 갖고 싶은 '욕망', 비루함을 벗어나 용감해지고 싶은 '욕망', 약자를 돕고자 하는 '욕망'이 바로 '경쟁심', '대담함', '자비심'이다.

한편 '사랑', '명예', '호의', '환희', '희망', '헌신' 같은 감정은 모두 '기쁨'에 속한다. 이런 '기쁨'의 감정은 우리를 더 완전한 존재로 만들어 삶을 활력 넘치게 한다. 반면 '증오', '멸시', '공포', '질투', '치욕', '절망' 같은 감정은 모두 '슬픔'에 속한다. 이런 '슬픔'의 감정은 우리를 덜 완전한 존재로 만들어 삶의 활력을 줄어들게 한다. 이처럼 스피노자는 '욕망', '기쁨', '슬픔'이라는 인간의 근본적인 세 가지 감정을 통해 인간이 느끼는 48가지의 개별적인 감정을 정의했다.

슬픔은 우리를 파괴하지 않는다

이제 우리의 질문으로 돌아가자. 부정적인 감정, 즉 '슬픔'을 어떻게 다루어야 할까? '기쁨'이야 그렇다고 쳐도, '슬픔'은 때로 우리를 너무 고통스럽게 하지 않는가? '증오', '멸시', '공포', '질투', '절망' 때문에 우리는 얼마나 힘들고 괴로웠던가. '슬픔'이 극심해질 때 삶은 피폐해진다. 증오, 멸시, 공포, 질투 등의 '슬픔'이 한 사람을 집어삼킬 때, 폭행, 강도, 강간, 살인 같은 참혹한 범죄까지 일어나게 된다. 이처럼 우리를 힘들고 괴롭게 하는 '슬픔'을 어떻게 다루어야 할까?

> 사물은 결코 자신이 파괴될 수 있는 어떤 것, 즉 자신의 존재를 제거하는 어떤 것을 자신 안에 가지고 있지 않다. 반대로 개별적 사물은 자신의 존재를 제거할 수 있는 모든 것에 대항한다. ― 제3부, 정리6, 증명

스피노자에 따르면, 스스로를 파괴하려는 존재는 없다. 이는 인간에게도 적용된다. 인간은 그 자신 안에 자신을 파괴할 어떤 것도 갖고 있지 않다. 의아하다. 그렇다면, 증오, 멸시, 공포, 절망, 질투 같은 감정은 대체 뭐란 말인가? 이런 감정들은 분명 우리 안에 있지 않은가? 그리고 이런 '슬픔'의 감정들은 삶의 활력을 점점 줄어들게 하여 우리를 서서히 혹은 급격하게 파괴하지 않던가? 스피노자의 논의는 모순인 걸까? 그렇지 않다.

슬픔은 우리를 지켜주는 감정이다

'슬픔'이 우리를 파괴하지 않는다는 스피노자의 말은 전혀 모순이 아니다. '슬픔'의 대표적인 감정인 '증오', '공포', '질투'를 예로 들어 보자. 우리는 왜 '증오', '공포', '질투'를 느낄까? "자신의 존재를 제거할 수 있는 모든 것에 대항"하기 위해서다. 직장 상사를 왜 '증오'하는가? 그가 우리를 인격적으로 대하지 않기 때문이다. 그래서 '증오'라도 하는 것이다. 이는 결국 '나'를 지키기 위해서다.

칼을 보며 왜 '공포'를 느끼는가? 칼이 우리를 해칠 수도 있기 때문이다. 그래서 두려워하는 것이다. 이 역시 결국 '나'를 지키기 위해서다. 친구를 왜 '질투'하는가? 모두가 그 친구를 보느라 아무도 '나'를 봐줄 것 같지 않아서다. 그래서 '질투'라도 하는 것이다. 이 역시 결국 '나'를 지키기 위해서 일어난 일이다. 이제 스피노자의 난해한 이야기를 이해할 수 있을 것 같다.

> 만일 우리가 슬픔의 원인이라고 믿는 것, 즉 우리가 증오하는 것이 파괴되는 것을 우리가 표상한다면, 우리는 기쁨을 느낄 것이다. 따라서 우리는 그러한 것을 현존하는 것으로 생각하지 않도록 그것을 파괴하려고 노력하거나 그것을 우리로부터 멀리하려고 노력할 것이다.
> ― 제3부, 정리 28, 증명

'슬픔'은 우리를 파괴하는 감정이 아니다. 오히려 우리가 파괴되지 않도록 막아주는 경보 장치다. '증오', '멸시',

'공포', '질투', '치욕', '절망'은 우리 안에 있다. 그 슬픔은 우리를 파괴하는 감정이 아니라 오히려 우리가 파괴되는 것에 저항하는 감정이다. '슬픔'의 감정은 우리에게 슬픔을 주는 대상을 파괴하거나, 적어도 그것으로부터 멀어지도록 노력하게 만든다.

'질투는 나의 힘'이라고 노래한 시처럼, '공포'도 '미움'도 '질투'도 '치욕'도 나의 힘이다. 우리 안에 있는 '슬픔'은 우리를 지켜주는 일종의 방어 기제인 셈이다. "사물은 결코 자신이 파괴될 수 있는 어떤 것, 즉 자신의 존재를 제거하는 어떤 것을 자신 안에 가지고 있지 않다." 스피노자의 말은 빈틈없이 옳다.

'슬픔'을 다루는 법

'슬픔'은 우리를 파괴하지 않는다. 그럼에도 의문은 사라지지 않는다. 있는 그대로의 현실을 보라. 갖가지 '슬픔'이 우리네 삶을 피폐하게 만들지 않던가? 누군가를 '증오'하고, '질투'하고, 두려워하는('공포') 감정 때문에 삶이 엉켜 버린 경험이 없는 사람은 없다. '슬픔'은 우리를 지켜주는 방어 기제인데, 왜 '슬픔' 때문에 삶이 피폐해지는 걸까? 이런 모순적인 일은 왜 발생하는 걸까?

그 이유는 '슬픔'을 너무 긴 시간 방치했기 때문이다. 폭행, 강도, 강간, 살인 같은 끔찍한 범죄들은 '방치된 슬픔' 때문에 발생한 비극이다. '증오', '치욕', '질투', '절망' 같은 '슬픔'들을 너무 오랜 시간 방치한 끝에 벌어진 비극.

생각해 보라. '슬픔'이 파괴적인 양상을 띨 때가 분명히 있다. 그러나 '슬픔'을 느끼는 모든 사람이 그런 비극적인 범죄를 저지르는 것은 아니다. 이는 파괴적 양상의 원인이 '슬픔' 그 자체가 아니라는 의미다. 그렇다면 진짜 원인은 무엇인가? '슬픔'의 감정을 긴 시간 외면하고 억압했던 일이다. 긴 시간 억눌린 '슬픔'이 순간적으로 터져 나올 때, 크고 작은 파괴적 비극이 발생하게 된다.

반면 '슬픔'의 감정이 들 때 그 감정을 차분히 응시하며 적절히 표현하는 이들이 있다. 그들은 '슬픔'의 감정이 쌓이게 놔두지 않는다. 그들은 증오심이 들 때 자문한다. '나는 왜 부장을 증오하는가?' 그리고 표현한다. "부장님, 그건 말씀이 좀 심하신 것 같네요." 치욕이 찾아들 때 자문한다. '나는 왜 치욕스러운가?' 그리고 표현한다. "나, 참 부끄러운 짓을 했구나!" 질투심이 찾아들 때 자문한다. '나는 왜 너를 질투하는가?' 그리고 표현한다. "나, 너를 부러워하는 것 같아." 절망감이 찾아들 때 자문한다. '나는 왜 절망하고 있는가?' 그리고 표현한다. "나, 지금 모든 것을 포기하고 싶을 만큼 힘들구나."

이렇게 '슬픔'의 감정을 차분히 응시하며 그것을 억누르지 않고 적절하게 표현하면 놀라운 일이 벌어진다. '슬픔'이 더 이상 '슬픔'이 아닌 모종의 '기쁨'이 된다. '증오', '질투', '치욕', '절망'을 인정할 때, 그 '슬픔'은 '기쁨'으로 되돌아온다. 누군가를 '증오'하고 '질투'하고 있음을 인정할 때 증오심과 질투심이 줄어들고, 그것들이 줄어든 만큼 '기쁨(고마움·자비심)'이 차오르게 된다. '치욕'을 인정할 때, 다시는 치욕스러운 일을 반복하지 않게 됨으로써 '기쁨(자긍심·명예)'이 차오르게 된다. '절망'을 인정할 때, 절망으로부터 거리를 두게 되고 그로 인해 다시 시작할 수 있는 '기쁨(대담함·환희)'이 차오르게 된다.

이처럼 '슬픔'의 감정을 다루는 법은 간명하다. '슬픔'의 감정을 차분히 응시할 것. 그리고 '슬픔'을 너무 오래 억누르지 말고 정지하고 적절하게 표현할 것. 그렇게 '슬픔'의 감정이 잘 흘러가도록 해야 한다. 그럴 수 있다면, '슬픔'은 파괴적인 '슬픔'이 되지 않는다. 오히려 그때 '슬픔'은 우리를 지켜주는 든든한 울타리가 된다. 다른 감정도 마찬가지다. 기쁨이든 슬픔이든 욕망이든, 감정이 자연스럽게 흘러가도록 하는 것이 중요하다. 어떤 감정이든 그것이 내면에 고여서 쌓이지 않도록 애써야 한다. 감정을 긍정한다는 것은 그런 것이다. 하나의 감정에 고착되어 있지 않고 감정이 자연스럽게 흘러가게 하는 것. 흘러가는 물은 썩지 않는다.

선악
— 착하게 살면 호구가 되나요?

착하게 살면 호구가 될까?

"착하게 살아야 한다." 아니면 "착하게 살면 호구가 된다." 둘 중 어느 쪽이 맞을까?

삶이 혼란스러워질 때가 있다. 바로 앎과 삶이 일치하지 않을 때다. '착하게 살아야 한다.' 학교에서 배워서 잘 알고 있다. 하지만 현실은 어떤가? 착하게 살면 '호구'가 된다. 정말 그렇지 않은가? 학교에서 착한 아이는 만만한 친구가 되어 놀림감이 되거나 심부름꾼이 되기 일쑤다. 직장에서도 마찬가지다. 남을 먼저 배려하는 착한 직원은 만만한 동료가 되어 욕받이가 되거나, 이 일 저 일 다 떠맡는 동네북이 되기 일쑤다. 착한 이들이 손해만 보는 '호구'가 되는 일은 흔하다.

그래서일까? 어떤 사람들은 '착하게 사는 것'에 대해 거부감을 가진다. 착하게 살고 싶다가도, 그렇게 살면 본인만 손해 볼 것 같아서다. 그래서 이들은 착하게 살려고 하다가도, 짐짓 위악적인 마음을 먹는다. '착하게 살면 나만 호구

되는 거지, 뭐.' 문제는 그렇게 마음을 먹어도 찜찜함이 남는다는 것이다. 손해 보지 않기 위해, 또 호구가 되지 않기 위해 악해지려고 하지만 무엇인가 잘못된 것 같다.

악해지려 애쓰는 이들은 혼란스럽다. 이들이 착함을 유보하는 이유는 손해 보거나 호구가 되지 않음으로써 조금이라도 더 기쁜 삶을 살기 위해서다. 하지만 그렇게 악해지려고 애를 쓰며 살아도 온전히 기쁘지 않다. 착함에서 멀어질수록 기묘한 슬픔이 따라오기 때문이다. '이렇게 살아도 되는 걸까?' '이렇게 사는 게 정말 잘 사는 걸까?' 만약 이런 생각이 한 번이라도 든 적이 있다면, 처음부터 다시 물어야 한다. '착하게 살면 호구가 될까?'

스피노자의 '선'과 '악'
흔히 말하는 착함은 무엇인가? '선善'이다. 그리고 그 반대는 '악惡'이다. 그러니 '착하게 살면 호구가 될까?'라는 질문은 이렇게 구체화할 수 있다. '선'을 따르고 '악'을 피하면 호구가 될까? 이 질문에 섣불리 답하기 전에, 먼저 '선'과 '악'이 무엇인지부터 살펴보자. 스피노자는 '선'과 '악'에 대해 이렇게 말한다.

> 나는 선을 모든 종류의 기쁨, 그리고 특히 열망을 만족시키는 것으로 이해한다. 그리고 악을 모든 종류의 슬픔, 그리고 특히 열망을 좌절시키는 것으로 이해한다.
> ─ 제3부, 정리 39, 주석

스피노자는 '기쁨'을 주는 것을 '선', '슬픔'을 주는 것을 '악'이라고 말한다. 스피노자의 이런 '선악' 개념은 파격적이다. 우리가 일반적으로 생각하는 '선악' 개념은 사회적 개념이다. 쉽게 말해, '선'은 사회적으로 옳은 것이고, '악'은 사회적으로 그른 것이다. 예를 들어, 길거리에 쓰레기를 줍는 것은 '선'이고, 쓰레기를 버리는 것은 '악'이다. 왜 그런가? 길거리에 쓰레기를 버리지 말자는 사회적 합의와 약속이 있기 때문이다.

하지만 스피노자의 '선악'은 전혀 다르다. 일반적인 '선악' 개념의 기준이 사회적 기준이라면, 스피노자가 제시하는 '선악' 개념의 기준은 개별적 기준, 즉 '나'의 만족과 관련되어 있다. 쉽게 말해, 내가 '기쁨'을 느끼면 '선'이고, 내가 '슬픔'을 느끼면 '악'이라는 것이다. 스피노자의 '선악' 개념을 따르면 기묘한 반전이 일어난다. 쓰레기를 버리는 것이 '나'에게 '기쁨'을 준다면 그것은 '선'이 된다. 또 쓰레기를 줍는 것이 '나'에게 '슬픔'을 준다면 그것은 '악'이 된다.

기쁨인 선, 슬픔인 악

스피노자의 '선악' 개념은 파격적이다. 심지어 궤변처럼 느껴지기까지 한다. 하지만 그 파격은 '궤변의 파격'이 아니다. '진실의 파격'이다. 긴 시간 은폐해 둔 삶의 진실을 드러냈을 때 느껴지는 혁명적 파격. 스피노자의 '선악' 개념은 낯설지만 분명 옳다. 어째서 그런가? 스피노자는 '선악'이 왜 개별적 인간의 '기쁨'과 '슬픔'에 관계된 것인지에 대해 다음과 같이 말한다.

> 우리는 어떤 것을 선이라고 판단하기 때문에 그것을 지향하여 노력하고 원하고 추구하고 욕구하는 것이 아니다. 반대로 그 어떤 것을 지향하여 노력하고 원하고 추구하고 욕구하기 때문에 그것을 선이라고 판단한다. —
> 제3부, 정리 9, 주석

다시 쓰레기를 줍는 행위를 생각해 보자. 우리는 쓰레기를 줍는 행위를 "선이라고 판단하기 때문에 그것을 지향하여 노력하고 원하고 추구하고 욕구하는 것이 아니다." 삶의 진실은 그 반대다. 먼저 쓰레기를 줍는 행위를 "지향하여 노력하고 원하고 추구하고 욕구하기 때문에 그것을 선이라고 판단"하는 것이다. 쉽게 말해, 쓰레기를 줍는 행위가 '선'인 이유는 그것이 그 자체로 옳기 때문이 아니라, 깨끗한 거리를 지향하고 추구하는 개별적인 사람들의 욕구가 있었기 때문이다.

'좋음'이 '옳음'을, '싫음'이 '그름'을 만든다

이처럼 스피노자는 '사회적 옳음'이 먼저 존재하는 것이 아니라, '개별적 좋음'이 먼저 존재한다고 말한다. 그 '개별적 좋음'에 세상 사람들이 '선'이라는 이름을 붙일 때 '사회적 옳음'이 탄생하게 된다는 것이다. 다시 묻자. 쓰레기를 줍는 행위는 왜 '선(사회적 옳음)'인가? 개별적인 사람들이 깨끗한 거리에서 직관적인 기쁨을 느꼈기 때문이다. 약자를 돕는 행위는 왜 '선'인가? 개별적인 사람들이 자신이 누군가에게 도움이 되었다는 사실에서 직관적인 기쁨을 느꼈기 때문이다. 즉, '사회적 선(옳음)'은 '개별적 선(좋음)'에 기초해 있다. 달리 말해, '사회적 옳음'은 '개별적 좋음'의 결과일 뿐이다.

'악'도 마찬가지다. 길거리에 쓰레기를 버리고 노상방뇨하는 것이 '악(사회적 그름)'인 이유가 무엇인가? 쓰레기와 오줌이 우리가 혐오하는 대상, 즉 '개별적 싫음'의 대상이기 때문이다. 개별적인 사람들이 더러운 거리에서 직관적인 슬픔을 느꼈기 때문에, 쓰레기를 버리고 노상방뇨하는 행위가 '사회적 그름'이 된 것이다. 세상 사람들이 혐오의 대상이라고 여기는 것은 여지없이 '악'이 된다. 이에 대해 스피노자는 분명히 말한다.

> 우리는 우리가 혐오하는 사물을 악이라고 부른다. — 제3부, 정리 39, 주석

스피노자의 말처럼, "우리는 우리가 혐오하는 대상을 악이라고 부르는" 것일 뿐이다. 시대와 국가에 따라 '선악'의 기준이 다르다는 사실이 이를 방증하지 않는가? 이는 시대와 국가에 따라 구성원들의 '좋음'과 '싫음'이 다르기 때문이다. 만약 어느 시대 어느 지역의 사람들이 정돈되지 않은 거리를 '좋음'으로, 정돈된 거리를 '싫음'으로 느낀다면 어떨까? 그 사회에서는 쓰레기를 버리는 것이 '선'이 되고, 쓰레기 줍는 것이 '악'이 될 것이다. 이런 가정은 황당한 망상이나 과도한 비약일까?

선악의 상대성

이성애와 동성애에 대해 생각해 보자. 우리 사회는 이성애를 '선(사회적 옳음)'으로, 동성애를 '악(사회적 그름)'으로 여기는 경향이 있다. 이는 '결혼'이라는 법적(사회적) 제도를 보면 알 수 있다. 아직 한국에서 법적으로 결혼은 이성 간에만 허용된다. 법적으로 동성 결혼이 금지된 것은, 동성애가 '사회적 그름'으로 받아들여지기 때문이다. 하지만 고대 그리스 시대에는 달랐다. 놀랍게도, 고대 그리스는 '연애는 남자끼리, 결혼은 남녀끼리'라는 구호가 일반적인 사회였다.

물론 고대 그리스에서 이성애를 '악(사회적 그름)'이라고까지 여기지는 않았다. 다만 이성애는 아이를 갖기 위한 불가피한 일로 여겨지는 분위기였다. 반면 동성애를 '선(사회적 옳음)'으로 받아들이는 경향이 있었던 것은 분명하다. 이처럼 지금의 한국과 고대 그리스는 '선악'의 기준이 명백히 다르다. 왜 이런 차이가 발생한 걸까? 각 사회 구성원들의 '좋음'과 '싫음'의 차이 때문이다. 지금 우리 사회에는 이성애를 '좋음'으로, 동성애를 '싫음'으로 받아들이는 경향이 있다. 우리 시대의 동성애는 적지 않은 이들에게 혐오의 대상이다.

하지만 이와 반대로 고대 그리스에서 동성애는 세상 사람들이 지향하고 추구하는 대상이었다. 지혜로운 성인 남성이 소년과 육체적, 정서적 관계를 맺는 일은 권장할 만한 '좋은' 일이었다. '소크라테스'와 '알키비아데스'라는 미소년의 관계가 이러한 사실을 잘 드러낸다. 이것이 동성애라는 동일한 대상이 지금 한국에서는 '악'으로, 고대 그리스에서는

'선'으로 여겨지는 이유다. 무엇이 '좋고 기쁜 것'이며 무엇이 '싫고 슬픈 것인지'를 판단하는 기준이 사회마다 다르기 때문이다. 이처럼 결국 '선'의 기원은 '좋음'이고, '악'의 기원은 '싫음'이다. 나아가 스피노자는 '선악'이 어떤 것인지 명시적으로 말한다.

> 각자는 무엇이 선이고 무엇이 악인지, 무엇이 더 좋은 것이고 무엇이 더 나쁜 것인지, 자신의 감정에 의하여 판단하거나 평가한다. — 제3부, 정리 39, 주석

'선악'의 구분은 감정에서 온다. '기쁨'과 '슬픔'이라는 감정. 스피노자에게 '선'이란 나에게 기쁨을 주는 일이고, '악'이란 나에게 슬픔을 주는 일이다. 즉, 사회적 '선악'이란, 특정한 시대, 특정한 사람들에게 기쁨 혹은 슬픔을 주었던 일의 잠정적 결과일 뿐이다. 왜냐하면 '선악'의 판단 및 규정은 주관적이고 개별적인 감정에 근거하기 때문이다. 그래서 '선악'은 결코 절대적이거나 고정적일 수 없고, 언제나 상대적이고 가변적일 수밖에 없다. 결국 '선'은 '사회적 옳음'이 아니라 '개별적 기쁨'에, '악'은 '사회적 그름'이 아니라 '개별적 슬픔'에 근거한다고 말할 수 있다.

착하게 살아야 호구가 되지 않는다

이제 우리의 질문으로 돌아가자. 착하게 살면 정말 호구가 될까? 아니다. 삶의 진실은 그 반대다. 오히려 '선'하게 살아야 호구가 되지 않는다. 물론 여기서 말하는 '선'은 스피노자

가 말하는 '선'이다. 다시 말해, 호구가 되지 않으려면 자신에게 기쁨을 주는 일을 따르고 슬픔을 주는 일을 거부해야 한다. '선'을 행하며, 동시에 '악'을 행하지 않고 산다는 것은, 기쁨을 주는 일을 따르고 슬픔을 주는 일을 거부한다는 것이다. 그렇게 사는 이들은 결코 '호구'가 될 일이 없다.

"이 업무는 김 대리가 해 줘요." 직장 동료가 요청했다고 해 보자. 하지만 김 대리는 이미 진행 중인 업무만으로도 며칠째 야근 중이다. 게다가 그 업무는 김 대리의 관련 업무도 아니다. '선'하게 살려는 김 대리는 어떻게 해야 할까? "네"라고 말해야 할까? 아니다. 그건 '악'한 행동이다. 그 업무를 떠맡았다간 더 큰 '슬픔'에 빠질 테니까 말이다. "싫어요. 그건 제 업무가 아니에요." 이것이 진짜 '선'한 행동이다. 그렇게 부당한 업무를 거부할 때, 야근이라는 슬픔을 조금이라도 줄이고, '칼퇴'라는 기쁨을 늘릴 수 있을 테니까 말이다.

하지만 여전히 답답하다. 누군들 기쁘게 살고 싶지 않을까. 하지만 세상이 그리 호락호락하던가. 세상은 '기쁨'을 행하려는 이들에게 갖가지 불이익을 준다. 그것이 걱정되고 두려워서 '기쁨(선)'을 행하지 못하고 '슬픔(악)'을 택하며 사는 것이다. 직장에서 '기쁨'을 행하기 위해 당당하게 할 말 다 하고, 추가 업무를 거부하고, '칼퇴'를 하면 불량 직원으로 찍혀 불이익을 받을 것만 같다. 그 불이익이 두려워서 할 말 못 하고, 추가 업무를 하고, 야근이라는 '슬픔'을 택하며 사는 것 아닌가. 우리에게는 해결해야 할 현실적 문제가 하나 더 남아 있다. 바로 '기쁨을 따르다가 불이익을 받으면 어쩌나?'라는 고민이다.

'선'을 행하다 불이익을 받으면 어쩌나?
이 현실적 문제를 어떻게 해결할 수 있을까? 답은 의외로 간단하다. '기쁨'과 '슬픔'의 크기를 비교해 보는 것이다. '선'을 행한다고 해서 그 결과가 모두 '기쁨'인 것은 아니다. '선'을 행하는 과정에는 '슬픔'도 있다. 마찬가지로, '악'을 행한다고 해서 그 결과가 전부 '슬픔'인 것은 아니다. 거기에도 '기쁨'이 있다. '선'과 '악' 사이에서 고민하고 있다면, 둘 중 어떤 행동이 우리에게 더 큰 '기쁨'을 가져다줄 것인지를 계산해 보면 된다.

먼저 '악'을 행하는 경우부터 생각해 보자. 예컨대 억울하게 할 말 못 하고 추가 업무와 야근에 시달리는 삶을 상상해 보자. 이런 삶은 대부분 '슬픔'이다. 하지만 '기쁨'도 있다. 욕먹지 않는 '기쁨', 그리고 직장생활을 조금 더 오래 할 수 있겠다는 안도감의 '기쁨'이다. 이제 '선'을 행하는 경우를 생각해 보자. 당당하게 할 말을 하고 추가 업무와 야근을 거부한다고 해 보자. 이런 삶은 대부분 '기쁨'이다. 하지만 '슬픔'도 있다. 직장에서 왕따가 될 수 있다는 '슬픔', 그리고 직장생활을 오래 할 수 없을지도 모른다는 두려움의 '슬픔'이다.

선, 삶의 주인이 되는 수행
이 두 경우 기쁨-슬픔의 대차대조표는 각각 어떨까? '악'을 행했을 때, 기쁨-슬픔의 총합은 항상 마이너스다. 반면 '선'

을 행했을 남겨지는 기쁨-슬픔의 총합은 항상 플러스다. 당연하지 않은가? '악'한 행동(할 말 못함·추가 업무·야근)은 '노예'로 가는 길이고, '선'한 행동(할 말 함·추가 업무 거부·칼퇴)은 삶의 '주인'으로 가는 길이니까 말이다. 우리는 어떤 경우에도 '노예'가 아닌 '주인'으로 살아가야 한다.

 물론 '노예'의 삶에도 '기쁨'은 있다. 하지만 그 '기쁨'은 '슬픔'에 비해 턱없이 부족한 '기쁨'이다. 그리고 당연히 '주인'의 삶에도 '슬픔'이 있다. 하지만 그 '슬픔'은 '기쁨'에 비하면 사소한 '슬픔'이다. 그러니 어떻게 살아야 하겠는가? 조금의 '기쁨'이 있다고 해도, 악착같이 '악'을 거부하며 살아야 한다. 또 남겨지는 '슬픔'이 있다고 해도, 당당하게 '선'을 행하며 살아야 한다. 물론 그것은 결코 쉬운 일이 아니다.

 '악'을 거부하고 '선'을 따르는 일은 수행이다. 삶의 주인이 되기 위한 고되고 지난한 수행. 많은 이들이 삶의 '주인'이 아닌 '노예'로 전락하는 이유가 무엇인가? 작은 '기쁨'을 위해 '악'한 행동을 너무 쉽게 저지르기 때문 아닌가? 또 작은 '슬픔' 때문에 '선'한 행동을 너무 쉽게 포기하기 때문 아닌가? 사소한 기쁨을 포기하고, 사소한 슬픔을 감당하는 이들만이 삶의 '주인'이 될 수 있다.

단호한 수행과 유연한 수행

스피노자는 이러한 수행에 대해 다음과 같이 덧붙인다.

> 자연에 존재하는 것 중에서 악이라고 판단되는 온갖 것, 즉 우리가 존재하고 이성적 삶을 향유하는 것을 방

해할 수 있는 온갖 것을 우리는 가장 안전하다고 생각되는 방법으로 제거해도 좋다. 반면에 선이라고 판단되는 온갖 것, 즉 우리의 존재를 보존하고 이성적 삶을 향유하는 데 유익하다고 판단되는 온갖 것을 우리는 사용을 위해 취하고 적당한 방법으로 그것을 이용해도 좋다. — 제4부, 부록 8

스피노자는 '악'을 거부하고 '선'을 취하라고 말한다. 그렇다. 우리는 삶의 주인이 되어 당당하게 삶의 기쁨을 좇아야 한다. 이는 결코 흔들려서는 안 될 삶의 원칙이다. 그런데 이 삶의 원칙을 실제로 따르는 것은 결코 쉬운 일이 아니다. 맹목적으로 '악'을 거부하고 '선'을 따르는 것이 아니라, 이러한 원칙을 현실에 맞게 최대한 안전하고 적당한 방법으로 적용할 수 있어야 한다.

예컨대 우리네 삶에서 '악'이라고 판단되는 일이 있더라도, 그것을 함부로 제거해서는 안 된다. '악'을 함부로 제거하는 것이 더 큰 '악'이 될 수도 있기 때문이다. 섣불리 직장을 그만두었다가, 빈곤에 빠져 더 고통스러워질 수도 있지 않은가? 그래서 우리는 '악(슬픔)'을 제거할 때, 최대한 안전하고 적당한 방법으로 제거해야 한다. 반대로 '선(기쁨)'이라고 판단되는 일이 있더라도 무작정 취하려고 해서는 안 된다. '선'을 무작정 따르는 것이 오히려 '악'이 될 수도 있기 때문이다. 매일 '칼퇴'를 고집했다가, 나중에 일더미에 파묻혀 허덕일 수도 있지 않은가? 그래서 우리는 '선(기쁨)'을 따를 때, 최대한 안전하고 적당한 방법으로 따라야 한다.

이처럼, 기쁜 삶으로 나아가기 위해서는 '단호한 수행'과 '유연한 수행'이라는 두 가지 수행이 필요하다. '단호한 수행'이 삶의 '방향'을 잡는 수행이라면, '유연한 수행'은 삶의 '균형'을 잡는 수행이다. 삶의 주인이 되려는 '방향'을 잡는 일은 결코 흔들려서는 안 되는 '단호한 수행'이다. 하지만 그 과정에서는 순간순간 '균형'을 잡으며 지혜롭게 행동하려고 노력해야 한다. 이것이 '유연한 수행'이다. 기쁜 삶에 이르기 위해서는 이 두 가지 수행이 모두 필요하나. 기쁜 삶에 이르고 싶은가? '악'을 멀리하고 '선'을 따르는 '방향'으로 각자만의 '균형'을 잡으며 나아가야 한다.

섹스
— 왜 섹스 뒤에 슬픔이 찾아올까요?

섹스의 즐거움

섹스는 기쁜 일이다. 욕구를 해소하는 일은 언제나 즐거운 일이니까. 그뿐인가? 금지된 일을 행하는 것은 언제나 짜릿한 법이다. 그러니 섹스만큼 기쁜 일도 없다. 섹스는 욕구의 해소이자, 금지를 넘는 일이니까. 그런데 그것이 다일까? 단순히 금지된 성적 욕구를 해소하는 즐거움이 섹스가 주는 즐거움의 전부일까? 아니다. 섹스의 진정한 즐거움은 '대화'에 있다. 섹스는 서로의 실존을 온몸으로 껴안는 행위다.

'실존을 껴안는다'는 건 어떤 의미인가? 누구에게도 내비치지 못했던 온전한 모습을 서로 오롯이 이해한다는 의미다. '대화'를 나누기에 서로를 더 깊이 이해할 수 있는 것이다. 섹스라는 '대화'는 일상의 대화와 다르다. 일상의 대화는 아무리 많이 떠들어도 존재 전체를 주고받는 느낌이 들지 않는다. 하지만 섹스라는 '대화'로는 그것이 가능하다. 섹스는 언어를 넘어서는 대화이기 때문이다.

일상의 대화는 사실상 대화가 아니라 오해에 가깝다.

직장, 친구, 가족 등 일상의 거의 모든 대화에서 사람들은 서로의 마음을 섬세하게 살피기보다, 자신이 듣고 싶은 대로 듣고 하고 싶은 말을 하기 바쁘다. 온전한 대화는 언어만으로 이루어질 수 없다. 그것은 언제나 언어 이상의 것이다. 아무 말 하지 않아도 서로의 마음이 전달되는, 언어 너머의 대화가 진정한 대화다. 실존의 주고받음은 그런 대화를 통해 가능하다.

섹스의 슬픔

섹스는 그런 대화를 가능케 할 문을 열어 준다. 왜 안 그럴까? 온몸을 물고 빨고 껴안는 행위 안에서 아무 말 없이 서로의 존재를 나눌 수 있다. 그때 온전히 누군가를 이해했다는, 또 누군가에게 이해받았다는 충만한 느낌이 든다. 그것이 섹스의 진정한 기쁨이다. 적어도 이상적인 섹스란 분명 그렇다. 이제 현실 속 우리의 섹스로 돌아오자. 우리는 섹스의 기쁨을 충분히 느끼고 있을까? 섹스를 통해 억압된 성적 욕구를 해소하고 나서도, 기쁨보다는 기묘한 공허, 허무, 불안 같은 슬픔이 느껴질 때가 있지 않은가?

    섹스의 기쁨을 알고 있는 이들에게 이 공허, 허무, 불안은 당황스러운 일이다. 이보다 더 심각한 문제는, 불운하게 처음 몇 번의 섹스에서 이런 슬픔을 만나게 된 이들에게 찾아온다. 이들에게 섹스는 기쁨이 아니라 불편하고 불쾌한 것, 그래서 피하고 싶은 것이 된다. 그러나 좋은 섹스는 분명 기쁨을 선사한다. 이런 기쁨을 놓치고 사는 것은 안타까운 일이다. 삶의 기쁨을 온전히 누리며 살려는 이들에게 이 질

문은 중요하다. '왜 섹스 뒤에 슬픔이 찾아올까?'

스피노자의 섹스

스피노자는 섹스에 대해 어떻게 생각하고 있을까? 스피노자의 이야기를 들어 보자.

> 욕정이란 성교에 대한 욕망과 사랑이다. — 제3부, 감정의 정의 48

스피노자는 섹스하고 싶은 마음, 즉 욕정을 '욕망'으로 정의하고 있다. 그렇다면 스피노자가 말하는 '욕망'은 무엇일까?

> 욕망은 충동에 대한 의식을 수반하는 충동으로 정의될 수 있다. — 제3부, 정리 9, 주석

'욕망'은 나에게 어떤 '충동'이 있음을 의식한 상태에서의 '충동'이다. 난해한 이야기가 아니다. 매혹적인 사람이 나타났다고 해 보자. 그때 '저 사람과 섹스하고 싶어!'라는 마음에 휩싸일 수 있다. 이것은 '충동'이다. 또 그때 '나는 지금 '충동'에 휩싸여 있구나!'라고 의식할 수 있다. 이것이 '욕망'이다. 쉽게 말해, '섹스하고 싶다'는 마음이 드는 것은 '충동'이고, '섹스하고 싶다'는 충동을 의식하는 것이 '욕망'이다. 난해하다면, 일단 '욕망=충동'으로 이해해도 좋다. 스피노자는 '충동'에 대해 이렇게 말한다.

> 충동은 인간의 본질 자체일 뿐이며, 그것의 본성으로부터 필연적으로 인간의 보존에 기여하는 것들이 나온다.
> — 제3부, 정리 9, 주석

"넌 왜 그리 충동적이니?" 이 말에서 느끼듯, 우리에게 '충동'이란 단어는 부정적이다. 하지만 스피노자는 그렇게 보지 않는다. 스피노자에게 '충동'은 "인간의 본질 자체"이다. 그리고 그 '충동'으로부터 "인간의 보존에 기여하는 것들이 나온다." 이는 '충동'과 '욕망'이 없다면 인간은 존재할 수 없다는 의미다. 당연한 말이다. 목이 마를 때 마실 것을 '욕망(충동)'한다. 피곤할 때 자는 것을 '욕망(충동)'한다. 이 '충동'과 '욕망'이 있기에 우리는 살아갈 수 있고, 그것이 없다면 살아갈 수 없다. 스피노자에 따르면, '욕망(충동)'을 따를 때 삶의 활력은 커지고 그 반대일 때 삶의 활력은 줄어든다.

이제 스피노자가 섹스를 어떻게 바라보고 있는지 알 수 있다. 스피노자에게 '욕정'은 '욕망'의 일종이다. 즉, 섹스하고 싶은 마음은 '욕망'이다. 이는 섹스를 하고 싶은 '욕망'을 따를 때 삶의 활력이 커지고 그것을 억누를 때 삶의 활력이 줄어든다는 의미다. 우리네 삶이 이를 방증하지 않는가? 충분히 섹스하는 사람은 유쾌하고 활력 넘치는 일상을 산다. 반면 어떤 이유에서든, 섹스하지 못하는 사람은 늘 섹스 생각에 매여 삶 전반의 활력이 떨어진다. 섹스가 결여된 이들의 짜증과 불만은, 자신도 모르는 사이에 삶의 활력이 줄어든 것에 대한 반작용인 셈이다.

섹스가 주는 즐거움, '쾌감'과 '유쾌'

스피노자에게 섹스는 '욕망'이기에 그것을 따를 때 삶의 활력이 커지고, 그것을 따르지 않을 때 삶의 활력은 줄어든다. 이것이 스피노자가 섹스를 바라보는 관점이다. 그렇다면, 섹스를 하기만 하면 삶의 활력이 커지는 것일까? 기본적으로는 그렇다. '욕정을 억압하는 삶'과 '욕정을 해소하는 삶' 중 하나만 선택해야 한다고 가정해 보자. 분명 전자보다 후자가 더 활력 있는 삶이다.

하지만 앞서 말했듯 모든 섹스가 기쁘기만 한 것은 아니다. 왜 섹스 뒤에 종종 공허와 허무가 찾아올까? 섹스를 하면 분명 삶의 활력이 커져야 하는데, 그렇지 않은 경우는 흔하다. 이는 꼭 섹스만 그런 것도 아니다. 마음속에 있는 '충동'과 '욕망'을 따랐지만, 공허, 허무, 불안과 같은 슬픔의 감정에 휩싸일 때가 있다. 이런 슬픔의 감정을 삶의 활력이 커진 것으로 볼 수는 없지 않은가? 이를 어떻게 설명할 수 있을까? 설명을 위해 먼저 스피노자의 '쾌감'과 '유쾌'라는 두 감정을 알아보자.

> 정신과 신체에 동시에 관계된 기쁨의 감정을 나는 쾌감 또는 유쾌라고 부른다. ― 제3부, 정리 11, 주석

'쾌감'과 '유쾌'는 기본적으로 기쁨의 감정이다. 그런데 이 둘은 여느 기쁨의 감정과 다르다. 예를 들어, 환희나 희망 같은 기쁨의 감정은 정신에만 관계될 수 있다. 신체적 자극 없이도 환희와 희망을 느낄 수 있으니까. 하지만 '쾌감'과

'유쾌'는 다르다. 이 두 감정은 "정신과 신체에 동시에 관계된 기쁨의 감정"이다. 섹스는 반드시 '쾌감'과 '유쾌'를 동반한다. 좋은 섹스는 정신적으로만 하는 것도 아니고, 신체적으로만 하는 것도 아니기 때문이다.

정신과 신체의 비중 차이는 있다고 하더라도, 어떤 섹스든 반드시 정신과 신체 모두에 관계되어 있다. 원나잇 섹스를 생각해 보자. 처음 만난 두 사람이 '욕정'을 해소하기 위해 섹스를 했다. 이는 육체적 관계이기만 할까? 그렇지 않다. 그 섹스의 전과 후, 그리고 섹스 자체를 통해 미묘한 정서적 교감이 일어난다. 몸을 섞으면서 정신적으로 전혀 섞이지 않는 일은 결코 일어나지 않는다. 신체와 정신은 별도의 영역에서 따로 존재하는 것이 아니라 하나로 연결되어 있기 때문이다.

'쾌감'은 자위, '유쾌'는 섹스

삶의 기쁨을 위해서는 '욕정'을 억압하는 삶보다 '욕정'을 해소하는 삶이 더 낫다. '욕정'을 해소하는 삶은 반드시 활력이 있다. 원나잇 섹스에 대한 윤리적 판단은 각자의 몫이다. 하지만 '욕정'을 억압하는 삶보다 '욕정'을 해소하는 삶이 더 기쁜 삶이라는 것만은 분명한 삶의 진실이다. '욕정'을 해소하는 섹스는, 설사 그것이 원나잇 섹스라 할지라도, '쾌감'과 '유쾌'라는 기쁨의 감정을 동반하는 까닭이다.

하지만 여기서 놓치지 말아야 할 중요한 질문이 있다. '욕정'을 해소하는 기쁨은 다 같은 기쁨일까? 쉽게 말해, 온 마음을 다해 사랑하는 이와 나눈 섹스와, 처음 만난 사람과

하는 원나잇 섹스는 같은 기쁨일까? 구체적으로 설명할 수는 없어도, 우리는 그 두 섹스의 기쁨이 분명 다르다는 사실을 직감적으로 알고 있다. 두 섹스가 주는 기쁨의 차이는 무엇일까? '욕정'을 해소하는 삶에는 다양한 층위의 기쁨이 존재한다. 여기서 스피노자는 '쾌감'과 '유쾌'를 다시 구분한다.

> 쾌감…은 한 인간의 어떤 부분이 다른 부분보다 더 많이 자극받아 변화되는 때 인간에게 관계되지만, 유쾌…는 한 인간의 모든 부분이 똑같이 자극받아 변화되는 때 인간에게 관계된다. ─ 제3부, 정리 11, 주석

'쾌감'도 기쁨이고, '유쾌'도 기쁨이다. 하지만 '쾌감'은 인간의 일부분이 자극받을 때 느껴지는 기쁨이다. 반면 '유쾌'는 인간의 모든 부분이 자극받을 때 느껴지는 기쁨이다. 조금 거칠게 비유하자면, '쾌감'은 '자위'고, '유쾌'는 '섹스'라고 말할 수 있다. '자위'는 성기라는 특정한 부위를 자극해서 기쁨을 얻는 행위고, '섹스'는 상대를 껴안고 키스하는 행위를 통해 신체의 모든 부위를 자극해서 기쁨을 얻는 행위이니까 말이다.

'쾌감'의 섹스 너머 '유쾌'한 섹스로

이제 섹스 뒤에 찾아오는 슬픔에 대해 말할 수 있다. 섹스 뒤에 찾아오는 슬픔은 기묘하다. 왜 기묘한가? 욕정을 해소하는 기쁨 사이사이에 공허와 허무, 불안이 배어 나오기 때문

이다. 다시 말해 (예외적인 경우가 아니라면) 원나잇 섹스에서 느껴지는 기쁨에는 무엇인가 결여되어 있다. 결과가 기대만큼 충만하지 않을 때, 우리는 공허와 허무, 불안을 느끼게 되지 않던가. 그렇다면 그 허전한 섹스에는 무엇이 결여된 걸까?

스피노자식으로 말하자면, 허전한 섹스 뒤에 느껴지는 슬픔은 '쾌감'은 느꼈지만 '유쾌'를 느끼지 못했기에 발생한 감정이다. 공허와 허무, 불안을 남기는 섹스는 서로가 서로를 성기로만 대하는 섹스다. 쾌감만 있는 섹스, 인간의 일부만이 자극받는 섹스는 마치 상대의 성기를 통해 자위를 하려는 섹스와 같다. '쾌감'만 있을 뿐, '유쾌'가 결여된 섹스는 잠시의 기쁨을 선사한 뒤 이내 깊은 공허와 허무를 몰고 온다. 이것이 기쁜 섹스 뒤에 온갖 슬픔을 느끼게 되는 이유다.

그렇다면 섹스 뒤의 슬픔에서 벗어나려면 어떻게 해야 할까? 다시 '욕망'을 따르면 된다. 어떤 '욕망'인가? 섹스가 주는 온전한 기쁨을 향한 '욕망'이다. 섹스가 주는 온전한 기쁨은 무엇인가? '유쾌'다. 인간의 모든 부분이 자극받는 섹스의 기쁨을 만끽하면 된다. 성기에만 집중하는 섹스가 아니라, 온몸을 만지고 애무해 주고 껴안아 주는 섹스의 기쁨을 느끼면 된다.

'유쾌'한 섹스, 마음의 애무

여기서 '신체와 정신은 하나로 연결되어 있다'는 스피노자의 말을 잊어서는 안 된다. 그러니 인간의 모든 부분이 자극받는 섹스는 신체 너머까지 확장되어야 한다. 그것은 바로 정신적인 부분까지 자극받는 섹스다. 온몸을 정성스럽게 애무해 주는 것처럼, 온 마음을 정성스럽게 애무해 줄 때 진정한 '유쾌'를 느낄 수 있다. 온몸을 아무리 열심히 애무해 준다고 해도 '유쾌'는 생겨나지 않는다. '마음의 애무'가 없다면 '온몸의 애무' 역시 자위일 수밖에 없다.

'마음의 애무'란 무엇일까? 사랑하는 이가 좋아하는 소설과 음악, 영화와 그림을 함께하며 대화를 나누는 일, 사랑하는 이의 내밀한 아픔과 상처를 나누는 일, 사랑하는 이의 소중한 꿈을 나누는 일, 그렇게 사랑하는 이와 삶의 지평을 함께하는 일이다. 삶의 지평을 함께하며 함께 울고 웃는 일, 그것이 바로 '마음의 애무'이다.

육체적으로 충분히 즐거웠다고 하더라도, 원나잇 섹스가 결국 슬픔일 수밖에 없는 이유도 이 때문이다. 하룻밤은 신체를 애무하기에 충분할 뿐, 마음을 애무하기에는 턱없이 부족한 시간이기 때문이다. 마찬가지로 육체적으로 아무리 즐거웠다고 하더라도, 삶의 지평이 다른 이와의 섹스는 결국 슬픔일 수밖에 없다. 다른 곳을 바라보고 있는 이는 신체를 애무해 줄 수는 있어도, 결코 마음을 애무해 줄 수는 없기 때문이다.

섹스가 주는 진정한 기쁨은 대화다. 언어를 넘어선 존재의 대화. 이 '존재의 대화'는 '온몸의 애무'를 넘어 '마음의 애무'까지 확장된 섹스의 다른 이름이다. 신체를 넘어 마음까지 애무해 주는 관계에서 언어적 대화는 필요 없다. 이렇게 '마음의 애무'까지 확장된 섹스는 결코 어떤 슬픔도 남기지 않는다. 그때 우리는 섹스라는 행위가 주는 기쁨의 정수

精髓를 누릴 수 있다.

이제 우리에게 남겨진 숙제는 분명하다. 섹스의 확장! 성기를 넘어 신체 전체로, 신체를 넘어 마음까지 오롯이 껴안는 섹스로 나아가야 한다. 그렇게 '쾌감'의 기쁨 너머 '유쾌'의 기쁨이 가득한 섹스로 나아가야 한다. 섹스의 진정한 기쁨은 많은 이들과 많은 섹스를 통해 도달할 수 있는 것이 아니다. 단 한 사람을 통해 도달할 수 있다. 언어 너머 서로의 마음을 읽을 수 있는 단 한 사람. 그런 사람과 함께라면 단 한 번의 섹스로도 섹스가 주는 진정한 기쁨에 이를 수 있다. 오직 그 사람만이 한 인간의 모든 부분을 자극하는 기적 같은 기쁨을 선물해 줄 테니까 말이다.

『에티카』 한 걸음 더
— '실체'와 '양태'란 무엇인가?

'실체'와 '양태'는 무엇인가?

『에티카』를 이해하기 위해 우회할 수 없는 개념이 있다. 바로 '실체'와 '양태'다. 이 두 개념은 매우 중요하다. 단순한 철학적 개념을 넘어 스피노자의 사유 전체를 가로지르는 토대 역할을 하기 때문이다. 먼저 '실체'가 무엇인지부터 살펴보자.

> 실체란 자신 안에 있으며 그 자신에 의하여 생각되는 것이라고 이해한다. 즉, 실체는 그것의 개념을 형성하기 위하여 다른 것의 개념을 필요로 하지 않는 것이다.
> — 제1부, 정의 3

'실체'라는 개념은 난해하다. 먼저 스피노자의 '실체'는 우리가 흔히 사용하는 '실체'라는 단어와 다른 의미라는 사실부터 파악해야 한다. 예를 들어, "그 사건은 실체가 없어"라는 말에서 '실체'는 '실제로 존재하는 어떤 것'을 뜻한다.

하지만 스피노자가 말하는 '실체'는 그런 의미가 아니다.

스피노자의 '실체'란, "그것의 개념을 형성하기 위하여 다른 것의 개념을 필요로 하지 않는 것"이다. 이러한 '실체'의 정의에 부합하는 대상을 떠올리기란 쉽지 않다. 우리 주위에 있는 대부분의 사물들은, 그 개념을 형성하기 위해서 다른 것의 개념을 필요로 하기 때문이다. 예컨대, '황금산'은 '실체'가 아니다. '황금산'이라는 개념을 형성하기 위해서는 '황금'과 '산'이라는 두 가지 개념이 필요하기 때문이다.

황금산, 유니콘, 용처럼 상상의 산물만이 '실체'가 아닌 것은 아니다. 자동차 역시 '실체'가 아니다. '자동차'라는 개념을 형성하기 위해서는 '교통', '운전', '기계' 같은 다른 개념들을 필요로 하기 때문이다. 스피노자의 정의에 따르면, 우리 주변에 존재하는 거의 모든 사물들은 '실체'가 아니다. 그렇다면 스피노자가 말하는 '실체'는 무엇일까? 답을 잠시 미뤄 두고, 먼저 '양태'가 무엇인지부터 알아보자.

> 양태란 실체의 변용, 또는 다른 것 안에 있으면서 다른 것을 통해 파악되는 것이라고 이해한다. ─ 제1부, 정의 5

'양태'는 '실체'가 모습을 바꾼 것(변용)이다. 예를 들어 보자. SF영화에 등장하는 액체금속로봇을 떠올려 보자. 이 로봇은 필요에 따라 자신의 모습을 자유자재로 바꾼다. 무기가 필요하면 팔이 칼로 변하고, 적을 속여야 하면 경찰이나 엄마의 모습으로 변신하기도 한다. 이 액체금속로봇을 '실체'라고 가정해 보자. 이 로봇(실체)은 액체인 '그 어떤 것'이다. '그 어떤 것'은 그 자체로 자신의 모습을 드러낼 수 없다. 오직 칼, 경찰, 엄마라는 변용을 통해서만 드러낼 수 있을 뿐이다.

'양태'는 '실체'의 변용이다. 액체인 '그 어떤 것'이 '실체'라면, 그 '실체'가 변용된 칼, 경찰, 엄마는 모두 '양태'다. 우리가 보고 만질 수 있는 모든 사물들, 즉 자동차, 비행기, 꽃, 나무, 새 같은 것들은 모두 '실체'가 아니다. 그것들은 모두 '실체'가 구체적인 모습으로 변용된 '양태'다. 달리 말해, '실체'는 '양태'를 통해 표현된다고 말할 수 있다. 그렇다면 수많은 '양태'로 드러나면서 동시에 다른 개념의 도움 없이 그 자체로 존재하는 것, 즉 "자신 안에 있으며 그 자신에 의하여 생각되는" '실체'는 무엇일까?

> 신이란, 절대적으로 무한한 존재, 즉 모든 것이 각각 영원하고도 무한한 본질을 표현하는 무한한 속성들로 이루어져 있는 실체라고 나는 이해한다. ─ 제1부, 정의 6

스피노자에 따르면, '신'이 바로 '실체'다. '신(실체)'은 영원하고 무한한 본성을 지니며, 그 본성을 무한한 방식(양태)으로 표현할 수 있다. 즉, 영원하며 무엇이든 될 수 있는 '실체', 그것이 바로 '신'이다. 스피노자에게 '실체'는 '신'이고, '신'은 '자연'이다. '자연(신)'은 그 자체로 존재할 뿐, 그것을 설명하는 데 다른 개념의 도움이 필요 없다. 즉 '자연(신)'은 "자신 안에 있으며 그 자신에 의해서 생각되는" '실체'다. 그러니 스피노자의 정의는 이렇게 도식화할 수 있다.

'신=실체=자연'. 이제 "양태란 실체의 변용"이란 말의 의미를 이해할 수 있다. '자연(신=실체)' 그 자체는 누구도 지각할 수 없다. 우리는 다만 불어오는 바람, 내리는 비, 푸르른 산, 향기로운 꽃, 지저귀는 새, 달리는 말을 통해 '자연'을 보고 듣고 냄새 맡고 느낄 수 있을 뿐이다. '실체'는 '자연' 그 자체이며, '양태'는 그 '자연'이 구체적으로 드리닌 모습들, 즉 바람, 비, 산, 꽃, 새, 말과 같은 '자연물'이다. 그러니 '양태'는 '실체'의 변용이고, '실체'는 '양태'를 통해 표현된다고 말할 수 있다.

'자연물'은 작은 '자연'이다

스피노자에 따르면, '자연물(양태)'은 작은 '자연(신)'이다. 즉, 인간 역시 '자연물'인 만큼 하나의 작은 '실체(자연)'라고 할 수 있다. 이 사실을 깨닫게 되면 우리는 더 기쁜 삶에 이를 수 있다. 인간사는 언제 슬픔으로 물드는가? 한 사람에 대한 기대와 실망이 교차할 때다. 그 기대와 실망은 왜 생기는가? 한 사람 전체를 지각했다고 믿기 때문이다. 온화하다고 생각했던 이가 화를 낼 때, 정직하다고 생각했던 이가 거짓말을 할 때, 사랑한다고 생각했던 이가 만남을 미룰 때 우리는 슬퍼진다.

하지만 인간이 '실체'임을 깨닫는다면, 그런 슬픔은 사라진다. 인간이 '실체'라면, 누구도 한 사람 전체를 지각할 수 없다. 우리는 바람, 비, 꽃, 새와 같은 '양태'를 통해 자연이라는 '실체'를 지각할 수 있듯, 한 사람이라는 '실체' 역시 그의 행동 방식이라는 '양태'를 통해서만 지각할 수 있다. 아니, 자연물 전체가 곧 자연이듯, 한 사람의 행동 방식 전체가 곧 그 사람이다. 온화하고 정직하고 사랑하는 모습도 그 사람이고, 화를 내고 거짓말을 하고 만남을 미루는 모습도 그 사람이다. 즉, 한 사람(실체)은 그의 행동 방식(양태)을 통해 표현되며, 그 행동 방식(양태) 전체가 그 사람(실체)이다.

하나의 행동 방식(양태)으로 한 사람(실체)을 규정하는 것은 오해다. 인간사의 많은 슬픔은 바로 이 오해에서 비롯된다. 한 사람을 '실체'로 보게 될 때, 그 사람에 대한 허황된 기대와 실망은 사라진다. 하나의 행동 방식은 하나의 '양태'일 뿐이기에, 그 사람을 섣불리 예단하지 않고 있는 그대로 볼 수 있게 된다. 『에티카』의 기쁨도, 인간사의 기쁨도, 이 '실체'와 '양태'의 관계를 깨닫는 데 있다.

4   더 작은 '슬픔'을 위해

중독
— 중독에서 벗어날 수 있을까요?

중독의 시대

"하루에 유튜브를 8시간씩 봐요." "사람들을 안 만나면 불안해요." "하루 종일 게임 생각뿐이에요." "하루라도 인스타그램에 사진을 안 올리면 불안해요." "쇼핑을 많이 해서 카드 한도를 초과해 버렸어요." 지금은 그야말로 중독의 시대다. 그래서일까? 우리가 어떤 대상을 반복적으로 즐길 때, 세상 사람들은 우려 섞인 목소리로 말한다. "너 그거 중독이야." 별다른 불편 없이 살고 있다가도 이런 말을 들으면 괜스레 불안해진다. 그런데 이 말은 사실일까? 우리는 정말 중독된 것일까?

가장 기본적인 질문부터 해 보자. 중독은 어떤 상태일까? 흔히 과도한 탐닉을 중독이라고 한다. 하지만 이는 적확하지 않은 정의다. 어떤 일을 몹시 즐겨 그 일을 반복하더라도, 중독이라고 말할 수 없는 경우도 많기 때문이다. 중독은 다채로운 세상을 오직 두 가지 대상(중독된 대상-나머지 세상)으로만 구분하게 된 마음 상태다. 술에 중독된 사람을 생각해 보자. 그는 분명 가족, 친구, 직장, 취미 등이 존재하는 다채로운 세상을 산다. 하지만 술에 중독되면 그 세상은 오직 두 가지로만 구분된다. 술과 술이 아닌 것. 이런 마음 상태가 바로 중독이다.

술, 도박, 게임, 섹스, SNS, 쇼핑 등에 중독될 때, 가족, 친구, 일, 취미 같은 소중한 것들은 모두 의미 없는 것이 되어 버린다. 중독된 이들에게 이 소중한 것들은 그저 자신의 욕망을 해소해 주지 못하는 대상일 뿐이기 때문이다. 이처럼 중독자들은 세상을 이분법적으로 본다. 우리는 이런 중독의 시대를 산다. 적지 않은 이들이 이미 중독에 빠졌거나 아니면 중독으로 치닫고 있다. 그러니 늦기 전에 물어야 한다. '중독을 어떻게 다루어야 할까?'

중독의 원인은 '기쁨'이다

먼저 중독이 왜 생기는지부터 알아보자. 스피노자라면 중독의 원인을 '기쁨'에서 찾을 테다. 당연하다. 애초에 기쁨을 주지 않는 대상에 중독되는 일은 없다. 술, 도박, 게임, 섹스, SNS, 쇼핑 등은 모두 '기쁨'을 준다. 그런데 문제는 인간은 항상 '기쁨'을 좇으려 한다는 사실이다. 이러한 인간의 본성을 두고, 스피노자는 이렇게 말한다.

> 우리는 기쁨을 가져오리라고 표상하는 온갖 것을 실현하려고 노력한다. ─ 제3부, 정리 28

스피노자의 말처럼, 인간은 '기쁨'을 줄 것이라고 예상하는 온갖 것을 가지려고 노력한다. 그러니 당연히 인간의 정신은 '기쁨'을 좇기 마련이다. 이에 대해 스피노자는 다음과 같이 말했다.

> 정신은 신체의 활동 능력을 증대시키거나 촉진하는 사물을 가능한 한 표상하려고 노력한다. — 제3부, 정리 12

인간의 정신은 신체의 활동 능력을 증대시키거나 촉진하는 대상, 즉 '기쁨'을 주는 대상을 가능한 한 더 자주 떠올리려고 노력한다. 축구가 취미인 직장인을 생각해 보자. 그는 사무실보다 축구장을 더 자주 상상하려고 한다. 왜 그런가? 그의 정신이 축구를 떠올릴 때 그의 활력이 증대되거나 촉진되기 때문이다. 즉, '기쁨'이 찾아오기 때문이다. 이처럼 인간의 정신은 늘 '기쁨'의 대상을 더 많이 떠올리려고 한다.

그런데 의아하다. 중독의 원인은 '기쁨'이라고 하지 않았나? 스피노자의 정의에 따르면, '기쁨'은 삶의 활력을 증대시키는 감정 아닌가. 그 '기쁨'을 따랐는데 왜 삶을 파괴하는 중독에 이르게 된 걸까? 이러한 모순을 해소하기 위해서 중독의 발생 과정을 살펴볼 필요가 있다.

모든 중독은 즉각적 보상에 대한 중독이다

중독은 어떻게 만들어질까? '기쁜 일 → 과도한 탐닉 → 중독'. 흔히 중독은 이런 과정을 통해 만들어진다고 생각한다. 예컨대 즐거운 게임을 하다가, 그것에 과도하게 탐닉하게 되고, 결국 하루 종일 게임 생각만 하게 되며, 게임을 하지 못할 때는 불안해지고, 급기야 게임 외에는 아무것도 관심 없는 상태가 되는 것. 이것이 세상 사람들이 생각하는 중독의 메커니즘이다. 하지만 우리는 중독에 관해 놓치고 있는 사실이 있다.

중독에 관한 오해가 있다. 흔히 특정한 대상에 중독된다고 믿는다. 알코올 중독은 술에, 게임 중독은 게임에, 섹스 중독은 섹스에, 도박 중독은 도박에 중독된 상태라고 믿는다. 하지만 중독과 중독된 대상(술·게임·섹스·도박) 사이에는 큰 상관관계가 없다. 모든 중독은 즉각적 보상(기쁨)에 대한 중독일 뿐이다. 그러니 엄밀히 말해 중독의 메커니즘은 '즉각적 기쁨을 주는 일→과도한 탐닉→중독'이라고 말할 수 있다.

모든 중독의 양상들을 보라. 즉각적 기쁨이 주어지는 대상에만 중독된다. 술, 게임, 섹스, 도박의 특성이 무엇인가? 즉각적 기쁨이다. 그것들이 즉각적 기쁨을 주기 때문에 중독되는 것이다. 만약 술을 마시면 며칠 뒤에 취하고, 게임의 즐거움이 몇 달 뒤에 찾아오고, 섹스를 하면 몇 주 뒤에 쾌락이 느껴지고, 도박의 결과를 몇 년 뒤에 알게 된다면 누구도 그것들에 중독되지 않을 테다.

그런데 이상하지 않은가? 즉각적 기쁨을 주는 일을 자주 해도 중독되지 않는 경우가 있다. 술을 자주 즐기지만 중독되지 않는 이들도 있지 않은가? 그들은 술을 마시고 싶을 때 마시지만, 친구와 가족을 만날 때는 즐겁게 대화할 수 있다. 그런 이들과 술에 중독된 이는 무엇이 다를까? 중독에 관해 우리가 놓치고 있는 또 하나의 진실이 있다.

중독은 어떻게 만들어지는가?

중독의 진짜 메커니즘은 이렇다. '(   ) → 즉각적 기쁨을 주는 일 → 과도한 탐닉 → 중독'. 여기서 (   )라는 빈칸이 중요하다. 중독의 발생 과정에서 우리가 놓친 최초의 빈칸은 무엇인가? 그것은 바로 '절망'이다.

나는 한동안 알코올 중독이었다. 술이 내게 '즉각적 기쁨'을 주었기 때문이다. 내가 본격적으로 술을 탐닉하기 시작했을 때가 언제였을까? 직장을 박차고 나온 지 1년 즈음 되었을 때다. 작가가 되겠다고 호기롭게 직장을 뛰쳐나왔지만 뭐 하나 내 뜻대로 되는 일이 없었다. 생각만큼 글은 잘 써지지 않았고, 계획했던 일들은 다 어그러져 버렸다. 통장 잔고는 바닥을 보였다.

가장으로서 생계를 책임지지 못할까 봐 걱정되었고, 좋은 작가가 되지 못할까 봐 불안했다. 그 걱정과 불안이 점차 현실이 될 것 같아 매일 공포에 휩싸였다. 걱정과 불안, 공포가 뒤엉켜 '절망'했다. 그 '절망' 속에서 술은 내게 매우 큰 '기쁨'을 주었다. 술을 한 잔씩 털어 넣을 때마다 직장을 뛰쳐나올 때의 호기로운 마음이 즉각적으로 되살아나는 것 같았다. 술을 마시면 그 순간 바로 '절망'으로부터 벗어날 수 있었다. 나는 그 즉각적 기쁨에 중독되었다.

절망, 중독이 자라나는 토양

그 시절 나는 술이 깨는 것이 두려웠다. 술이 깨기 전에 다시 술을 마셔야 했다. 술이 깨면 다시 그 지옥 같은 '절망'이 나를 찾아올 테니까. 그렇게 나는 술에 중독되었다. 알코올 중독은 술의 '기쁨' 때문에 발생한 사달이 아니었다. '절망' 때문이었다. 중독의 근본적인 원인은 '기쁨'이 아니라 '절망'이다. '절망'의 토양 위에 뿌려진 '기쁨'만이 중독을 촉발한다.

세상에는 수많은 '기쁨'이 있다. 긴 소설을 읽으며 감동을 '기다리는 기쁨', 차 한잔을 음미하며 느끼는 '은근한 기쁨', 산책을 하며 느끼는 '느긋한 기쁨'. 그런데 이는 오직 '절망'하지 않은 이들만이 누릴 수 있는 기쁨이다. '절망'에 빠진 이들에게 '기다리는', '은근한', '느긋한' 기쁨은 전혀 기쁨이 아니다. 그런 '기쁨'으로는 '절망'을 은폐할 수 없기 때문이다. '절망'에 빠진 이들의 유일한 기쁨은 '절망'을 은폐하는 기쁨이고, 이는 '즉각적 기쁨'일 수밖에 없다. 중독되면 다채로운 세상이 머릿속에서 사라지는 이유를 이제 알 수 있다.

> 정신은 신체의 활동 능력을 감소시키거나 억제하는 사물을 표상할 때, 그러한 것의 존재를 배제하는 사물을 가능한 한 마음에 떠올리려고 한다. ─ 제3부, 정리 13

주변 사람들은 내게 말했다. "책을 읽든지 영화를 보든지 다른 걸 해 봐!" 하지만 그건 당시의 내가 가장 듣기 싫은 말이었다. 그때는 술이 주는 '즉각적 기쁨' 이외에 다른 것은 생각할 수도 없고, 하고 싶지도 않았다. '절망'에 빠진 내게 술 이외의 (기다리는·느긋한·은근한) 기쁨을 주는 그 어떤 대상들도 모두 나의 "신체의 활동 능력을 감소시키거나 억제하는 사물"이었으니까. 그래서 나의 정신은 "그러한 것(술 이외의 것)의 존재를 배제하는" 쪽으로 움직였다. 이는 당연한 일이다. 인간은 어떤 경우에도 자신을 보존하는 쪽으로 살아가게 마련이다.

스피노자의 '코나투스'

> 각각의 사물은, 자신의 능력이 미치는 한, 자신의 존재를 끈질기게 지속하려고 노력한다. … 각각의 사물이 자신의 존재를 끈질기게 지속하려는 노력(코나투스)은 그 사물의 현실적 본질 이외에 아무것도 아니다. ― 제3부, 정리 7

스피노자에 따르면, 돌멩이와 씨앗부터 나무와 인간에 이르기까지 세상의 모든 존재는 "자신의 존재를 끈질기게 지속하려고 노력"한다. 이를 스피노자는 '코나투스'라고 한다. '코나투스'를 쉽게 이해하려면 물리학의 '관성'을 떠올리면 된다. 관성이 무엇인가? 외부의 힘이 가해지지 않는다면, 정지해 있는 물체는 계속 정지해 있으려고 하고, 움직이는 물체는 계속 움직이려고 하는 성질이다. 이처럼, 세상의 모든 존재는 자신의 존재를 끈질기게 지속하려고 노력한다. 존재들의 이런 '관성'이 바로 '코나투스'다.

이 노력(코나투스)이 정신에만 관계될 때는 의지라고 불리지만, 그것이 정신과 신체에 동시에 관계될 때는 충동이라고 불린다. 그러므로 충동은 인간의 본질 자체일 뿐이며, 그것의 본성으로부터 필연적으로 인간의 보존에 기여하는 것들이 나온다. ─ 제3부, 정리 9, 주석

인간 역시 '코나투스'가 있다. 인간의 코나투스는 '의지'와 '충동'이다. 이것이 인간의 본질 자체이며, 이로부터 인간의 보존, 즉 삶이 가능해진다. 목이 마른 상황을 예로 들어 보자. 이때 인간은 자연스럽게 물을 찾아야겠다는 '의지'와 물을 마시고 싶다는 '충동'이 생긴다. 만약 이런 '의지'와 '충동'이 없다면 인간은 자신을 보존(생존)할 수 없다. 중독은 이런 '코나투스'의 발현이라고 볼 수 있다. 단지 그 '코나투스'의 발현이 '절망'이라는 토양 위에서 이뤄졌을 뿐이다. 술, 도박, 게임, 섹스, SNS, 쇼핑에 대한 '의지'와 '충동'은 '절망' 속에서도 자신을 보존하려는 '코나투스'의 비극적 발현인 셈이다.

누가 중독을 어리석은 행동이라고 하는가? 중독은 어리석은 행동이 아니라 처연한 발버둥이다. 불행한 현실 속에서 실낱같은 '기쁨'이라도 좇아 어떻게든 살아보려는 처연한 발버둥. 자살은 중독된 대상조차 사라진 이들이 하는 비극적인 선택이다. 술을 마시고 게임을 하고 유튜브라도 볼 수 있으면, 즉 중독된 대상이 하나라도 있으면, 불행한 현실을 어찌어찌 버텨나갈 수 있다. 이처럼 불행한 현실 속에서 어떻게든 살아보려는 처연한 발버둥을 누가 함부로 비난할 수 있겠는가?

중독에서 어떻게 벗어날 수 있을까?

하지만 중독을 마냥 긍정할 수도 없다. 중독은 분명 병적인 상태이기 때문이다. 중독은 '절망' 속에서 겨우 삶을 연명하는 것과 다르지 않다. 중독은 최악은 아니지만 차악의 선택인 셈이다. 깊고 진한 기쁨은 슬픔처럼 느껴지고, 즉각적 기쁨만이 기쁨처럼 느껴지는 삶. 그 때문에 다채로운 세상을 중독된 대상과 그것이 아닌 대상으로만 구분하는 삶. 그저 살아 있기 위해 중독된 삶. 이는 너무 불행한 삶 아닌가?

그렇다면 중독을 어떻게 대해야 할까? 무언가에 중독되어 있다면, 혹은 중독을 향해 치닫고 있다면 어떻게 해야 할까? 그 답은 중독이 시작된 곳에서 찾아야 한다. 바로 '절망'이다. 중독은 '절망'에서 시작된다. 즉, '절망'하지 않으면 중독되지 않는다.

어떻게 '절망'하지 않을 수 있을까? 어쩌면 이는 그다지 어려운 질문이 아닐지도 모른다. '절망'은 일종의 환상이다. '절망'은 현실인 것 같지만 그렇지 않다. '절망'은 '극복할 수 없을 것 같은' 불행한 현실이기 때문이다. 불행한 현실 자체는 '절망'이 아니다. 오직 내가 '극복할 수 없을 것 같은' 불행한 현실만이 '절망'이 된다. 불행한 현실 앞에서 '나는 이걸 결코 극복할 수 없을 거야'라고 체념할 때 만들어지는 상상, 그것이 '절망'의 정체다.

이런 '절망'에서 벗어나는 방법은 간명하다. '이 현실을 극복할 수 없을 것 같다'는 생각에서 벗어나면 된다. 물론 이는 결코 쉬운 일이 아니다. '절망'은 절벽에 매달려 있는 것 같은 마음이다. 지독한 불안과 공포 때문에 아무것도 할 수 없을 것 같은 마음이다. 간신히 절벽에 매달려 있느라 다른 시도는 엄두도 못 내는 절체절명의 상황, 이런 '절망'적 상태에서 어떻게 벗어날 수 있을까? 손을 놓으면 된다.

매달린 절벽에서 손을 놓을 수 있는가?

매달린 절벽에서 손을 놓는 것은 자포자기인가? 아니다. 도약이다. 끝없는 '절망'을 끝낼 마지막 도약. '절망'에 빠져 있다면 이 마지막 도약이 필요하다. 그렇다. '극복할 수 없을 것 같은' 현실에서 벗어나는 방법은 불행한 현실에 정면으로 맞서는 일이다. '절망'이 찾아왔을 때, 술(게임·도박·섹스) 대신 불행한 현실에 맞서면 된다. 그때 '절망'은 점점 사라지고 중독이 설 자리 역시 점점 사라진다.

물론 이 마지막 도약에는 크고 작은 위험이 도사리고 있다. 우리는 절벽 아래에 무엇이 있는지 알 수 없기 때문이다. 하지만 이는 기꺼이 감당해 볼만한 위험 아닌가? 매달린 절벽에서 절망하며 서서히 죽어가느니, 한 번 힘차게 뛰어 보기라도 하는 것이 현명한 선택 아닌가? 이 마지막 도약은 구체적으로 어떤 일일까? 이는 불행한 현실을 외면하지 않고 그 현실 안에서 할 수 있는 일들을 하나씩 해나가는 일이다.

나는 어떻게 알코올 중독에서 빠져나올 수 있었을까? 생계가 걱정되었을 때 걱정만 하지 않고, 이런저런 일을 하며 돈을 벌었다. 물론 그 돈이 생계 걱정을 하지 않을 만큼의 액수였던 것은 아니다. 생계에 대한 걱정은 여전했지만, 적어도 '절망'하지는 않았다. 불행한 현실에 맞서 보았기 때문이다. 좋은 글을 쓰지 못할까 봐 불안했을 때, 불안에 웅크리고만 있지 않고 이런저런 글을 썼다. 물론 그 글들이 좋은 작가임을 확증할 만큼 좋은 글은 아니었다. 좋은 작가가 되지 못하면 어쩌나 하는 불안은 남았지만 '절망'하지는 않았다. 불행한 현실 속에서 할 수 있는 일들을 하나씩 해나갔기 때문이다.

돌이켜보면, 그 모든 일은 매달린 절벽에서 손을 놓고 마지막 도약을 하는 일이었다. 결코 극복할 수 없을 것 같은 불행한 현실을 정면으로 마주하는 일이었다. 그렇게 매달린 절벽에서 손을 놓아 보면 알게 된다. 매달린 절벽이 천 길 낭떠러지가 아니라 조금 깊은 웅덩이였다는 사실을 말이다. 불행한 현실 그 자체는 '절망'과 아무 상관이 없다. '절망'은 불행한 현실을 외면할 때 찾아오는 환상이기 때문이다. 불행한 현실을 직면하고 맞설 때 '절망'이라는 환상은 사라진다. '절망'이 사라지면 중독은 없다.

중독으로부터의 해방

중독으로부터의 해방은 무엇인가? 흔히 중독된 대상을 완전히 끊은 상태라고 믿는다. 이 역시 중독에 관한 또 하나의 오해일 뿐이다. 중독을 금지와 억압, 통제로 해결할 수 있다는 믿음은 바로 이 오해로부터 나온 것일 테다. 이는 얼마나 무지한 생각인가? 금지는 욕망을 더욱 크게 불러일으킬 뿐이다. 조르주 바타유의 말처럼, "금기의 대상은 금지되었다는 사실 그 하나만으로 강력한 욕망의 대상이 되기" 때문이다.

중독의 해방은 중독되었던 대상을 능동적으로 즐길 수 있게 된 상태다. 즉, 하고 싶을 때 하고, 하고 싶지 않을 때

하지 않는 상태가 중독으로부터 오롯이 해방된 상태다. 달리 말해, 중독의 해방은 '기쁨'에 지배당하는 일이 아니라, '기쁨'을 지배하는 일이다. '기쁨'을 지배해서 더 다양하고, 더 깊고 진한 '기쁨'을 누리는 일이다.

나는 여전히 술을 마신다. 하지만 중독은 아니다. 술을 마시고 싶을 때 마시지만, '기다리는 기쁨', '은근한 기쁨', '느긋한 기쁨'을 위해 술을 마시지 않기도 한다. 긴 시간을 지나 (즉각적) '기쁨'에 지배당하는 것이 아니라, '기쁨'을 지배해서 더 다양한 '기쁨'을 누릴 수 있게 되었다. 내게 술은 이제 처연한 발버둥이 아니라 다양한 '기쁨' 중 하나가 되었다.

중독에서 벗어나는 일은 기쁨의 억압이 아니라 기쁨의 확장으로 가능하다. 그러니 중독으로부터의 해방은 금지와 억압, 통제가 아니라 '절망'이라는 환상을 깨뜨리는 것으로 시작해야 한다. '절망'에서 벗어날 때만 기쁨을 확장할 수 있으니까. 내가 극복할 수 없을 것 같은 불행한 현실에 당당하게 맞서 보는 것! 이를 통해 우리는 중독에서 벗어나고, 동시에 건강하게 기쁨을 누릴 수 있다.

반감
— 왜 이유 없이 누군가가 싫어질까요?

'이유 없이 싫다'는 자기 파괴적인 마음

꼴 보기 싫은 인간들이 있다. 여기에는 두 부류가 있다. 한 부류는 꼴 보기 싫은 이유가 있는 인간들이다. 사장, 팀장, 선배, 후배, 친구, 가족 등 우리에게 명백한 '슬픔'을 안겨 주는 이들이 있다. 이들이 싫은 건 당연지사다. 인간은 자연스럽게 '슬픔'을 멀리하고 '기쁨'을 가까이하려는 존재 아닌가. 그러니 '슬픔'을 주는 인간들이 싫은 것은 당연한 일이다. 그들을 싫어해야 '슬픔'을 멀리할 수 있으니까. 그들을 싫어하는 마음은 일종의 건강함이다. '슬픔'을 멀리하고 '기쁨'을 가까이하려는 건강함.

문제는 두 번째 부류다. 그냥 꼴 보기 싫은 인간들이 있다. 딱히 이유가 없다. 그냥 싫다. 이것이 별문제가 아니라고 여길지도 모르겠다. 이유가 어떻든 꼴 보기 싫으니 그냥 싫어하면 되는 것 아닌가? 하지만 문제는 그리 단순하지 않다. 이유 없이 싫은 이들은 우리에게 직접적인 혹은 명백한 '슬픔'을 주지 않는다. 심지어 우리에게 '기쁨'을 주려는 이들

중에도 이유 없이 싫은 사람이 있다.

이런 이들을 계속 싫어하면 어떻게 될까? 달리 말해, '슬픔'을 주지 않는, 혹은 '기쁨'을 줄지도 모르는 이들을 계속 싫어하면 어떻게 될까? 필연적으로 더 큰 '슬픔'에 내몰리게 된다. 이는 잠정적인 '기쁨'을 제거하고, 불필요한 '슬픔'을 만드는 일인 까닭이다. 내가 그들을 싫어하지 않았다면 그들은 내게 '기쁨'을 주었을지도 모른다. 또 내가 그들을 싫어하면 그들 역시 나를 싫어하게 된다. 이처럼 이유 없이 누군가를 싫어하면 반드시 더 큰 '슬픔'의 나락으로 떨어지게 된다.

싫어할 이유가 있는(슬픔을 주는) 이들을 싫어하는 건 지혜로움이다. 하지만 싫어할 이유가 없는(슬픔을 주지 않는, 어쩌면 기쁨을 줄 수도 있는) 이들을 싫어하는 건 어리석음이다. 더 큰 '슬픔'을 좇는 어리석음. 이유 없이 누군가를 싫어하는 이들이 끝내 홀로 남겨지는 것은 우연이 아니다. '슬픔'이 가득 찬 사람과 함께 하려는 이는 없기 때문이다. 이유 없이 누군가를 싫어하는 마음은 자기 파괴적이다. 그러니 더 늦기 전에 물어야 한다. '왜 이유 없이 누군가가 싫어질까?'

스피노자의 '반감'

이 질문에 스피노자라면 이렇게 답해줄 테다. "그것은 '반감' 때문이라네." 스피노자의 이야기를 직접 들어 보자.

> 반감이란 우연히 슬픔의 원인이 된 어떤 사물의 관념을 수반하는 슬픔이다. ─ 제3부, 감정의 정의 9

"부자들이 좀 더 배려를 잘하지." 친구의 이야기를 듣다가 '반감'이 들었다고 해 보자. 이는 '슬픔'이 찾아왔다는 뜻이다. 어떤 슬픔일까? 그 친구의 주장을 생각할 때 우연히 찾아온 슬픔이다. 여기서 중요한 것은 '우연히'다. 여기서 말하는 '우연히'는 내가 그 친구의 말을 '우연히' 듣게 되었다는 의미가 아니다. 그 친구의 주장에 '반감'을 느낀 사태가 '우연'이라는 뜻이다.

스피노자에 따르면, 모든 사물은 우연에 의해 '기쁨'이나 '슬픔' 혹은 '욕망'의 원인이 될 수 있다. 기름진 음식은 허기진 사람에게는 '기쁨'이나 '욕망'의 원인이 될 수 있지만, 배탈이 난 사람에게는 '슬픔'의 원인이 된다. 이는 우리가 허기진 상태인지 아니면 배탈이 난 상태인지와 같은 우연적 상황에 따라 기름진 음식이 우리에게 전혀 다른 감정을 불러일으킬 수 있다는 의미다. '반감' 역시 이와 같은 원리로 발생한다.

"부자들이 좀 더 배려를 잘하지." 이 말에 '반감'을 갖게 된 것은 우연이다. 즉, 이 말에 '반감'을 느끼는 내면적 상태는 우연히 형성된 것이다. 그렇다면 이제 다시 질문할 수 있다. 그 주장에 '반감'을 느끼는 내면적 상태는 어떤 우연 때문에 형성된 것일까? 이에 대해 스피노자는 이렇게 말한다.

> 우리는 어떤 것을 기쁨 또는 슬픔의 감정을 가지고 고찰했다는 것만으로도, 그 어떤 것 자체가 그러한 감정의 작용 원인이 아닌데도 그 어떤 것을 사랑하거나 증오할 수 있다. ─ 제3부, 정리 15, 계

반감, 우연한 사건의 결과

 야구 배트가 하나 있다고 해 보자. '민준'은 야구 배트에서 '사랑'의 감정을, '성식'은 '증오'의 감정을 느낀다. 야구 배트 자체는 각각의 감정을 불러일으킬 필연적 원인이 전혀 아니다. 야구 배트는 야구 배트일 뿐이다. 하지만 '민준'은 야구 배트를 '사랑'하고 '성식'은 야구 배트를 '증오'한다. 왜 그럴까? '민준'은 어린 시절 아버지와 야구 놀이를 하며 '기쁨'을 느꼈고, '성식'은 어린 시절 아버지에게 야구 배트로 맞으면서 '슬픔'을 느꼈기 때문이다.

 이처럼, 우리는 '우연히' 일어난 과거의 사건들(야구 놀이·구타)로 인해 야구 배트를 '사랑'하거나 '증오'할 수 있다. 즉, "어떤 것(야구 배트)을 기쁨 또는 슬픔의 감정을 가지고 고찰(기억)했다는 것만으로도, 그 어떤 것 자체가 그러한 감정의 작용 원인이 아닌데도 그 어떤 것을 사랑하거나 증오할 수 있다." 바로 이것이 '반감'의 메커니즘이다. 다시 말해, '반감'은 슬픔을 주었던 과거의 어떤 기억이 엉뚱하게 현재로 옮겨붙어 발생한 '슬픔'이라고 할 수 있다.

 이제 이유 없이 누군가가 싫어지는 것이 왜 '반감' 때문인지 알 수 있다. 그들을 보면 내가 싫어했던 과거의 어떤 대상이 떠오르기 때문이다. 직장생활을 할 때, 동료였던 김 대리, 박 과장, 문 부장이 싫었다. 반면 그들은 나를 싫어하지 않았고, 심지어 호의적이기까지 했다. 객관적으로 보면 그들을 싫어할 이유는 없었다. 그런데 그냥 다 꼴 보기 싫었다. 당시 나는 그런 '반감'에 이유가 없다고 생각했다. 하지만 실제로는 그렇지 않았다. 이유가 없는 게 아니라, 내가 그 이유를 명확하게 알지 못한 것일 뿐이었다.

돌이켜 보면, 김 대리는 책임감 있고 성실했지만 업무 처리가 서툴렀다. 박 과장은 능력은 뛰어났지만 꼼꼼하지 못해 사소한 실수가 많았다. 문 부장은 책임감, 능력, 성실함을 고루 갖추었지만 고집이 셌다. 사실 이 정도는 평범한 사람이라면 누구나 가지고 있을 만한 단점 아닌가? 그런데도 나는 그들이 꼴 보기 싫었다. 그들의 평범한 단점 앞에서 울화가 치밀어 올랐다. 이는 내 안에 우연히 은밀하게 자리 잡은 과거의 기억 때문이었다.

바로 이것이 '반감'의 정체다. 지금 누군가의 행동이 과거에 내가 싫어했던 무언가를 어렴풋이 떠올리게 할 때 찾아오는 감정이 바로 '반감'이다. 김 대리, 박 과장, 문 부장은 우연히 나의 과거 기억을 촉발하는 역할을 맡았을 뿐이다. 그래서 '이유 없이 싫은 사람'의 자리는 끊임없이 대체된다. 그들보다 더 업무에 서투르고, 더 덜렁대고, 더 고집 센 사람이 나타나면, 나는 그 사람을 더 싫어하게 될 테니까 말이다.

반감의 기원을 찾아서

이제 '반감'으로부터 벗어날 실마리가 보인다. '반감'은 누군가가 싫지만, 그 싫은 이유를 정확히 알지 못하는 마음 상태다. 그러니 그 은밀하게 가려진 이유를 알게 되면 '반감' 역시 사라질 수 있다. 그렇다면 그 이유를 어떻게 찾을 것인가? '반감'은 어디서 시작되는가? '반감'은 '증오'라는 감정에서 시작된다. 달리 말해, '반감'은 '증오'에 의해 형성된다. 스피노자는 '증오'라는 감정을 이렇게 정의한다.

증오란 외적 원인의 관념을 수반하는 슬픔이다. — 제
3부, 감정의 정의 7

'반감'과 '증오'는 모두 '슬픔'이다. 하지만 둘 사이에는 분명한 차이가 있다. '반감'은 중립적인 대상으로 인해 우연히 발생하는 슬픔이다. 반면 '증오'는 특정한 외적 원인으로 인해 발생하는 슬픔이다. 이는 쉽게 말해, '증오'라는 감정은 그 감정의 원인이 된 대상과 필연적으로 연결되어 있다는 의미다. 즉, '반감'이 우연적인 감정이라면 '증오'는 필연적인 감정인 셈이다.

이 두 감정은 어떻게 구분할 수 있을까? 감정의 원인이 된 대상이 대체될 수 있는지를 살펴보면 된다. '반감'의 대상은 우연적이기에 얼마든지 대체될 수 있다. 김 대리, 박 과장, 문 부장이 아무리 싫어도, 이들은 얼마든지 다른 사람으로 대체될 수 있다. 내가 싫은 것은 김 대리, 박 과장, 문 부장이 아니라 무책임, 무능력, 불성실, 고집이기 때문이다. 반면 '증오'의 대상은 필연적이기에 대체될 수 없다. '반감'의 대상은 우연히 바뀔 수 있지만, '증오'의 대상은 결코 바뀔 수 없다.

그렇다면 내게 '증오'의 대상은 누구였을까? 아버지였다. 어린 시절, 나는 아버지를 무능하고 무책임하며 불성실한 데다 고집만 센 사람이라 여겼다. 내 삶의 모든 불행이 아버지로부터 왔다고 믿었다. 아버지는 내게 '슬픔'을 주는 '외적 원인'이었다. 아버지는 필연적이며 대체 불가능한 존재였으니까. 아버지는 꽤 긴 시간 나의 '증오'의 대상이었다. 이제

'반감'이 '증오'에 의해 형성된다는 말을 이해할 수 있다.

'반감'은 '증오'의 찌꺼기다

내가 싫어했던 건 김 대리, 박 과장, 문 부장 그 자체가 아니었다. 그들 속에 비친 아버지의 모습이 싫었던 것일 뿐이었다. 즉, 아버지를 향한 '증오'가 직장 동료들에게 이유 없는 '반감'으로 옮겨붙었던 셈이다. 이제 '반감'의 정체를 알게 됐다. '반감'은 '증오'의 찌꺼기다. 누군가를 '증오'할 때 남겨지는 슬픔의 찌꺼기, 이것이 '반감'이다.

이런 '반감'은 얼마나 흔한가. '희연'은 옆 팀 팀장에게 '반감'을 품고 있었다. 팀도 다르고, 심지어 그 팀장은 '희연'을 잘 챙겨주기까지 했다. 그녀가 그 팀장을 싫어할 이유는 전혀 없었다. 하지만 '희연'은 팀장이 꼴 보기 싫었다. 그녀가 팀장을 싫어하게 된 은밀한 이유는 무엇이었을까? '자상한 간섭' 때문이었다. 그 팀장은 자신의 팀원들에게 자상하고 꼼꼼하게 업무 지시를 했다. 해당 팀원들은 좋아했지만, 어째서인지 '희연'은 그것에 '반감'이 들었다.

왜 그랬을까? 그녀의 엄마 때문이었다. 그녀의 엄마는 어린 시절부터 자상한 방식으로 끊임없이 '희연'에게 간섭했다. "양치질은 했니? 밥 먹기 전에 물 먹는 거 아니야. 티비 보지 말고 숙제부터 해야지." '희연'은 자상한 목소리로, 그러나 한 시도 빼놓지 않고 간섭하는 어머니를 '증오'했다. 그 '증오' 때문에 자상하게 간섭하는(혹은 그렇게 보이는) 이들에게 '반감'을 갖게 된 것이다. 이처럼 '반감'의 이면에는 반드시 '증오'가 도사리고 있다.

반감을 극복하는 법

'반감'을 어떻게 극복할 수 있을까? '증오'의 대상을 떠나보내면 된다. '반감'은 '증오'의 찌꺼기 아닌가? 그러니 '증오'의 대상을 떠나보내면 '반감'은 애초에 생길 수 없다. 나는 이제 세상의 수많은 '김 대리', '박 과장', '문 부장'에게 아무런 '반감'을 느끼지 않는다. 앞으로 만나게 될 수많은 '김 대리', '박 과장', '문 부장'에게도 '반감'을 느끼지 않을 것이다. 나는 더 이상 아버지를 '증오'하지 않기 때문이다.

나는 '증오'의 대상을 떠나보냈다. 더 이상 무책임하고 무능력하고 불성실하고 고집 셌던 아버지를 '증오'하지 않는다. 그 남자 역시 무겁고 고된 삶을 잘 살아보려고 무던히도 애썼다는 사실을 알게 되었기 때문이다. 어느 순간, 아버지를 한 남자로서 이해하게 되었다. 그렇게 나는 '증오'의 대상을 떠나보냈다. 그래서 이제 누군가가 무책임하거나 무능력하거나 불성실하거나 고집 센 모습을 보이더라도 '반감'이 들지 않는다. '증오'의 대상을 하나 떠나보내면, '반감'이라는 수많은 찌꺼기 역시 떠내려간다.

'증오'의 대상을 떠나보내기! 이것이 가장 확실하게 '반감'을 극복하는 방법이다. 하지만 이는 쉽지 않은 일이다. 사람마다 '증오'의 강도가 다르기 때문이다. 예컨대, 아버지를 극심하게 '증오'하는 이는 그 '증오'의 대상을 떠나보내기 쉽지 않다. 어쩌면 누군가에게 '증오'의 대상을 떠나보내는 것은 영원히 불가능한 일일지도 모른다. 그러면 이 경우 '반감' 역시 영원히 극복하지 못하게 되는 걸까? 그렇지 않다. 두 번째 방법이 있다.

'희연'의 이야기로 돌아가 보자. 그녀는 여전히 엄마를 '증오'한다. 하지만 더 이상 옆 팀 팀장에게 '반감'을 느끼지 않는다. 즉, '증오'라는 감정을 떠나보내지 않고도 '반감'을 극복했다. 어떻게 그럴 수 있었을까? 나는 언젠가 '반감'으로 힘들어하던 '희연'에게 이렇게 말해 준 적이 있다.

"선생님, 저는 왜 옆 팀 팀장이 이유 없이 싫을까요?"
"팀장을 안 보고, 거기서 엄마를 보니까 그렇지."
"네? 아… 그렇구나."

'반감'은 일종의 환영이다. 어떤 대상에 '증오'의 대상이 겹쳐 보이는 환영. 옆 팀 팀장에 대한 '희연'의 '반감'도 환영이다. 그 팀장에게 엄마의 모습이 겹쳐 보이는 환영. 이 환영을 제거하면 '반감'은 사라진다. 어떻게 이 환영을 제거할 수 있을까? '반감은 증오에서 왔다'는 사실을 깨달으면 된다. 달리 말해, 팀장에 대한 '반감'이 엄마의 '자상한 간섭'에 대한 '증오'에서 왔다는 사실을 깨달으면 된다.

'반감은 증오의 찌꺼기'라는 사실을 깨닫는 순간, 엄마의 삶을 다 이해하지는 못하더라도, 적어도 팀장에게 겹쳐 보이는 엄마의 잔상은 사라지게 된다. 그렇게 '반감'이라는 환영은 제거된다. 그때 팀장을 있는 그대로 볼 수 있게 된다. 경멸이든 호감이든, 그 팀장에 대한 진짜 감정을 느낄 수 있게 된다. 반감을 극복하는 방법은 둘 중 하나다. '증오'의 대상을 이해해서 떠나보내기. 그것이 어렵다면, '반감은 증오의 찌꺼기'라는 사실을 깨닫기. 이 두 가지 방법을 통해 이유 없이 누군가를 싫어하는 자기 파괴적인 마음에서 벗어날 수 있다.

험담
— 뒷담화를 어떻게 멈출 수 있을까요?

뒷담화의 해로움

뒷담화란 무엇인가? "김 부장 발표할 때 봤냐? 세상 똑똑한 척은 혼자 다 하더니 버벅대더라. 진짜 멍청하지 않냐?" 이처럼 상대가 없는 자리에서 그 사람을 헐뜯고 깎아내리는 일이 바로 뒷담화다. 사람들이 모이는 곳이라면 어디서든 뒷담화는 끊이지 않는다. 학교, 직장, 동호회, 종교 모임, 심지어 가족 사이에서도 뒷담화는 흔히 일어난다. 그런데 이 뒷담화만큼 해로운 것도 없다. 뒷담화는 말하는 '나'와 듣는 '너', 그리고 '우리' 모두에게 해롭다.

　뒷담화의 대상이 되는 사람은 괴롭다. 내가 없는 곳에서 사람들이 나에 관한 험담을 했다는 사실을 알게 되었을 때 누구라도 견디기 힘들다. 그런 말을 듣고 나면 어딜 가든 위축되고 주눅이 들 수밖에 없다. 뒷담화를 하는 사람도 괴롭기는 마찬가지다. 뒷담화를 하는 사람은 늘 불안하다. 다른 사람들도 자신을 험담할 것이라고 은연중에 생각하게 되기 때문이다. 그뿐인가? 신나게 뒷담화를 하고 돌아오는 길에는 어김없이 기묘한 찜찜함이 따라붙는다.

어디든 뒷담화가 있다. 이것이 우리가 어딜 가든 끊임없이 서로 눈치를 보고 경계할 수밖에 없는 이유다. 학교든 직장이든 동호회든 종교모임이든 가족이든, 뒷담화가 만연한 공동체는 결국 불안하고 찜찜한 불신의 공동체가 된다. 문제는 다른 해로운 것들이 그렇듯, 뒷담화 역시 좀처럼 사라지지 않는다는 사실이다. 뒷담화가 난무하는 세상을 살아가는 우리는 물어야 한다. '어떻게 뒷담화를 멈출 수 있을까?'

뒷담화의 기쁨

뒷담화는 왜 그리 흔할까? 이 질문에서 시작해 보자. 이에 대해 스피노자는 이렇게 답할 것이다.

> 자기가 증오하는 것이 파괴되는 것을 표상하는 사람은 기쁨을 느낄 것이다. — 제3부, 정리 20

스피노자에 따르면, 인간은 자기가 증오하는 대상이 파괴되는 것을 상상할 때 기쁨을 느끼는 존재다. 바로 이것이 세상 사람들이 뒷담화를 하는 이유다. 우리는 누구의 뒷담화를 할까? 우리에게 슬픔을 주는 존재들이다. 예쁜 척하는 친구, 잘난 체하는 선배, 잔소리를 늘어놓는 선생과 부모, 권위적인 사장과 상사. 이들은 우리에게 증오, 분노, 시기, 질투 같은 갖가지 슬픔을 준다. 인간은 기쁨을 좇는 존재이기에 그 슬픔을 그대로 방치할 수 없다. 그래서 뒷담화를 하는 것이다.

뒷담화는 기쁨을 준다. 어떤 기쁨인가? 우리가 증오하는 존재가 파괴되는 것을 떠올릴 때 느껴지는 기쁨이다. 쉽게 말해, 뒷담화는 우리에게 슬픔을 주는 인간들이 파괴되는 것을 상상하는 일이다. 그 상상을 통해 우리는 기쁨을 느끼게 된다. 뒷담화는 애절한 노력이다. 슬픔을 주는 존재들로부터 자신을 지키기 위해 최소한의 기쁨이라도 유지하려는 노력, 이것이 뒷담화의 본질이다.

뒷담화에는 두 종류가 있다. 비난과 조롱이다. "걔 완전 또라이야." 이는 비난이다. "걔 졸라 웃기지 않냐?" 이는 조롱이다. 비난은 누군가를 근거 없이 깎아내리는 험담이고, 조롱은 누군가를 깔보면서 놀리는 험담이다. 뒷담화에는 비난보다 조롱이 더 효과적이다. 비난보다 조롱이 더 큰 기쁨을 주기 때문이다. 비난은 싫어하는 상대를 파괴하는 기쁨을 주지만, 그 파괴의 방식이 분노, 즉 슬픔이다. 반면 조롱은 싫어하는 상대를 파괴하는 기쁨을 주는 동시에, 그 방식 역시 웃음, 즉 기쁨이다.

슬픔은 힘이 약하고, 기쁨은 힘이 세다. 이것이 비난보다 조롱이 뒷담화로서 더 큰 파급력을 가지는 이유다. 원색적인 비난은 슬픔이기에 그다지 힘이 세지 않다. 그래서 누군가를 비난하는 뒷담화는 오래 이어가기 어렵고, 사람들 역시 그 비난에 자주 오래 동참하기 어렵다. 반면 조롱은 기쁨이기에 힘이 세다. 그래서 누군가를 조롱하는 뒷담화는 오래 이어갈 수 있고, 사람들 역시 그 조롱에 자주 오래 동참할 수 있다.

스피노자의 '조롱'과 '경멸'

우리는 심각한 문제에 봉착했다. 스피노자에 따르면, 인간은 어떤 경우에도 기쁨을 좇는 존재 아닌가? 그렇다면 인간은 조롱을 좇으며 살 수밖에 없다는 결론에 이르게 된다. 인간은 기쁨을 좇는 존재이니, 조롱이라는 뒷담화에서 벗어날 수 없는 것일까? 우선 스피노자가 '조롱'을 어떻게 정의했는지부터 알아보자.

> 조롱이란 우리가 경멸하는 어떤 것이 우리가 증오하는 것 안에 있음을 표상할 때 발생하는 기쁨이다. ─ 제3부, 감정의 정의 11

'조롱'은 기쁨이다. 어떤 기쁨일까? '경멸'하는 것이 '증오'하는 것 안에 있음을 상상할 때 느껴지는 기쁨이다. '조롱'이라는 감정을 이해하기 위해서는 먼저 '경멸'과 '증오'라는 감정을 알아야 한다. '증오'는 "외적 원인의 관념을 수반하는 슬픔"의 감정이다. 선생, 사장, 상사, 부모 등을 '증오'한다고 해 보자. 이는 선생, 사장, 상사, 부모 같은 외적 원인을 생각하면 분노, 복수심, 치욕, 공포 같은 갖가지 슬픔이 떠오른다는 의미다. 이것이 '증오'의 감정이다.

그렇다면 '경멸'은 무엇일까? 일상생활에서 경멸은 누군가를 깔보거나 업신여기는 것을 의미한다. 그래서 우리는 경멸을 매우 강한 부정적인 감정이라고 생각한다. 하지만 스피노자의 '경멸'은 이와 조금 다르다. 스피노자는 '경멸'을 이렇게 설명한다.

경멸이란 정신이 어떤 사물의 현존에 의하여 그 사물 안에 있는 것보다 그 사물 안에 없는 것을 더 많이 표상하도록 움직여서 정신을 거의 동요시키지 못하게 하는 어떤 사물의 표상이다. — 제3부, 감정의 정의 5

예를 들어 설명해 보자. '태호'는 돈만 밝히는 인간들을 '경멸'한다. 이는 '태호'의 정신이 "어떤 사물의 현존(돈만 밝히는 인간들)"을 마주할 때, "그 사물 안에 있는 것(명품 시계와 가방·고급 아파트와 자동차·이기심…)"보다 "그 사물 안에 없는 것(철학·시·소설·음악·인간애…)"을 더 많이 떠올리게 된다는 뜻이다. 이러한 상상이 지속될 때 정신은 거의 아무런 감동도 느끼지 못하는 상태에 이르게 되는데, 이것이 바로 '경멸'이다. 즉, '경멸'은 어떤 정서적 동요도 일어나지 않는 일종의 무감정 상태라고 말할 수 있다.

'경멸'하는 대상을 떠올려 보라. 예컨대, 젊은이들에게 권위적이고 보수적이며 자기주장만 내세우는 '꼰대'는 '경멸'의 대상이다. 젊은이들은 '꼰대'를 보면서 그 안에 없는 개방성, 진보성, 유연성, 창의성 등을 떠올리게 된다. 그래서 '꼰대'를 보아도 아무런 정서적 동요(감동)도 느끼지 못하게 된다(만약 부정적인 감정이 든다면 이는 '증오'이거나 '반감'이다). 이 상태가 바로 '경멸'이다. 분명 젊은이들은 '꼰대'를 깔보고 업신여긴다. 하지만 그것은 '경멸'의 결과일 뿐이다. '꼰대'를 '경멸'하기에, 즉 '꼰대'를 보며 아무런 정서적 동요도 느끼지 못하기에, 그를 깔보고 업신여기게 된 것일 뿐이다.

'조롱'의 메커니즘

이제 '조롱'이라는 감정을 보다 분명히 이해할 수 있다. '조롱'은 우리가 '경멸'하는 것이 '증오'하는 것 안에 있다고 상상할 때 느껴지는 기쁨이다. '경멸'과 '증오'는 다르다. '경멸'은 어떤 사람을 보고 그 사람에게 없는 것을 떠올리게 되는 감정이다. 반면 '증오'는 실제로 나에게 슬픔을 준 사람에게 생기는 감정이다. 그래서 우리는 '증오'의 대상은 명확히 미워할 수 있지만, '경멸'의 대상은 명확히 미워할 수 없다.

당연하지 않은가? '경멸'의 대상은 우리의 정신을 동요시키지 못하는 존재일 뿐이다. '경멸'의 대상은 우리에게 직접적으로 슬픔(피해)을 준 적이 없다(만일 '꼰대'가 직접적으로 슬픔을 주었다면, 그들은 '경멸'이 아닌 '증오'의 대상이 된다). 그러니 엄밀히 말해, 우리는 '경멸'의 대상을 파괴하는 상상을 할 이유가 없다. 하지만 싫다. 그래서 '경멸'의 대상은 기묘한 존재다. 우리에게 직접적으로 슬픔을 준 적은 없지만 싫은 존재이기 때문이다.

이제 '조롱'이 왜 기쁨을 주는지를 알 수 있다. '조롱'은 '경멸'의 대상을 파괴하는 상상을 허락하기 때문이다. 즉, '조롱'은 '경멸'의 대상을 '증오'해도 된다고 말해 주는 신호와도 같다. '경멸'의 대상이 '증오'의 대상 안에 있다고 상상해 보자. 그때 우리는 마음 편히 그를 파괴하는 상상을 할 수 있게 된다. 이것이 '조롱'이 기쁨을 주는 이유다. 달리 말해, '조롱'은 '경멸'의 대상(꼰대)을 '증오'의 대상(파괴해서 없애 버려야 할 대상)이라고 여길 때 발생하는 기쁨이다.

오직 일만 하며, 일 생각밖에 없는 직장 동료가 있다고 해 보자. 그 동료는 우리에게 직접적인 슬픔(피해)을 준 적이 없다. 다만 그를 볼 때마다 그에게 없는 것들(취미·연인·자유…)이 떠오를 뿐이다. 여기까지는 '경멸'이다. 하지만 그때 "그 일벌레 새끼, 팀장이랑 똑같지 않냐?"라고 말하는 것은 '조롱'이다. 왜냐하면 '팀장'은 우리에게 명백한 슬픔(피해)을 준 '증오'의 대상이기 때문이다. 이처럼 '경멸'의 대상을 '증오'의 대상에 포개 놓을 때 느껴지는 기쁨이 바로 '조롱'이다.

'조롱'의 기쁨을 마음껏 누려도 될까?

뒷담화는 기쁨을 준다. 누군가를 '조롱'하는 뒷담화는 더욱 그렇다. 그런데 그 기쁨을 마음껏 누려도 될까? 스피노자에게는 두 가지 기쁨이 있다. 마음껏 좇아도 계속 기쁨이 되는 진정한 기쁨과 마음껏 좇다 보면 어느 순간에 슬픔이 되는 헛된 기쁨이다. 전자는 '기쁜 기쁨', 후자는 '기쁜 슬픔'이라고 말할 수 있다.

'기쁜 기쁨'은 처음에 기쁘고 그 기쁨이 쌓여 더 큰 기쁨이 되는 감정이다. 대표적으로 '사랑'이 그렇다. 반면 '기쁜 슬픔'은 처음에는 기쁘지만, 그 기쁨이 쌓이면 어느 순간 슬픔이 되는 감정이다. 대표적으로 '음주욕'과 '복수심'이 그렇다. 술을 진탕 마시거나, 증오하는 상대에게 복수를 한다고 해 보자. 처음에는 기쁠지 몰라도 이내 숙취와 허망함에 빠지게 된다. '조롱'이라는 기쁨은 분명한 '기쁜 슬픔'이다. 스피노자의 이야기를 직접 들어 보자.

한 사람이 누군가를 조롱한다는 것은 증오한다는 것을 가정하고 있기 때문에, 이러한 기쁨은 지속성이 없다는 결론이 내려진다. ─ 제3부, 감정의 정의 11, 해명

"팀장 그 새끼를 여자 친구보다 더 많이 생각하는 것 같아." 눈만 뜨면 팀장 뒷담화를 했던 동료가 어느 날 씁쓸한 표정을 지으며 말했다. 그는 늘 팀장을 '조롱'했다. '경멸'했던 팀장을 '증오'하며 기쁨을 누렸다. 그 기쁨에 취해 시도 때도 없이 팀장 뒷담화를 했다. 그러다 문득 깨달았다. '나는 여자 친구보다 팀장 생각을 더 많이 하고 있구나!' 정말 그랬다. 그는 하루 종일 팀장 생각뿐이었다. 어떻게 하면 그를 '조롱'할 수 있을까 하는 생각뿐이었으니까.

'조롱'은 기쁨이지만 지속성이 없다. '조롱'의 기쁨은 어느 순간 슬픔으로 되돌아온다. 조롱은 언제나 '증오'를 내포하고 있기 때문이다. '조롱'이 주는 기쁨을 느끼려면 반드시 '증오(슬픔)'의 대상을 떠올려야 한다. 즉, 한 사람을 더 많이 '조롱'하려면 반드시 '증오'의 대상을 더 많이 떠올려야 한다. 이는 필연적으로 슬픔의 나락에 빠지게 되는 길이다. 마치 술이 주는 기쁨을 멈추지 못해, 끝내는 머리가 깨질 것 같은 숙취의 슬픔에 빠지게 되는 것처럼 말이다.

뒷담화를 멈추는 방법
'조롱'이라는 뒷담화는 잠시의 기쁨 뒤에 더 큰 슬픔을 준다. 하지만 쉽사리 멈출 수 없다. 이 관성을 이겨내고 '조롱'을 멈추기 위해선 어떻게 해야 할까? 우선 '조롱'이 어디서

시작되는지를 생각해 보자. '조롱'은 '경멸'에서 시작된다. '조롱'은 '경멸'의 대상을 '증오'의 대상에 밀어 넣는 일이니까. 따라서 '조롱'을 멈추고 싶다면 '경멸'을 멈추면 된다. '경멸'이 사라졌을 때 '조롱' 역시 사라지게 된다. 그렇다면 어떻게 '경멸'이라는 감정을 없앨 수 있을까? 이에 대해 스피노자는 이렇게 말한다.

> 감정은 그것과 반대되는, 그리고 억제되어야 할 그 감정보다 더 강력한 어떤 감정에 의해서가 아니면, 억제될 수도 제거될 수도 없다. ― 제4부, 정리 7

스피노자에 따르면, 감정은 그 자체로 억제되거나 사라지지 않는다. 오직 반대되는 다른 감정에 의해서만 억제되거나 사라질 수 있다. '사랑'과 '증오'를 생각해 보자. 누군가를 '증오'하는 마음은 그 자체로 억제되거나 사라지지 않는다. '증오'의 반대 감정인 '사랑'에 의해서만 억제되거나 사라진다. 누군가를 '증오'하는 마음은 그 '증오'의 마음만큼 누군가를 '사랑'할 때만 줄어들거나 사라질 수 있다. 그렇다면 '경멸'에 반대되는 감정은 무엇일까? '경탄'이다. 스피노자는 '경탄'을 이렇게 정의한다.

> 경탄이란 어떤 사물에 관한 표상이다. 이 특수한 표상은 다른 표상과는 아무런 연결이 없기 때문에 정신은 그 표상 안에 확고히 머무른다. ― 제3부, 감정의 정의 4

우리는 언제 '경탄'에 빠질까? 어떤 압도적인 존재를 만났을 때다. 산골에서 살던 아이가 처음 바다를 보았을 때를 생각해 보자. 아이는 끝없이 펼쳐진 장대한 바다 풍경에 입을 다물지 못할 테다. 아이가 바다를 보며 떠오른 "특수한 표상은 (그 이전에 보았던) 다른 표상과는 아무런 연결" 고리가 없다. 그래서 아이의 "정신은 그 표상 안에 확고히 머무를" 수밖에 없다. 바로 이것이 '경탄'이다.

이러한 '경탄'은 '경멸'과 반대되는 감정이다. 원이 하나 있다고 해 보자. 그 원 안에 각각 '꼰대'라는 '경멸'의 대상과 '바다'라는 '경탄'의 대상이 있다고 해 보자. '경멸'은 그 원(꼰대) 밖에 있는 것(개방성·진보성·유연성·창의성…)에 시선이 머무는 감정 상태(정서적 동요 없음)이고, '경탄'은 그 원(바다) 안에 있는 것(파도·수평선·푸른 빛깔…)에 시선이 머무는 감정 상태(정서적 동요)이다.

경탄의 대상을 찾아 나서기

'경멸'은 '경탄'으로 억제되거나 사라진다. 오직 '경탄'의 대상을 찾았을 때만 '경멸'의 대상에서 눈을 뗄 수 있다. 세상에는 우리를 '경탄'하게 할 많은 존재들이 있다. 그것들을 찾았을 때, '경멸'은 억제되거나 사라진다. 이제 왜 냉소적인 사람들이 더 자주 '조롱'을 일삼는지도 알 수 있다. 냉소적인 이들은 어떤 것에도 크게 감동하지 않기 때문이다. 그들은 세상에 존재하는 놀라운 것들 앞에서도 '경탄'하지 않는다. 그래서 더 자주 '경멸'에 휩싸이게 된다. 이것이 냉소적인 이들이 더 자주 '조롱'이라는 뒷담화를 하게 되는 이유다.

'조롱'을 멈추는 방법은 어렵지 않다. '경탄'의 대상을 찾으면 된다. 음악, 미술, 소설, 영화, 책, 사람, 사랑, 철학, 여행 등 세상에는 우리를 크게 감동시킬 '경탄'의 대상들이 많다. 그 '경탄'의 대상들을 하나씩 찾아가면 된다. 온 마음을 뒤흔들 대상, 그 대상을 만나 터져 나오는 미소와 눈물! 그 '경탄'의 미소와 눈물이 있는 곳에 '경멸'의 대상은 사라지게 마련이다.

왜 안 그럴까? 우리도 모르는 사이에 미소가 지어지고 눈물이 날 정도로 감동적인 영화나 음악, 또 놀라서 입을 다물지 못할 정도로 아름다운 풍경이나 사람을 마주했을 때, '꼰대' 같은 '경멸'의 대상은 이미 우리의 시야에서 사라졌을 테니까 말이다. 그렇게 우리는 '조롱'이라는 뒷담화로부터 벗어날 수 있다. '조롱'을 일삼는 냉소적인 이들은 어리석다. 작은 기쁨을 누리려다 큰 슬픔에 빠져 버리는 것이니까. '경탄'을 찾아 나서는 열정적인 이들은 지혜롭다. 작은 기쁨을 쌓아 큰 기쁨으로 나아가려는 것이니까.

질투
— 질투심을 어떻게 해야 할까요?

슬픔의 구렁텅이, '내가 더 잘나고 싶은 마음'
"수향이 정말 예쁘지 않냐?"
"예쁘긴, 저거 다 수술한 거야."

우리는 흔히 나보다 잘난 사람을 인정하지 못한다. 비단 외모에 관련된 이야기만이 아니다. 성적이든 수입이든 지식이든 내가 가장 낫다고 생각하는 지점이 있다. 그 지점에서 나보다 나은 사람이 나타났을 때, 그 사실을 인정할 수 없다. 즉, 내가 더 잘나고 싶은 마음을 억누를 수 없다. 그 마음을 억누를 수 없어서 두 가지 전략을 택하게 된다. 외모를 기준으로 설명해 보자.

첫 번째, 내가 더 예뻐지려는 전략이다. 더 예쁜 옷을 입고 더 진한 화장을 하는 것이다. 하지만 그조차도 여의치 않을 때가 있다. 존재만으로 빛나는 외모를 가진 아이가 나타났을 때다. 내가 어떤 노력을 해도 그 아이보다 아름다울 수 없다는 사실을 자각하게 될 때, 두 번째 전략을 취하게 된다. 상대를 깎아내리려는 전략이다. "예쁘긴, 저거 다 수술한 거야." 상대의 단점을 애써 드러내거나 심지어 날조까지 한다. 그렇게라도 내가 더 잘나고 싶은 마음을 유지하고 싶다.

애석하게도 이 두 가지 전략 모두 우리를 더 큰 슬픔으로 내몬다. 내가 더 예뻐지려는 전략은 결국 공허함과 허무함으로 귀결될 수밖에 없다. 더 예뻐지려는 이유에 '나'는 없고 '타인'만 있는 까닭이다. '나'는 왜 외모를 꾸미려고 했는가? '나'를 위해서? 그렇지 않다. 그 '아이'를 위해서다. 애초에 그 '아이'보다 더 예뻐지기 위해서 꾸민 것이니까 말이다.

상대를 깎아내리려는 전략은 더 말할 필요도 없다. 그것은 결국 '나'보다 '그 아이'가 더 예쁘다는 사실을 인정하는 일 아닌가? 게다가 '그 아이'를 깎아내릴수록, '나'는 외모뿐만 아니라 내면적으로도 덜 예쁜 사람이라는 사실을 계속 확인하게 된다. 이는 첫 번째 전략보다 더 큰 슬픔을 몰고 오는 일이다.

이처럼 '내가 더 잘나고 싶은 마음'은 우리를 더 큰 슬픔으로 내몬다. 하지만 부지불식간에 찾아오는 그 마음이 쉽게 사라질 것 같지도 않다. 인간은 더 사랑받고 싶기에, '내가 더 잘나고 싶은 마음'이 가득한 존재다. 바로 그 마음 때문에 화장으로 얼굴을 가리며 '나'를 잃게 되거나, 험담으로 타인을 깎아내리며 '너'를 잃게 되는 것이다. 그러니 자신과 타인을 잃기 전에 물어야 한다. '내가 더 잘나고 싶은 마음을 어떻게 해야 할까?'

'질투'는 증오, 분노, 복수심과 다르다
'내가 더 잘나고 싶은 마음'을 스피노자는 어떻게 다루고 있을까? 스피노자는 그 마음을 '질투'와 '경쟁심'이라는 두 가지 감정으로 나누어 설명한다. 먼저 '질투'라는 감정에 대해서 이야기해 보자.

> 질투란 타인의 행복을 슬퍼하고, 타인의 불행을 기뻐하도록 인간을 자극하여 변화시키는 한에 있어서의 증오이다. ― 제3부, 감정의 정의 23

스피노자에 따르면, '질투'는 타인의 행복을 슬퍼하고 타인의 불행을 기뻐하는 감정이다. 즉, 누군가의 행복을 보며 슬픔을 느끼거나 누군가의 불행을 보며 기쁨을 느낀다면 '질투'라는 감정에 휩싸인 것이다. 나보다 예쁜 '아이'가 음악을 들으며 미소 짓고 있을 때 짜증이 난다면, 혹은 나보다 예쁜 '아이'의 얼굴에 상처가 났을 때 내심 기분이 좋다면, 질투심에 사로잡힌 것이다.

그런데 여기서 하나의 의문이 든다. 타인의 행복에서 슬픔을, 불행에서 기쁨을 느끼는 감정이 '질투'라면, 이는 '증오', '분노', '복수심' 같은 다른 부정적인 감정들과 구분되지 않는 것 아닌가? '증오', '분노', '복수심'에 휩싸였을 때도, 우리는 상대의 행복에서 슬픔을, 불행에서 기쁨을 느끼지 않던가? 하지만 이는 우리의 감정을 깊이 들여다보지 못해 발생한 오해다.

역설적으로, '증오', '분노', '복수심'은 너무나 강렬한 감정이기에, 우리는 그 대상의 행복과 불행에서 슬픔과 기쁨을 느낄 수 없다. 그러한 강렬한 감정들에 휩싸였을 때, 우리는 상대의 행복과 불행을 그저 거리 두고 지켜볼 수 없기 때문이다. '증오', '분노', '복수심'을 불러일으키는 대상이 있을 때, 우리는 그를 직접적으로 파괴하고 싶은 욕망에 사로잡히게 되지 않던가. 오직 '질투'라는 감정에 휩싸여 있을 때만, 우리는 상대를 거리 두고 지켜보며 그의 행복과 불행에서 슬픔과 기쁨을 느낄 수 있다.

스피노자의 '질투'

직장을 다니던 시절, 이 '질투'라는 감정을 강렬하게 느껴 본 적이 있다. 같은 팀에 후배 한 명이 있었다. 부유한 집안에서 자라 일찍 유학을 다녀온 친구였다. 그 후배가 영어를 잘한다는 이유로 팀원들로부터 인정과 칭찬을 받아 행복해할 때 묘한 슬픔을 느꼈다. 동시에 그가 상사로부터 업무 처리가 미흡하다고 비난과 질책을 받아 불행해할 때 묘한 기쁨을 느꼈다. 나는 그 후배를 '질투'한 것이다. 이런 '질투'는 왜 발생하는 것일까? '질투'의 원인에 대해 스피노자는 이렇게 말한다.

> 오직 한 사람만이 소유할 수 있는 것을 어떤 사람이 갖고 싶어 한다는 것을 떠올릴 때, 우리는 그 사람이 그것을 소유하지 못하도록 노력할 것이다. — 제3부, 정리 32

오직 한 사람만이 소유할 수 있는 것(한정적인 자원)을 누군가가 갖고 싶어 할 때, 우리는 그 사람을 그냥 내버려둘 수 없다. 만 원짜리 한 장이 떨어져 있다고 해 보자. 그 지폐는 오직 한 사람만이 소유할 수 있다. 그리고 우리는 다른 사람들 역시 그것을 갖고 싶어 한다는 사실을 알고 있다. 그래서 그 지폐를 슬며시 밟아 다른 이들이 그것을 소유하지 못하도록 노력한다. 그 만 원이 주는 기쁨을 오직 나만이 누리고 싶기 때문이다.

이런 인간의 본성에서 '질투'라는 감정이 생겨난다. 나는 왜 후배를 '질투'했던 것일까? 당시 내게 팀원들의 '관심'은 길가에 떨어진 만 원짜리 지폐와 같았다. '관심'은 대단히 한정적인 자원이다. 한 사람에게 관심이 집중되면, 자연스레 다른 이들에게 줄 관심은 사라질 수밖에 없다. 나는 팀원들의 관심을 오직 나만이 소유할 수 있기를 바랐다. 하지만 외국에서 대학을 나왔고 영어를 잘한다는 이유로 후배가 팀원들의 관심을 독차지한 적이 많았다.

후배가 나보다 먼저 승진하게 되었을 때, 나의 '질투'가 정점을 찍었던 것도 그래서였다. 승진자 발표가 있던 날, 나는 구석에 찌그러진 엑스트라가 되었고, 후배는 모든 스포트라이트를 받는 주연 배우가 되었다. 나에게 쏟아져야 할 관심이 그를 향하는 것을 견딜 수 없었다. 나는 그의 행복을 슬퍼하고 그의 불행을 기뻐하는 '질투'에 사로잡혔다.

스피노자의 '경쟁심'

'내가 더 잘나고 싶은 마음'은 '질투'뿐일 걸까? 아니다. 스피노자에 따르면, '경쟁심'이라는 감정 역시 '내가 더 잘나고 싶은 마음'이다. 스피노자의 이야기를 직접 들어 보자.

경쟁심aemulatio이란 다른 사람이 어떤 사물에 대한 욕망을 가지는 것을 우리가 떠올림으로써 우리 안에 생기는 동일한 사물에 대한 욕망이다. ─ 제3부, 감정의 정의 33

'경쟁심'은 타인이 어떤 것을 욕망할 때 우리 역시 그것을 욕망하게 되는 감정이다. 예를 들어 보자. '진환'과 '재익'은 어린 시절부터 함께 자란 친구다. 여름 방학 무렵, '진환'은 농구에 빠졌다. '진환'을 따라 농구를 하러 간 '재익' 역시 농구에 빠졌다. 둘은 아침부터 해 질 때까지 '경쟁'적으로 농구 연습을 했다. 이유는 간단했다. 상대보다 농구를 더 잘하기 위해서였다.
'진환'이 농구를 잘하고 싶다는 욕망을 가졌을 때, 이를 바라보는 '재익'의 마음에도 동일한 욕망이 생겼다. 이것이 바로 '경쟁심'이다. 얼핏 보면, 이 '경쟁심'은 '질투'와 비슷해 보인다. 결국 둘 다 '내가 더 잘나고 싶은 마음' 아닌가? '진환'과 '재익'은 왜 그리 열심히 농구 연습을 했을까? 서로 상대보다 농구를 더 잘하고 싶어서였다. 하지만 '질투'와 '경쟁심'은 전혀 다르다. 어떤 의미에서 '질투'와 '경쟁심'은 정반대의 감정이라고 할 수 있다. '경쟁심'이라는 감정이 어떻게 발생하는지를 살펴보면 그 이유를 알 수 있다.

감정의 모방이 … 욕망과 관계되어 있을 때에 경쟁심이라고 일컬어진다. … 경쟁심은 우리와 유사한 다른 사람이 어떤 것에 대한 욕망을 가지고 있다고 우리가 떠올리는 것으로 인하여 우리 안에 생기는 동일한 욕망에

지나지 않는다. ─ 제3부, 정리 27, 주석

'경쟁심'은 감정의 모방에서 비롯된다. '재익'은 왜 '진환'에게 '경쟁심'을 느꼈을까? 농구를 좋아하는 '진환'의 감정을 모방하여, 자신에게도 농구를 잘하고 싶은 욕망이 생겼기 때문이다. 여기서 중요한 것은 감정의 모방이다. 우리는 누구의 감정을 모방할까? 우리는 불특정 다수 혹은 증오하거나 싫어하는 사람의 감정을 모방하지 않는다. 오직 사랑하거나 좋아하는 사람의 감정만을 모방한다.

나 역시 사랑을 통해 '경쟁심'을 느낀 적이 있다. 사랑했던 그녀는 음악과 미술을 좋아했다. 그녀를 만나면서 평생 가 본 적 없는 전시회를 가게 되었고, 한 번도 들어 본 적 없는 클래식 음악을 듣게 되었다. 그 뒤로 더 많은 음악과 미술 작품을 알고 싶어 열심히도 노력했다. 그녀보다, 아니 적어도 그녀만큼은 음악과 미술에 대해 알고 싶었다. 그것은 분명 '경쟁심'이었다. 그 '경쟁심'은 그녀가 음악과 미술을 사랑하는 마음을 모방하고 싶은 욕망이었다. 그 '경쟁심'이 심해져 어느 날은 주제넘게 그녀와 '재클린 뒤 프레'와 '마티스'를 두고 논쟁을 벌이기도 했다.

'질투'와 '경쟁심'

여기서 '경쟁심'과 '질투'의 차이가 드러난다. '질투'는 '내가 더 잘나고 싶은 마음'이다. 그 마음의 속내는 이렇다. "내가 제일 잘났으니, 다른 사람들은 다 찌그러져 있어!" '질투'는 자신과 타인을 모두 파괴한다. '질투'는 근본적으로

'증오'의 감정이기 때문이다. 누군가를 '질투'하는 것은 양 날의 칼로 상대를 찌르는 것과 같다. 그래서 상대를 더 깊이 찌르려고 할수록, 내 손 역시 더 깊게 베이게 된다. 후배를 '질투'하면 할수록 나는 내가 싫어졌다. 모든 행동에서 후배를 의식하는 내가 싫었고, 근거 없이 누군가를 '증오'하는 나 자신은 더욱 싫었다. 그렇게 '질투'는 나를 조금씩 파괴했다.

'경쟁심' 역시 '내가 더 잘나고 싶은 마음'이다. 하지만 그 마음의 속내는 이렇다. "나도 이렇게 잘났으니, 나를 조금 더 좋아해 줘." '경쟁심'은 아무것도 파괴하지 않는다. 오히려 사랑하거나 좋아하는 감정을 강화한다. '경쟁심'은 근본적으로 '욕망'이기 때문이다. '욕망'이 무엇인가? 스피노자는 '욕망'에 대해 이렇게 말한다.

> 욕망은 … 자기의 보존에 도움이 되는 것을 행하도록 결정되어 있는 한에 있어서 인간의 본질 자체라고 말했다. ─ 제3부, 감정의 정의 1, 해명

'욕망'은 우리 자신을 보존하게 해 준다. 목이 마를 때 물에 대한 '욕망'으로 자신을 보존할 수 있다. 이와 마찬가지로, '경쟁심'은 사랑하는 이에게 사랑받는 존재가 됨으로써 자신을 더욱 잘 보존하려는 욕망이다. 그러니 '경쟁심'은 자신과 타인을 파괴하기는커녕, 오히려 둘의 관계를 더욱 깊고 단단하게 만들어 준다. 그 '경쟁심'의 과정에서 크고 작은 마찰이 있다고 하더라도 결과는 달라지지 않는다.

'재익'이 '진환'에게 '경쟁심'을 느낀 이유는 '진환'을 파괴하고 싶어서가 아니었다. "네가 좋아하는 농구를 나도 이렇게 잘해. 그러니 나를 조금 더 좋아해 줘"라고 말하고 싶은 것이었다. 나의 '경쟁심'도 그랬다. '재클린 뒤 프레'와 '마티스'를 두고 주제넘은 말싸움을 한 것은 그녀를 파괴하고 싶어서가 아니었다. "네가 좋아하는 작품을 나도 이렇게 잘 알아. 그러니 나를 조금 더 좋아해 줘"라고 말하고 싶은 것이었다.

질투를 잘 다루는 법

'질투'라는 감정은 애정 결핍에서 기원한다. 사랑받은 기억이 부족한 사람일수록 아무 곳에서나 자신이 주인공이 되고 싶은 마음을 주체할 수 없다. 그 마음 때문에 조금이라도 자신이 조연이 된 것 같으면, 주인공이 된 것 같은 사람을 '질투'하게 되는 것이다. 나는 왜 후배를 '질투'했을까? 충분히 사랑받지 못해서다. 그 애정의 결핍을 팀원들의 관심으로 채우려 했던 셈이다. 돌이켜 보면, 나는 그 후배만을 '질투'했을까? 아니다. 나를 엑스트라 혹은 조연으로 만드는 모든 사람들을 '질투'했다. 그 시절의 나는 그만큼이나 애정 결핍이었다.

'질투'를 잘 다루는 방법은 '애정 결핍을 어떻게 해소하느냐?'의 문제와 직결된다. 이제 질투심을 어떻게 극복해야 할지 알겠다. '질투'는 '경쟁심'을 통해 극복할 수 있다. '질투'와 '경쟁심'은 모두 사랑받고 싶은 마음이다. 사랑받고 싶기에 '내가 더 잘나고 싶은 마음'이 드는 것이다. 하지만 둘 사이에는 결정적인 차이가 있다. '질투'가 '불특정 다수에게 사랑받고 싶은 마음'이라면, 경쟁심은 '단독적인 한 사람에게 사랑받고 싶은 마음'이다.

"모두 나를 봐 줘!" 이것이 질투의 정서라면, "너만 나를 봐 주면 돼!" 이것은 경쟁심의 정서다. 애정 결핍의 치유는 '사랑의 양'이 아니라 '사랑의 질'에 달린 문제다. 불특성 다수에게 많은 양의 사랑을 받는다고 애정 결핍은 사라지지 않는다. 오히려 바닷물을 들이켜는 것처럼 더 큰 애정 결핍에 시달리게 될 뿐이다. 이는 대중의 관심을 갈구하는 많은 유명인들의 삶을 보면 알 수 있다. 대체로 그들은 애정 결핍 덩어리들이고, 그래서 '질투'의 화신들이다. 자신과 타인을 모두 파괴하는 '질투'의 화신.

애정 결핍의 해소는 '사랑의 질'에 달려 있다. 오직 한 사람, 그 사람이 아니면 안 되는 한 사람과의 깊은 사랑. 그것이 애정 결핍을 치유해 준다. 그런 사랑의 시작은 '경쟁심'으로 찾아온다. '재익'이 '진환'에게 잘 보이기 위해 농구를 했던 마음. 내가 그녀에게 잘 보이기 위해 음악과 미술 작품을 찾았던 마음. "너만 나를 봐 주면 돼!"라는 간절한 마음이 만들어 낸 '경쟁심', 이것이 우리 마음 속에 깊이 뿌리내린 '질투'라는 파괴적 감정을 시들게 할 테다. '질투'는 "없어져라!" 한다고 없어지지 않는다. '질투'는 '경쟁심'으로 약해진다. '경쟁심'을 느낄수록 우리는 더 깊은 사랑을 맞이하게 되니까.

『에티카』한 걸음 더
— 스피노자는 어떻게 신을 해체했을까?

스피노자는 어떻게 신을 해체했을까?

『에티카』의 백미 중 하나는, 신을 해체하는 스피노자의 논리적 증명이다. 이 논리적 증명이 그가 종교적 비난과 박해를 받게 된 직접적인 계기가 되었다. 하지만 역설적으로 이는 스피노자의 논증이 얼마나 설득력 있었는지를 방증해 준다. 어떤 논리도 설득력도 없이 그저 "신은 없어!"라고 외치는 이는 박해의 대상이 아닌 전도의 대상이 되었을 테니까.

그렇다면 스피노자는 당대 사람들이 믿고 있던 신, 즉 세상 너머에 있으면서 세상 만물을 창조한 초월적 신을 어떤 논리로 해체했을까? 흥미롭게도, 스피노자는 신을 해체하기 위해 신은 존재한다고 선언한다. 스피노자의 이야기를 직접 들어 보자.

신 또는 각각 영원하고도 무한한 본질을 표현하는 무한한 속성으로 이루어진 실체는 필연적으로 존재한다. — 제1부, 정리 11

스피노자는 영원하고 무한한 실체인 신은 필연적으로 존재한다고 말한다. 논리적이고 합리적인 무신론자라면 이 대목에서 의아함을 느낄지도 모르겠다. 신은 믿음의 대상일 수는 있어도, 논증의 대상일 수는 없다고 생각할 테니까 말이다. 그렇다면 누구보다 논리적이고 합리적이었던 스피노자는 '신은 반드시 존재한다'는 사실을 어떻게 증명했을까?

> 존재할 수 없는 것은 무능력이고, 반대로 존재할 수 있는 것은 능력이다. 그러므로 만일 이미 필연적으로 존재하는 것이 오로지 유한한 존재일 뿐이라면, 유한한 존재자는 절대적으로 무한한 존재자보다도 한층 더 힘이 있을 것이다. 그러나 이것은 부당하다. … 따라서 절대적으로 무한한 존재자, 곧 신은 필연적으로 존재한다. ─ 제1부, 정리 11, 증명

스피노자에 따르면, '존재함=능력', '존재하지 않음=무능력'이다. 이는 자명하다. 컵을 예로 들어 보자. 컵이 '존재'할 때, 그것은 컵으로서의 '능력'이 있다고 말할 수 있다. 반대로 컵이 '존재'하지 않는다면, 컵으로서의 '능력' 또한 없으니 그것은 '무능력'하다고 말할 수 있다. 이처럼 어떤 것이든, '존재'는 '능력'이고, '부재(존재하지 않음)'는 '무능력'이다. 여기서 중요한 것은, 컵은 존재하지만 '유한한 존재(유한자)'라는 사실이다. 컵은 '유한자'의 '능력'으로 '존재'한다.

그렇다면 '무한한 존재자(무한자)'는 어떨까? '무한자'는 반드시 '존재'할 수밖에 없다. '무한자(∞)'는 '유한자(1)'

보다 더 크다. 즉, 더 큰 '능력'이 있다. 그러니 '유한자(컵)'가 '존재'한다면, '무한자(신)'는 반드시 '존재'할 수밖에 없다. 이는 자명하다. 컵은 유한한 '능력'만으로도 '존재'하는데, 그보다 더 큰 무한한 '능력'을 지닌 신이 '존재'하지 않는다면, 이는 논리적 모순이다. 달리 말해, 신보다 '능력'이 작은 컵도 존재하는데, 그보다 더 큰 '능력'을 가진 신이 '존재'하지 않을 수는 없다. 더 작은 '능력'을 가진 '유한자(컵·인간·나무·새…)'가 '존재'한다면, 더 큰 '능력'을 가진 '무한자(신)'는 필연적으로 '존재'해야만 한다. 스피노자는 이렇게 '신은 반드시 존재한다'는 사실을 증명했다.

스피노자의 논리에 따르면, 세상에는 두 가지 존재가 있다. 하나는 '자연물'이라는 '유한자'이고, 다른 하나는 '신'이라는 '무한자'이다. 세상은 이 두 존재, 즉 '유한자'와 '무한자'로 이루어져 있다. 여기서 스피노자는 당대의 유신론자들에게 두 가지 질문을 던진다.

첫째, '신은 세상 만물을 창조했는가?' 둘째, '신은 유한자인가, 무한자인가?' 답은 분명하다. 신은 세상 만물을 창조했고, 신은 '무한자'이다. 이는 당대의 유대교인들뿐만 아니라, 스피노자 역시 자명하게 받아들이는 신의 본성이다. 하지만 유신론자라면 누구도 부정할 수 없는 이 신의 본성에는 심각한 모순이 숨어 있다. 그 모순은 무엇일까?

세상에는 신과 피조물(인간·나무·꽃·새…)이 존재한다. 그런데 신은 '무한자'이다. 여기서 이미 모순이 발생한다. '무한無限'이 무엇인가? '한계限 없음無'이다. 이는 곧 외부가 없다는 의미이다. 왜냐하면 외부가 생기는 순간, 무한한 존재는 한계를 갖게 되고, 그와 동시에 유한한 존재가 되어 버리기 때문이다. 생각해 보라. 신이 피조물을 만드는 순간, 신의 외부(피조물)가 생기게 된다. 그 순간 신은 한계를 가진 유한한 존재가 된다.

　이제 오도 가도 못하게 되었다. 스피노자의 논리 앞에서 당대 유대교인들이 선택할 수 있는 길은 오직 두 가지뿐이었다. '신이 유한자가 되거나!' 혹은 '유한자가 신이 되거나!' 전자는 신이 피조물을 창조했다는 가정에서 출발한다. 이 가정은 당대의 교인들에게는 너무도 당연한 전제였다. 하지만 이 전제를 받아들이는 순간, 신이 우리와 다를 바 없는 '유한자'임을 인정하는 셈이 된다('신이 유한자가 되거나!'). 왜냐하면 신이 피조물을 창조하는 순간, 신의 외부가 생기고, 이는 신이 한계를 가진 '유한자'가 된다는 뜻이기 때문이다. 이런 불경스러운 결론을 당대의 교인들이 받아들였을 리 만무하다.

　신이 피조물을 창조했지만 '유한자'로 전락하지 않을 방법이 하나 있다. 신이 만든 피조물 역시 '무한자'가 되는 것('유한자가 신이 되거나!')이다. '무한자'에서 '유한자'가 나오면, 그 '무한자'는 '유한자'로 전락하게 된다. 그런데 '무한자'에서 '무한자'가 나온다면, 그 '무한자'는 무한인 채로 남을 수 있다. 즉 신이 만든 인간이 '무한자'라면, 신은 피조물을 창조하더라도 여전히 '무한자'인 채로 남을 수 있다. 하지만 이 역시 당대 교인들에게는 도저히 받아들일 수 없는 이야기였다. 이는 인간이 무한한 존재, 즉 신이라는 불경스러운 결론에 도달하게 되기 때문이다.

신은 '밖'이 아니라 '안'에 있다

신이 인간을 만들었다면, 신은 곧 '신이 아닌 것(유한자)'이 된다. 신이 인간을 만들었음에도 신(무한자)으로 남으려면, 인간마저 신(무한자)이 되어야 한다. 이렇게 스피노자는 당대 유대교인들은 결코 받아들일 수 없는, 하지만 결코 빠져 나갈 수도 없는 논증을 완성했다. 이로써 '신'은 해체되었다. 하지만 스피노자에게 '신'은 있다. 다만 그 '신'은 세상 너머에 있는 초월적 존재이거나 인간처럼 생긴 인격적 존재가 아닐 뿐이다. 그런 '신'은 논리적 모순이다. 그렇다면 스피노자가 철저한 논증을 통해 발견한 '신'은 어떤 존재일까?

> 신은 모든 것의 내재적 원인이지 초월적 원인은 아니다. ─ 제1부, 정리 18

스피노자의 '신'은 내재적 원인이다. 즉, 세상 안에 존재하면서 세상 만물을 만들어 내는 원인, 그것이 스피노자가 말하는 '신'이다. 그 신은 곧 '자연', 정확히 말해 '자연'을 '자연'스럽게 하는 어떤 힘이다. 스피노자에 따르면, 계절을 바꾸고, 새, 꽃, 눈, 바람, 파도를 만드는 것은 세상 바깥에 있는 어떤 초월적 존재가 아니다. 그 모든 자연 현상(계절변화·바람·파도)과 자연물(새·꽃·눈)은 세상 안에 이미 존재하는 무한한 '자연'이 만들어 내는 것이다.

스피노자의 '신'은 자연 그 자체이다. 자연(신)은 무한하다. 자연이 만들어 내는 자연물(바람·파도·꽃·인간·나무·새…)은 무한하지 않은가. '자연'이 신이라면, 신이 피조물

(자연물)을 만든다고 해도, 유한자로 전락할 일은 없다. 무한히 생성되는 '자연물' 자체가 바로 신(자연)이기 때문이다. '신=자연'일 때만, 신은 '만물을 창조하는 존재'인 동시에 '무한한 존재'라는 신의 본성이 어떠한 모순도 없이 성립될 수 있다. 세상 안의 무한한 신(자연)이 무한한 변용(자연물)을 만들어 낸다는 것, 이것이 스피노자가 본 세계의 진실이다. 스피노자의 결론은 "신은 없다!"가 아니다. "신은 세상 밖이 아니라, 세상 안에 있다!"

5 더 큰 '기쁨'을 위해

사랑
― 사랑이 왜 금방 식을까요?

인스턴트 사랑은 나쁜가?

바야흐로 '인스턴트'의 시대다. 음식, 만남, 지식, 예술 등 그 대상이 무엇이든 필요한 것을 즉각적이고 순간적으로 얻으려고 하는 시대다. 사랑마저 '인스턴트'해진 것은 어쩌면 당연한 일일지도 모른다. 사랑, 그보다 더 필요한 것도 없으니까. '인스턴트 사랑'은 흔하다. 너무 쉽게 시작되고, 너무 빨리 끝나 버리는 사랑. 세상 사람들은 이 '인스턴트 사랑'을 잘못된 사랑이라고 비난한다. 이는 반만 옳은 이야기다.

 오히려 '인스턴트'하지 못한 사랑이 잘못된 사랑이다. 적어도 '사랑의 시작'에서는 분명 그렇다. 사랑은 언제나 '인스턴트'하게 시작된다. 진정한 사랑은 한눈에 빠지는 사랑 아닌가. 이것저것 잴 것 없이 즉각적이고 순간적으로 그 사람에게 매혹되어 버리는 것. 이것이 진정한 사랑이 시작되려 할 때의 모습 아닌가.

 '사랑의 시작'이 '인스턴트'하지 않다면, 그것은 사랑이 아니라 모종의 거래일 가능성이 높다. 천천히, 지속적으로 상대의 외모와 배경, 조건을 파악하고 그것을 다른 이와 비교한 뒤에 시작되는 사랑에는 이미 거래의 속성이 개입되어 있다. 하지만 '인스턴트 사랑'에는 치명적인 문제가 있다. '사랑의 끝'에서 그렇다.

'인스턴트 사랑'은 너무 빨리 끝나 버린다. 사랑이 선물해 주는 다종다양한 기쁨과 슬픔을 온전히 느껴 보지도 못한 채, 사랑이 끝나 버린다. 그래서 사랑을 냉소하게 만든다. "사랑, 별거 아니잖아." 이런 냉소는 사랑 자체를 무의미한 것으로 만든다.

사랑을 냉소하는 이들의 공통점이 있다. 너무 쉽게, 너무 빨리 끝나 버린 사랑을 겪었다는 것이다. 그들은 사랑의 의미를 놓치게 된다. 그래서 다시 사랑하기 어렵다. 이것이 '인스턴트 사랑'의 치명적인 문제다. 사랑과 삶은 동의어다. 살아간다는 것은 사랑한다는 것이고, 사랑한다는 것은 살아간다는 것이다. 사랑을 무의미하게 여기는 이들은 무의미한 삶 속에 놓이게 된다. 그러니 사랑하려는, 또 살아가려는 이들이 가장 먼저 해야 할 질문은 이것이다. '왜 사랑이 금방 식어 버릴까?'

스피노자의 '사랑'

우선 스피노자는 '사랑'을 어떻게 정의했는지 알아보자.

> 사랑이란 외적 원인의 관념을 수반하는 기쁨이다. — 제3부, 감정의 정의 6

'사랑'은 기쁨이다. 나 바깥에 있는 어떤 대상(외적 원인)을 떠올렸을 때 생기는 기쁨. 그 대상을 직접 만났을 때뿐만 아니라, 그 대상을 생각(관념)하는 것만으로도 기쁨이 생긴다면 '사랑'이다. 직장 동료나 친구들 중 직접 만났을 때 기쁨을 주는 이들은 많을 수 있다. 하지만 그들 중 단지 떠올리는 것만으로도 기쁨을 주는 이는 드물다. 그 드문 경우, 즉 직접 만났을 때뿐만 아니라 목소리와 미소를 떠올리는 것만으로도 기쁨을 주는 상대가 있다면, 그 상대를 향한 감정이 바로 '사랑'이다.

이 지점에서 우리는 '우정'과 '사랑'을 구별할 수 있다. 함께 있을 때 기쁘지만, 상대(혹은 상대와 함께했던 일들)가 잘 떠올려지지 않거나 혹은 떠올렸을 때 별다른 감정이 들지 않는다면 '우정'에 가깝다. 반면, 함께 있을 때 기쁜 동시에 상대(혹은 상대와 함께했던 일들)가 잘 떠올려지고, 떠올리는 것만으로도 기쁨이 느껴진다면 '사랑'에 가깝다. 왜냐하면 '사랑'은 "외적 원인의 관념을 수반하는 기쁨"이기 때문이다.

쉽게 말해, 스피노자에게 '사랑'은 어떤 존재를 생각하는 것만으로도 기쁨을 느끼게 되는 감정이다. 이 얼마나 강력한 기쁨인가? '사랑'은 어떤 존재가 지금 내 옆에 없더라도, 그 존재의 흔적(기억)만으로 나를 "보다 작은 완전성에서 보다 큰 완전성으로 이행"하게 해 주는 감정(기쁨)이다.

'사랑'은 의무인가?

여기서 '사랑'에 관한 해묵은 오해 하나를 규명하자. '사랑'

을 의무라고 여기는 이들이 있다. 이들에게 "왜 사랑이 금방 식어 버릴까?"라고 물으면 어떻게 답할까? 간명하다. 의지 부족 때문이다. '사랑'의 의무를 이행할 의지의 부족. 이런 이들은 '사랑'이 금방 끝나 버리는 이유를 깊게 고민하지 않는다. 아니, 할 필요가 없다. 그들은 '인스턴트'하게 끝나는 '사랑'을 철없는 이들의 의지박약쯤으로 가볍게 치부하기 때문이다.

'사랑'을 의무라고 믿는 이들에게 '인스턴트'하게 시작되는 '사랑' 역시 철딱서니 없기는 마찬가지다. 그들에게 첫눈에 반하는 '사랑'은 철없는 이들의 무책임일 뿐이다. 즉, 그들에게 '인스턴트 사랑'은 '무책임하게 시작되어, 의지 부족으로 끝나는 미숙한 이들의 불장난'일 뿐이다. 하지만 삶의 진실은 다르다. 스피노자의 말처럼, '사랑'은 의무가 아니라 기쁨이다. '사랑'이 빨리 끝나는 이유를 의지 부족 탓으로 돌리는 이들에게 스피노자는 이렇게 단호히 말할 테다.

> 사랑을, 사랑하는 대상과 결합하려는 사랑하는 자의 의지로 정의한 저술가들이 있다. 이 정의는 사랑의 본질이 아니라 사랑의 어느 특성을 표현한다. 그 저술가들은 사랑의 본질을 충분히 명확하게 알지 못했기 때문에 사랑의 특성에 관해서 명료한 개념을 가지지 못했다. —
> 제3부, 감정의 정의 6, 해명

사랑할 '의지'는 사랑이 주는 '만족'이다

스피노자에 따르면, '사랑'하는 대상과 결합하려는, 즉 함께

하려는 '의지'는 '사랑 그 자체'가 아니다. 그런 '의지'는 '사랑'의 본질이 아니라, 사랑하게 되었을 때 나타나는 결과 중 하나다. 스피노자는 '사랑의 의지'를 다음과 같이 설명한다.

> 나는 의지라는 것을 사랑하는 대상의 현존 때문에 사랑하는 이가 가지는 만족, 그것으로 인하여 사랑하는 이의 기쁨이 강화되며 적어도 촉진되는 만족으로 이해한다. ─ 제3부, 감정의 정의 6, 해명

'사랑의 의지'는 '사랑'이 주는 '만족'의 결과다. 즉 '사랑'할 '의지'는 '사랑'이 주는 '만족'에 의해 강화되거나 약화된다. '사랑'하는 이가 주는 만족감이 있다. 그가 멀리서 다가올 때의 설렘과 환희, 그와 손잡고 걸을 때의 따뜻함과 안정감, 그와 포옹하고 키스할 때의 황홀함과 유쾌함, 이 모든 만족감 그 자체가 바로 '사랑의 의지'다. '사랑'이 주는 만족감은 '사랑의 의지'와 동시적인 사건이다. 생각해 보라. 누구도 줄 수 없는 깊은 만족감을 주는 이와의 '사랑'은, 목숨 걸고 지키고 싶은 강한 의지를 불러일으킬 수밖에 없지 않은가.

논리 구조상, '사랑'이 원인이고 (사랑을 유지하려는) '의지=만족'은 결과인 셈이다. 당연하지 않은가? '사랑'을 해서 사랑할 '의지'가 생기는 것이지, '사랑'하지 않는데 어떻게 '사랑'할 '의지'가 생긴단 말인가? 이는 뒤집어 말해, '사랑'이 끝났다면 '사랑의 의지' 역시 사라진다는 의미이기도 하다. 그러니 '의지'가 부족해서 사랑이 빨리 끝난다는 말은 원

인과 결과를 뒤집어 말한 오류에 불과하다. '의지'가 부족해서 '사랑'이 끝난 것이 아니라, '사랑'이 끝나서 '의지'가 부족해진 것이다. 그렇다면 '사랑'이 금방 식어 버리는 진짜 이유는 무엇일까?

기쁨은 때로 '유사 사랑'을 낳는다

스피노자에 따르면, 인간은 자연스럽게 기쁨을 좇는 존재다. 유사 이래 인간사에서 음악, 영화, 시, 소설, 철학 등에 '사랑' 이야기가 그리도 많은 것은 당연하다. 세상에 '사랑'만큼 큰 기쁨을 주는 일도 없기 때문이다. '사랑'해 본 사람은 다 안다. '사랑'이 우리네 삶을 얼마나 기쁘게 하는지, 그래서 얼마나 활력 넘치게 하는지. 그래서 그들은 '사랑'하고, 또 '사랑'받는 삶을 멈추려 하지 않는다.

하지만 문제가 있다. 스피노자에 따르면, "인간은 기쁨을 가져오리라고 생각되는 온갖 것을 실현하려고 노력한다." 바로 이 '온갖 것'이 문제가 된다. 인간은 기쁨을 주는 것이라면 무엇이든 집요하게 좇는다. 인간은 '사랑'뿐만 아니라, 기쁨을 줄 것이라 생각되는 '온갖 것'을 좇는다. 바로 이런 인간의 특성 때문에 우리는 '유사 사랑'을 경험하게 된다.

'유사 사랑'은 무엇인가? '사랑'이 아닌 감정을 '사랑'이라 오해하는 것이다. 우리는 '사랑'에서 기쁨을 느끼기도 하지만, 때로 어떤 대상이 기쁨을 준다는 이유로 그 대상을 향한 감정을 '사랑'이라 착각하기도 한다. 바로 이것이 '사랑'이 너무 쉽게, 너무 빨리 끝나 버리는 이유다. '유사 사랑'을

'사랑'이라 오해할 때, '사랑'을 무의미한 것으로 오해할 수밖에 없다. 그렇다면 이 '유사 사랑'에는 어떤 것이 있을까?

'끌림'은 '사랑'이 아니다

> 끌림(호감)이란 우연히 기쁨의 원인이 된 어떤 사물의 관념을 수반하는 기쁨이다. — 제3부, 감정의 정의 8

'끌림'은 대표적인 '유사 사랑'이다. '끌림'은 '사랑'과 마찬가지로 우리에게 기쁨을 준다. 그래서 끌리는 것이다. 하지만 '끌림'은 '사랑'이 아니다. 이 둘의 차이는 무엇일까? 그것은 우연이냐, 필연이냐의 차이다. 누군가를 만났을 때 느껴지는 기쁨이 우연적이면 '끌림'이고, 필연적이면 '사랑'이다. 여기서 '우연적'이란 '대체 가능'함을, '필연적'이란 '대체 불가능'함을 의미한다.

우리는 어떤 사람에게 끌릴까? 아름다운 외모, 자상한 성격, 해박한 지식, 화려한 언변, 부유함을 가진 사람에게 끌린다. 하지만 이런 '끌림'은 우연적이다. 그 사람이 어떤 존재여서 끌리는 것이 아니라, 그 사람이 우연히 어떤 '끌림'의 요소를 갖고 있기에 끌리는 것이기 때문이다. 그래서 그는 '대체 가능'하다. 그보다 더 아름다운 외모, 자상한 성격, 해박한 지식, 화려한 언변, 부유함을 가진 사람이 나타나면, 우리의 '끌림'은 그 사람에게 옮겨갈 것이기 때문이다. 그래서 '끌림'은 '우연적 기쁨'이다.

'사랑'은 이와 다르다. '사랑'은 필연적이다. 그래서 진정한 '사랑'은 언제나 당혹감으로부터 시작된다. 그 사람에게 아무런 '끌림'의 요소가 없는데도 기쁨을 느끼게 되기 때문이다. 외모도 직장도 재력도 성격도 평소 나의 이상형이 아닌데도 매혹되는 사람이 있다. 그 사람은 어떤 누구와도 대체될 수 없다. 오직 그 사람이기 때문에 기쁨을 주는 것이기 때문이다. 그래서 '사랑'은 '필연적 기쁨'이다. 우리는 집요하게 기쁨을 좇느라 그 기쁨이 우연적인지 필연적인지 구분하지 못해, 종종 '끌림'을 '사랑'으로 오해하게 된다.

'욕정'은 '사랑'이 아니다

> 욕정은 성교에 대한 욕망과 사랑이다. ― 제3부, 감정의 정의 48

'욕정' 역시 강력한 '유사 사랑'이다. 섹스만큼 강력한 기쁨을 주는 일도 드물다. 누구도 만져 주지 않는 내 몸을 만져 주고 애무해 줄 때 느껴지는 만족감은 쉬이 포기할 수 있는 기쁨이 아니다. 억압된 성적 욕망이 분출될 때 느껴지는 그 강력한 기쁨은 너무 쉽게 '사랑'으로 오해되곤 한다. 이것이 '사랑'의 무의미를 말하게 되는 또 하나의 이유다.

뜨거운 섹스를 뜨거운 '사랑'으로 오해하는 이들은 흔하다. 이들의 '사랑'은 필연적으로 너무 쉽게, 너무 빨리 끝날 수밖에 없다. '욕정'은 애초에 '사랑'이 아니기 때문이다. '사랑'은 '너'라는 존재에 대한 '사랑'이지만, '욕정'은 성교에 대한 '사랑'일 뿐이다. '욕정'은 '사랑'으로 오해될 가능성이 매우 크다. 왜냐하면 내가 사랑하는 섹스를 하는 대상이 바로 '너'이기 때문이다. '욕정' 속에도 분명 '너'에 대한 애정이 있다. 하지만 그 애정은 '너' 자체가 아니라 '나'의 '욕정'을 해소해 줄 '너'에 대한 것일 뿐이다.

바로 이것이 '욕정'에 빠져 있으면서도 '사랑'하고 있다고 착각하게 되는 이유다. 물론 기쁜 섹스는 '사랑'일 수 있다. 하지만 그 관계의 시작이 '욕정'이라면 '사랑'에 가닿기 어렵다. '욕정'은 애초에 '너'가 아닌 섹스를 욕망하는 마음이기 때문이다. '욕정'을 '사랑'으로 오해할 때, 모든 사랑은 하룻밤으로 끝날 수밖에 없다. 그러니 사랑이 무의미하다고 느낄 수밖에. 섹스의 쾌락을 '사랑'의 기쁨으로 오해할 때, '사랑'은 점점 멀어져갈 수밖에 없다.

'야심'은 '사랑'이 아니다

> 단지 사람들의 마음에 들기 위해서, 어떤 일을 행하거나 피하려는 노력은 야심이라고 불린다. 특히 우리 자신이나 타인에게 해로움에도 불구하고 어떤 일을 행하거나 피할 정도로 열심히 대중의 비위를 맞추려고 노력할 때 그렇게 불린다. ─ 제3부, 정리 29, 주석

'야심'은 자신의 기쁨이 아니라, 대중의 기쁨을 좇으려는 감정이다. 더 정확히 말하자면, 대중의 기쁨을 좇을 때 느껴지는 기쁨을 자신의 기쁨이라고 오해하는 감정이다. 외제 차, 명품 가방, 높은 연봉, 멋진 몸매 등 세상 사람들이 기쁨

을 가지고 바라보는 온갖 것들을 가지려고 노력하는 마음, 이것이 바로 '야심'이다. 자신의 기쁨이 아닌 대중의 기쁨을 좇으려는 이들은 '야심'에 휩싸일 수밖에 없다.

그래서 '야심'에 휩싸인 이들은 세상 사람들의 마음에 들기 위해서 어떤 일을 하거나 혹은 하지 않는다. 돈에 대한 '야심'은 있어도, 가난에 대한 '야심'이 없는 것은 그래서다. 세상 사람들은 돈에서 기쁨을 느끼고, 돈 많은 사람들에게 존경과 부러움의 시선을 보내기 때문이다. 사람들의 마음에 들기 위해 돈을 벌려는 노력은 '야심'이다. 때로 이 '야심'은 '사랑'으로 오해되곤 한다. '야심'은 너무나 강력해서 타인에 대한 감정을 왜곡하기도 한다.

누군가에게 '사랑'한다고 말할 때, 실은 그것이 은밀한 '야심'일 때가 있다. 근사한 외모나 직장을 가진 선배에게 사랑을 고백할 때, 그것은 정말 '사랑'일까? 모를 일이다. 그것은 '야심'일 수도 있다. 그 선배와 사귀면 다른 사람들이 나를 부러워할 것이라는 '야심'. 이 '야심'을 '사랑'으로 오해하는 것은 낯선 모습이 아니다. "나는 그를 사랑해!"라고 쉽게 말하지만, 실은 그가 부자이거나 안정적인 직업이 있어서 그와 만나는 경우는 너무 흔하지 않은가. 그것은 '사랑'이 아니다. 대중의 비위를 맞추려고 노력하는 '야심'일 뿐이다.

사랑이 빨리 식어 버리는 이유

왜 사랑이 금방 식어 버릴까? 이 질문에 이제 답할 수 있다. 애초에 '사랑'하지 않았기 때문이다. '끌림', '욕정', '야심'

처럼, 처음부터 사랑이 아니었지만 기쁨을 주기에 '사랑'이라고 오해된 감정들이 있다. 오해된 감정은 머지않아 본래의 색깔을 드러낸다. '끌림', '욕정', '야심'은 모두 금방 식는다. 당연하지 않겠는가? 더 끌리는 요소를 지닌 사람이 나타나면, '끌림'은 금세 옮겨가게 마련이다. 아무리 들끓는 '욕정'이라도 하룻밤이면 식게 마련이다. '야심' 역시 마찬가지다. '야심'은 대중의 비위를 맞추는 일 아닌가? 그런데 대중만큼 변덕이 죽 끓듯 하는 이들도 없다. 그러니 '야심'은 얼마나 빨리 변하겠는가?

'끌림', '욕정', '야심'이라는 감정이 제 색깔을 드러내도, 우리는 그것이 '사랑'이 아니었음을 깨닫지 못한다. 아니, 깨달으려 하지 않는다. 그를 '사랑'한 것이 아니라 첫사랑을 닮아서 '끌렸을' 뿐이라는 사실을 인정할 수 없다. 그를 '사랑'한 것이 아니라 '욕정'을 해소한 것이라는 사실을 인정할 수 없다. 그를 '사랑'한 것이 아니라 그의 돈으로 '야심'을 채우고 싶었다는 사실을 인정할 수 없다. 자신을 아름답게 덧칠하려는 것은 우리의 오래된 습관이니까. 이것이 '사랑'이 금방 식어 버렸다고 우기게 되는 이유다.

인간은 항상 기쁨을 좇으며 살아갈 수밖에 없다. 그래서 우리는 복잡하고 다양한 감정들의 결을 잘 구분할 수 있어야 한다. 특히나 '끌림', '욕정', '야심'을 '사랑'과 구별하는 일은 중요하다. 그런 감정들은 순간적일지라도 분명 기쁨을 준다. 하지만 이런 '유사 사랑'을 '진짜 사랑'으로 오해하면, 그 기쁨은 이내 더 큰 슬픔으로 되돌아오게 된다. '유사 사랑'과 '진짜 사랑'을 헷갈린 죄로, 다시 '사랑'할 수 없는 상태에 떨어지게 되니까 말이다. 이보다 더 큰 슬픔이 어디 있을까. '사랑의 냉소'와 '사랑의 무의미'는 '유사 사랑'을 '사랑'으로 오해해서 일어난 불행이다.

소심
— 소심함을 극복할 수 있을까요?

"그때 왜 아무 말도 못 했을까?"

직장 상사의 무리한 업무 지시. 머리카락이 들어간 음식을 내놓은 식당. 염치없는 인간들의 새치기. 살다 보면 이런저런 부당한 일을 당할 때가 있다. 그때 그 일이 얼마나 부당한지 합리적으로 따져 물을 수 있어야 한다. 그게 어렵다면, 최소한 화라도 내야 한다. 이는 지극히 당연한 일이다. 하지만 그 당연한 일을 좀처럼 하지 못하는 이들이 있다. 소심한 이들이다. 그들은 늘 이렇게 말한다. "좋은 게 좋은 거야."

어찌 보면, 소심함은 배려 깊고 지혜로운 태도처럼 보인다. 삶에서 발생할 수밖에 없는 크고 작은 소모적인 다툼과 마찰을 최소화하려는 배려 깊고 지혜로운 태도. 하지만 소심한 이들은 누구보다 잘 안다. 자신의 배려심과 지혜가 사실은 서글픈 자기 합리화라는 사실을 말이다. "상대를 배려해서 참은 거야." "따진다고 달라지는 게 있겠어?" "화내 봐야 감정 낭비야." 이런 자기 합리화의 끝에는 늘 씁쓸한 자책감이 따라붙는다. "그때 왜 아무 말도 못 했을까?"

소심함은 슬픔이다

소심함은 배려심도 지혜로움도 아니다. 소심함은 슬픔일 뿐이다. "그때 왜 아무 말도 못 했을까?"라는 자책감을 남기는 슬픔. 소심하면 분명 크고 작은 다툼과 갈등을 줄일 수 있다. 하지만 그 대가는 치명적이다. 그 대가는 무엇인가? 소심함 때문에 피하지 못했던 정서적, 경제적 불이익인가? 아니다. 소심함의 근본적인 문제는 자기부정이다. 부당하고 부조리한 일 앞에서 침묵하는 시간이 길어지면, 끝내는 자신이 싫어지게 된다. 이것이 소심함의 가장 근본적이며 가장 치명적인 문제다.

    소심한 삶은 다툼과 갈등에서 생기는 크고 작은 상처를 피하려다 자신을 부정하게 되는 삶이다. 소심한 이들이 우울하고 침잠된 삶을 이어가는 것은 결코 우연이 아니다. 자신을 싫어하는 이들이 유쾌하고 활기찬 삶을 살 수는 없는 법이니까. 우울하고 침잠된 삶에서 벗어나, 유쾌하고 활기찬 삶을 꿈꾸는 이들에게 남겨진 질문은 이것이다. '소심함을 어떻게 극복할 수 있을까?'

스피노자의 '소심함'

먼저 스피노자가 '소심함'을 어떻게 정의했는지부터 알아보자.

> 인간으로서 원하는 것을 원하지 않게 하거나, 원하지 않는 것을 원하도록 하는 감정을 소심함이라고 한다. 그러므로 소심함은 인간으로 하여금, 앞으로 다가올 해

악을 더 작은 해악으로 피하게 하는 한에 있어서의 공포일 뿐이다. — 제3부, 정리 39, 주석

스피노자에 따르면, '소심함'은 원하는 것을 원하지 않게 되거나, 원하지 않는 것을 원하게 되는 기묘한 감정이다. 죽고 죽이는 전장의 한복판에서 싸우고 있는 병사를 떠올려 보자. 그는 살고 싶다. 죽고 싶지 않다. 즉, 그가 원하는 것은 '삶'이고, 원하지 않는 것은 '죽음'이다. 그런데 그가 자살을 했다. 왜일까? 소심했기 때문이다. 즉 자신이 원하지 않는 것(죽음)을 원하게 되었고, 자신이 원하는 것(삶)을 원하지 않게 되는 감정에 휩싸였기 때문이다. 그 병사의 내면을 조금 더 깊이 들여다보자.

스피노자는 '소심함'을 '공포'라고 정의한다. 어떤 '공포'일까? "앞으로 다가올 해악을 더 작은 해악으로 피하게 하는" 공포다. 이 정의를 통해 우리는 자살한 병사의 정서 상태를 조금 더 정확히 이해할 수 있다. 살기 가득한 눈빛의 적들이 그를 향해 다가온다. 그는 적들을 향해 총부리를 겨누고 있다. 하지만 적들이 점점 가까워지자, 그는 총구를 돌려 자신의 입 안에 넣고 방아쇠를 당긴다.

그 병사는 소심하다. 광기 어린 얼굴로 다가오는 적들은 '앞으로 다가올 해악'이다. 그 병사에게 그것은 너무나 큰 '공포'다. 그들이 어떤 무참한 짓을 저지를지 모른다. 포로로 잡혀 모진 고문을 받게 될 수도 있다. 제대로 죽지도 못한 채 노리개가 되어 온갖 수모를 겪을 수도 있다. 그 '공포'를 감당하지 못해 병사는 자살을 택했다. 자살이라는 '더 작은 해

악'으로, 끔찍한 고통이라는 '미래의 해악'을 피하고 싶었던 것이다. 이것이 '소심함'이다. 그 병사는 소심했기에 원하지 않는 것(죽음)을 원하게 되었고, 원하는 것(삶)을 원하지 않게 되었다. 그런데 이런 '소심함'은 참혹한 전장에만 있는 것이 아니다.

'소심함', 큰 공포를 작은 공포로 피하고 싶은 마음

부모에게 혼날까 봐 가출해 버리는 학생. 친구들에게 비난받을까 봐 스스로를 먼저 비난해 버리는 아이. 업무의 중압감에 짓눌려 사표를 내는 직장인. 이들은 모두 소심하다. 이들의 정서 상태는, 공포에 질려 자살한 병사의 상태와 정확히 같다. 부모의 꾸중, 친구들의 비난, 업무의 중압감이라는 '앞으로 다가올 해악'의 공포를 감당하지 못해, 가출, 자기비난, 퇴사라는 '더 작은 해악'으로 도망친 것이기 때문이다. 그들은 소심해서 원하지 않는 것을 원하고, 원하는 것을 원하지 않게 되었다.

"그때 왜 아무 말도 못 했을까?" 이러한 자책을 부르는 갖가지 소심함 역시 마찬가지다. 모든 '소심함'은 '앞으로 다가올 해악'의 공포를 감당하지 못해, '더 작은 해악'을 택함으로써 발생하는 사달이다. 직장 상사에게, 식당 주인에게, 염치없는 인간들에게 하고 싶은 말을 하지 못하는 이유가 무엇인가? 앞으로 다가올지도 모르는, 크고 작은 다툼과 갈등이 두렵기 때문 아닌가? 그 공포를 감당하지 못해, 늘 침묵과 억울함, 답답함으로 도망가는 것 아닌가? 그렇게 그들 역시 원하는 것을 원하지 않게 되고, 원하지 않는 것을 원하게 된다. 이 얼마나 소심한 일인가?

스피노자의 '공황'

이처럼 '소심함'은 삶에서 크고 작은 문제를 일으킨다. 그런데 문제는 거기서 그치지 않는다. '소심함'을 방치하면 더욱 치명적인 문제로 번지게 된다. 그것은 바로 '공황'이다. '공황'이란 무엇인가? 스피노자의 이야기를 들어 보자.

> 만일 앞으로 다가올 해악을 피하려는 욕망이 다른 해악에 대한 공포에 의해 방해받아 그가 스스로 무엇을 택해야 할지 모른다면, 그 경우의 공포는 공황consternatio으로 불리는데, 특히 그가 두려워하는 두 해악이 극심할 경우 그러하다. ─ 제3부, 정리 39, 주석

부모의 꾸중이 두려워 가출해 버리는 것이 '소심함'이다. 즉, 큰 해악에 대한 공포 때문에 작은 해악으로 미리 도망가는 것이 '소심함'이라는 감정이다. 여기서 주목해야 할 점은, '소심함'은 어쨌거나 두 해악 중 하나를 선택한다는 사실이다. 물론 큰 해악에 맞서기 전에 작은 해악으로 미리 도망치는 것을 지혜롭다고 할 수는 없다. 하지만 분명한 것은, '소심함'은 적어도 작은 해악을 선택한 상태라는 점이다.

그런데 어떤 상황에서는, 앞으로 다가올 것이라 예상되는 두 해악 사이에서 아무것도 선택하지 못할 때가 있다. 밤길을 걷고 있는데, 누군가 갑자기 목에 칼을 들이밀었다고 해 보자. 그때 우리는 아무것도 하지 못하고 몸이 굳어 버릴

수 있다. 왜 그럴까? 도망치려는 욕망, 즉 '칼'이라는 해악을 피하려는 욕망이 '저항하다 죽을 수도 있다'는 공포에 의해 방해받아 무엇을 택해야 할지 모르는 상태가 되어 버리기 때문이다.

    바로 이것이 '공황'이라는 감정이다. 앞으로 다가올 두 해악이 모두 극심하게 두려워서 아무것도 선택하지 못하는 감정 상태. '소심함'이 '큰 해악'이 될지도 모르는 일 앞에서 '작은 해악'을 선택하게 만드는 감정이라면, '공황'은 그 둘 사이에 끼여서 아무것도 선택하지 못하는 감정이다.

'공황'은 소심한 이들에게 찾아온다

'공황'과 '소심함'은 밀접한 관계를 맺고 있다. '공황'은 '소심'한 이들이 불운한 상황에 빠졌을 때 발생하는 감정이다. '소심'한 이들은 미래의 해악을 피하고자 다른 해악을 선택하려 한다. 그런데 이때 그 두 해악 모두 선택하지 못할 만큼 너무 두렵다면 '공황'에 빠지게 된다. 나 역시 한없이 '소심'했던 직장인 시절, 그런 '공황'을 절절히 경험한 적이 있다.

    직장을 다니던 시절, 나는 두 가지 해악의 공포에 사로잡혀 아무런 선택도 할 수 없었다. 매일 아침 눈 뜨기도 싫을 만큼 직장생활이 고통스러웠다. 하지만 동시에 회사를 그만두면 무능한 가장이 되어 가난한 노년을 맞게 될까 봐 두려웠다. 이 두 가지 해악에 대한 공포가 나를 극심하게 괴롭혔다. 계속 직장을 다니는 것도 극심한 공포였고, 무능한 가장이 되어 가난한 노년을 맞이하는 것도 극심한 공포였다. 그 두 공포 사이에 짓눌려 직장을 다닐 수도, 그만둘 수도 없는 상태가 되었다.

'소심'했던 나는 어느 해악도 감당할 수 없었다. 두 해악 사이에서 무엇을 선택해야 할지 모르는 상태가 지속되었다. 그때 나는 이유 없이 심장이 빨리 뛰었고, 호흡이 가빠지기도 했으며, 근거 없는 불안에 자주 휩싸였다. 나중에 알게 된 사실이지만, 그것은 전형적인 '공황'장애 증상이었다. 그때의 나처럼 소심한 이들은 언제든 '공황'에 빠질 가능성을 안고 있다. 이것이 '소심함'을 단순한 기질이나 성격 문제로 치부해서는 안 되는 이유다.

'소심함'을 극복하는 법
그렇다면 어떻게 '소심함'에서 벗어날 수 있을까? 대담해지면 된다. 스피노자는 '대담함'을 이렇게 정의한다.

> 대담함은 동료가 맞서기를 두려워하는 위험을 무릅쓰고 어떤 일을 하도록 자극되는 욕망이다. ─ 제3부, 감정의 정의 40

스피노자는 '대담함'을 세상 사람들이 맞서기 두려워하는 위험에 맞서려는 욕망이라고 말한다. 세상 사람들이 맞서기 두려워하는 위험이 무엇일까? 앞으로 다가올 해악이다. 세상 사람들은 아직 다가오지 않은 일, 즉 실제로 일어날지 일어나지 않을지 시간이 지나 봐야 알 수 있는 일을 지독히도 두려워한다. 그 두려움에 사로잡혀 소심한 이들은 더 작은 해악으로 미리 도망치는 것이다. 이와 반대로 대담한 이들은 앞으로 다가올 해악에 당당히 맞서려고 한다.

사고를 친 학생에게 다가올 해악은 무엇인가? 부모의 꾸중이다. 애정이 결핍된 아이에게 다가올 해악은 무엇인가? 친구들의 비난이다. 불안한 직장인에게 다가올 해악은 무엇인가? 업무의 중압감이다. 전투 중인 병사에게 다가올 해악은 무엇인가? 다가오는 적들이나. 그 모든 '미래의 해악'에 당당하게 맞서면 대담해질 수 있다. 이는 대단히 거창한 일이 아니다. 일단 집에 들어가 보는 것. 일단 친구들에게 말을 걸어 보는 것. 일단 업무를 해 보는 것. 일단 적들을 향해 총부리를 겨누는 것.

이처럼 '미래의 해악'에 맞서려는 마음이 바로 '대담함'이다. '대담함'은 대단히 예외적인 일이 아니라 지극히 합리적인 일이다. 혼날지 아닐지는 집에 들어가 봐야 아는 것 아닌가? 친구들이 비난할지 아닐지는 이야기를 나눠 봐야 아는 것 아닌가? 업무가 과중할지 아닐지는 업무를 해 봐야 아는 것 아닌가? 죽을지 살지는 싸워 봐야 아는 것 아닌가? 미래의 일이 두렵지만, 그 두려움에도 불구하고 일단 시도해 보는 것. 이것이 '대담함'의 시작이다.

'대담함'은 겸허함이다

여기서 주의해야 할 점이 있다. 흔히 사람들은 미래의 해악에 당당히 맞서는 태도를 '자신감'으로 이해하는 경향이 있다. '자신감'은 무엇인가? 자신의 능력에 대한 믿음이다. 세상 사람들은 이 '자신감'이 있어야 대담해질 수 있다고 믿는다. 하지만 이는 허황된 믿음일 뿐이다. 쉽게 해낼 자신이(자신감) 있는 일을 해내는 것은 '대담함'이 아니다. '자신감'은 '대담함'과 아무 상관이 없다.

'대담함'은 오히려 겸허함에서 온다. 미래의 해악을 피하려고 노력하겠지만, 그것이 찾아온다면 기꺼이 받아들이겠다는 마음. 그 겸허한 마음이 없다면, '소심함'으로부터 멀어질 수도, '대담함'에 가까워질 수도 없다. 이 삶의 진실을 깨달은 뒤, 나는 직장인이었던 시절보다 분명 더 대담해질 수 있었다.

직장을 그만둔 뒤 가난한 노년을 맞지 않기 위해, 경제적으로 무능한 가장이 되지 않으려고 최선을 다해 살았다. 하지만 그럼에도 불구하고 그런 미래가 찾아온다면 겸허히 받아들일 준비를 했다. 미래의 일은 내가 어찌할 수 없는 일이니, 겸허하게 받아들여야 한다고 매일 다짐했다. 그저 내 앞에 놓인 일에서 도망치지 않고 하루하루를 더 나아가려고 노력했다. 그렇게 '대담함'에 가까워졌고, 그만큼 '소심함'으로부터 멀어졌다. 그래서 이제 '공황'도 없다.

'대담함'은 두려움에도 불구하고 일단 시도해 보는 것으로 시작되고, 그 결과를 겸허히 받아들이는 것으로 완성된다. 직장을 다닌다고 해서 가난한 미래가 찾아오지 않는 것도 아니고, 직장을 그만둔다고 해서 반드시 가난한 미래가 찾아오는 것도 아니다. 미래의 일은 미래의 일이다. 이 삶의 진실을 발견한 나는, 지금 하고 싶은 일들과 지금 할 수 있는 일들을 해 나가며 살고 있다. 그럼에도 불구하고 어떤 해악이 찾아온다면, 겸허한 마음으로 받아들일 준비를 할 뿐이다. 긴 여정 끝에, '공황'을 지나 '소심함'을 넘어 '대담함'에 다다른 셈이다.

우리에게는 세 가지 선택지가 있다. 아무것도 선택하지 못하는 '공황', 스스로 슬픔을 선택하는 '소심함', 당당히 기쁨을 선택하는 '대담함'. 조금 더 기쁜 삶을 원한다면, '대담함'을 향한 발걸음을 멈춰서는 안 된다. 우리를 우울하고 침잠되게 하는 것은 언제나 '공황'과 '소심함'이다. 당연하지 않은가? 아무것도 선택하지 못하는 '공황'과 슬픔을 선택하려는 '소심함'으로 얼룩진 삶이 어찌 유쾌하고 씩씩할 수 있겠는가. '대담함'을 갖추는 만큼 삶은 유쾌하고 씩씩해진다. 이것이 우리가 '대담함'을 향한 여정을 멈춰서는 안 되는 이유다.

희망
— 희망을 가지면 삶이 나아질까요?

희망을 가지라는 말

"희망을 가져!" 삶의 고난에 빠졌을 때 만나게 되는 말이다. 이는 고난에 빠진 이를 위로하는 말일 때도 있고, 고난에 빠진 자신을 격려하는 말일 때도 있다. 누구나 고난에 처할 때가 있다. 연인에게 이별을 통보받고, 직장에서 해고를 당하고, 질병과 사고로 건강을 잃을 때가 있다. 이런 고난은 시기의 차이만 있을 뿐 누구에게나 찾아온다. 고난은 보편적이다. 그래서 고난 그 자체는 문제 삼을 일이 아니다.

고난의 진짜 문제는 무엇일까? 우리의 의지와 상관없이 자꾸 부정적인 면만 보게 되고, 그래서 상황이 더 나빠질 것이라 상상하게 되는 것이다. 이제 다시는 사랑이 찾아오지 않을 것 같고, 이제 다른 직장은 구할 수 없을 것 같고, 몸이 예전 같지 않으니 이제 뭘 해도 안 될 것 같다. 그래서 삶이 더 나빠질 것 같다. 이런 부정적 인식과 전망이야말로 고난의 진짜 문제다. 그래서 고난에 빠졌을 때 '희망을 가지라'는 말은 꽤 도움이 된다.

　희망이 무엇인가? 부정적인 면보다 긍정적인 면을 보며 더 나은 미래를 그려 나가는 일 아닌가. 희망을 가질 수 있다면 고난이 남기는 많은 문제를 해결할 수 있을 것 같다. 고난 뒤에 찾아오는 부정적 인식과 전망에 잠식당하지 않을 수 있으니까. "희망을 놓지 않는 것이 중요해." "희망을 가져야 해!" 세상 사람들이 희망을 찬양하고, 희망의 중요성을 결코 의심하지 않는 데는 다 이유가 있는 셈이다.

　그런데 희망이 정말 그렇게 중요하고 좋은 것일까? 그 희망이라는 것을 통해 우리네 삶이 더 기쁘고 유쾌해질 수 있을까? 놀랍게도, 희망은 때로 기쁨이 아니라 슬픔이 가득 찬 삶으로 우리를 몰고 간다. 긴 시간 희망을 부여잡고 살아 본 이들은 이 삶의 진실을 알고 있다. 세상 사람들의 견고한 믿음을 의심해 볼 시간이다. '희망은 정말 좋은 것일까?'

스피노자의 '희망'
먼저 스피노자는 희망을 어떻게 정의했는지부터 알아보자.

> 희망이란 우리가 그 결과에 대하여 어느 정도 의심하고 있는 미래 또는 과거 사물의 관념에서 생기는 불확실한 기쁨이다. — 제3부, 감정의 정의 12

　스피노자에게 '희망'은 '기쁨'의 일종이다. 기쁨은 삶의 활력을 주는 감정이다. '희망'은 기쁨의 일종이기에 삶의 활력을 준다. 이것이 고난에 처했을 때 '희망'이라는 감정이 유용한 이유다. 나는 '희망'의 유용성을 정말 잘 안다. 누구보다 긴 시간 '희망'을 부여잡고 살았기 때문이다.

한때 나는 훌륭한 작가가 되기를 '희망'했다. 고난이 닥쳐올 때, 그 '희망'을 더욱더 강하게 부여잡았다. 홀로 글 쓰는 생활을 이어갈 때, 종종 생계의 위협이 닥쳐왔고, 그 중압감 때문에 글조차 잘 써지지 않는 시간을 보냈다. '어쩌면 나는 사회적 낙오자일지도 모른다'는 생각이 점점 더 나를 옥죄어 왔다. 그럴 때마다 나는 더 간절하게 '희망'했다. '언젠가 훌륭한 작가가 될 수 있을 거야!' 그 '희망'은 기쁨이 되어 삶의 활력을 가져다주었다. 닥쳐온 고난과 그로 인한 부정적 인식과 전망에 잠식당하지 않고 겨우겨우 글쟁이의 삶을 버텨낼 수 있었던 것은 그 '희망' 덕분이었다.

하지만 '희망'은 독특한 기쁨이다. '희망'은 분명 기쁨이지만 "불확실한 기쁨"이기 때문이다. '희망'은 정해지지 않은 미래에 대한 생각에서 생기는 기쁨이다. 나의 '희망' 역시 정확히 그랬다. 나는 '훌륭한 작가'를 희망했다. 그때 '훌륭한 작가'는 아직 도래하지 않은 미래의 일이었다. 그래서 그 '희망' 뒤에는 항상 의심이 따라붙었다. 내가 훌륭한 작가가 될 수 있을지 없을지는 불확실한 일이었으니까.

이처럼 '희망'은 불확실한, 즉 아직 일어나지 않은 일에 대한 기쁨이다. 그래서 그 기쁨은 항상 의심되는 기쁨이다. '언젠가 훌륭한 작가가 될 수 있을 거야!'라는 '희망'은 그 미래가 실현되었을 때만 확실해진다. 그래서 '희망'이 주는 기쁨은 언제나 불확실한 기쁨일 수밖에 없다. 불확실하다는 것은 언제나 다른 가능성을 품고 있다는 의미다. 스피노자는 그 다른 가능성에서 '공포'라는 감정이 자란다고 말한다.

'공포-희망'은 동전 앞뒷면이다

> 공포란 우리가 그 결과에 대하여 어느 정도 의심하고 있는 미래 또는 과거 사물의 관념에서 생기는 불확실한 슬픔이다. — 제3부, 감정의 정의 13

'공포'는 '희망'의 짝 감정이다. '희망'이 "불확실한 기쁨"이라면, '공포'는 "불확실한 슬픔"이다. 우선 '공포'가 슬픔이라는 점에서 시작해 보자. '공포'는 삶의 활력을 떨어뜨리는 감정, 즉 슬픔이다. 그런데 '공포'는 '희망'과 마찬가지로 불확실하다. 귀신의 집을 생각해 보자. 귀신의 집은 '공포'스럽다. 왜 '공포'스러운가? 단순히 귀신이 무섭기 때문인가? 그렇지 않다. 귀신의 집의 '공포'는 귀신이 어디서 나타날지 모른다는 불확실성에 기초해 있다. 그래서 관람객은 귀신의 집 구조물 하나하나를 의심하게 되고, 그 의심이 '공포'를 낳는 것이다. 이런 불확실함이 주는 슬픔이 '공포'라는 감정이다. 나아가 스피노자는 '희망'과 '공포'의 관계에 대해 다음과 같이 말한다.

> 공포 없는 희망은 없으며, 희망 없는 공포도 없다. — 제3부, 정리 50, 주석

스피노자에 따르면, '희망'과 '공포'는 동전의 앞뒤처럼

늘 붙어 있다. 이제 '희망'이 왜 문제가 되는지 알겠다. '희망'과 '공포'는 같은 크기로 늘 붙어 있기 때문이다. 그래서 더 큰 '희망'을 품을수록 더 큰 '공포'가 찾아오게 마련이다. 이것이 '희망'이 우리네 삶을 슬픔으로 몰고 가는 과정이다. 나의 '희망' 역시 정확히 그랬다. '언젠가 훌륭한 작가가 될 수 있을 거야!'라고 끊임없이 '희망'했다. 그 '희망'조차 없으면 닥쳐온 고난과 그로 인한 불안을 견딜 수 없을 것 같아서였다.

하지만 그 '희망'은 언제나 불확실했고, 그 불확실한 자리에 조금씩 '공포'가 들어차기 시작했다. '훌륭한 작가가 되고 싶다'는 '희망'을 키우면 키울수록 '훌륭한 작가가 될 수 없을지도 모른다'는 '공포' 역시 점점 커져 갔다. 이것이 훌륭한 작가를 누구보다 희망했지만 글 한 줄 쓰지 못했던 시간을 보내야만 했던 이유였다. 글 쓰는 것이 두려웠다. 지금 내가 쓰는 글이 훌륭한 글이 아닐까 봐 두려웠다. 형편없는 글만 쏟아내는 허접한 작가가 될까 봐 두려웠다. 그래서 쓰지 못했다. 훌륭한 작가를 희망하면 할수록 훌륭한 작가가 되지 못할까 봐 두려워졌기 때문이다.

"공포 없는 희망은 없으며, 희망 없는 공포도 없다." 스피노자의 말은 옳다. '희망' 때문에 공포에 휩싸이고, '공포' 때문에 '희망'을 갖게 된다. 야박하지만 이것이 삶의 진실이다. '희망'은 무조건 좋은 것이 아니다. '희망'에 집착해 본 적 있는 사람은 이 사실을 알고 있다. 이별, 해고, 질병, 사고 때문에 실의에 빠져 있을 때 무턱대고 '희망'만으로 그 상황을 돌파하려고 해서는 안 된다. '희망'은 불확실하기에 반드시 '공포'로 되돌아오기 때문이다.

　삶의 고난 앞에서 '희망'한다. '다시 좋은 사람을 만날 수 있을 거야!', '다시 직장을 구할 수 있을 거야!', '다시 건강해질 수 있을 거야!' 이런 '희망'을 품어 본 사람은 안다. 그 '희망'은 그 크기만큼 '다시 사랑할 수 없을 거야', '다시 직장을 구할 수 없을 거야', '다시 건강해질 수 없을 거야'라는 '공포'가 된다는 사실을. '희망'은 "불확실한 기쁨"이기에 결국 "불확실한 슬픔"인 '공포'를 끌어들일 수밖에 없다.

희망 없이 삶을 살아내는 법

이제 삶은 더욱 암담해진다. 삶은 고난의 연속 아닌가? 이런 고된 삶에 '희망'마저 없다면 우리는 어떻게 살아야 한단 말인가. 우리는 '희망'과 '공포' 사이를 부유하며 그저 어디론가 떠내려가는 삶을 이어갈 수밖에 없는 걸까? 그렇지 않다. '희망'과 '공포' 사이를 부유하던 내가 지금 이렇게 긴 글을 써 내려가고 있다. 어떻게 그럴 수 있었을까? 다시 '희망'을 부여잡았기 때문일까? 그렇지 않다. '희망'과 '공포' 사이에서 방황하던 어느 날, 발터 벤야민의 글이 눈에 들어왔다.

　　어떤 사람을 아는 사람은 희망 없이 그를 사랑하는 사람뿐이다. ― 발터 벤야민, 「일방통행로」

　벤야민의 이 말은 '희망'과 '공포' 사이를 부유하던 내 삶에 부표가 되었다. 누군가를 알려면 "희망 없이 그를 사랑"해야 한다. 우리는 사실 친구도 연인도 부모도 제대로 알지 못한다. 그네들을 '희망' 없이 사랑하지 않기 때문이다. 그네들을 사랑하지만, 그 사랑은 언제나 '희망'을 품고 있다. '그 친구는 늘 내 편일 거야.' '남자 친구와 행복한 결혼생활을 할 거야.' '부모님은 항상 나를 도와 줄 거야.' 이처럼, 우리의 사랑은 항상 모종의 '희망'을 동반한다.

'희망'이 옅어질수록 사랑마저 옅어지는 것이, 우리가 사랑이라고 믿는 마음의 정체 아니던가? '희망'이 없다면, 우리가 사랑이라고 믿었던 것 역시 흔적도 없이 사라질지도 모른다. 이것이 바로 우리가 친구, 연인, 부모를 진정으로 알지 못하는 이유다. 내 편이 되어 줄, 나와 결혼할, 나를 도와줄 그네들의 모습만을 알 뿐, 그네들의 진정한 모습은 알지 못하기 때문이다. 한 사람을 진정으로 알기 위해서는 아무런 '희망' 없이 그 사람을 사랑할 수 있어야 한다.

'훌륭한 작가'라는 '희망'을 품던 내게 벤야민의 말은 이렇게 들렸다. "글을 쓴다는 것이 무엇인지 아는 사람은 '희망' 없이 글 쓰는 것을 사랑하는 사람뿐이다." 나는 '희망' 없이 글을 써 본 적이 없었다. 한때 '희망'을 내려놓고 글을 쓴다고 믿었던 적이 있었다. 착각이었다. 내가 내려놓았던 '희망'은 '세속적 희망'뿐이었다. 철학자로서 글을 쓰며, '돈 벌고 유명해지고 싶다는 희망'만을 내려놓았을 뿐이었다.

나는 여전히 '희망'하고 있었다. '세속적 희망'을 내려놓았을 뿐, '훌륭한 작가가 될 수 있다는 희망'만은 놓지 못한 채 글을 썼다. 삶이 나를 짓누를 때 그 '희망'으로 글쟁이의 삶을 버텨냈다. 그래서 나는 글을 쓴다는 것이 무엇인지 진정으로 알지 못했다. 그 때문에 다시 글을 쓸 수 없는 절망적인 시간을 보내야만 했다. 삶의 위기가 찾아왔을 때, 진정으로 알지 못하는 것들은 의미를 잃어버리게 마련이니까.

희망 없는 삶은 희망 없이 사랑하는 삶

이제 '희망' 없이 살아가는 법에 대해 조금은 말할 수 있다. '희망 없는 삶' 그 자체로는 삶을 버틸 수 없다. '희망 없이 어떤 것을 사랑하는 삶'이어야 한다. 그때 비로소 '희망' 없이 살아갈 수 있다. 이것이 내가 다시 글을 쓸 수 있게 된 이유였다. 이제 나는 더 이상 '희망'에 가득 차서 글을 쓰지 않는다. 이제 내게 '훌륭한 작가가 될 수 있다'는 '희망'은 없다. 그런 것을 '희망'하지 않는다. 그래서 두렵지도 않다.

아무것도 쓰지 못하는 텅 빈 시간 속에서 스스로에게 물었다. 돈을 못 벌면 글을 쓰지 않을 건가? 세상의 인정을 받지 못하면 글을 쓰지 않을 건가? 매번 더 나은 글을 써 내지 못하면 쓰지 않을 건가? 훌륭한 작가가 되지 못하면 쓰지 않을 건가? 내 대답은 '그렇지 않다'였다. 그래도 쓰고 싶었다. 아무것도 되지 못한다 해도, 더 나은 글을 써 내지 못한다 해도 쓰고 싶었다. 그때 비로소 글을 쓴다는 것이 무엇인지 알게 되었다. 그때가 바로 '희망' 없이 글 쓰는 것을 사랑하게 된 순간이었다.

우리에겐 '희망 없이 사는 연습'이 필요하다. '희망'을 껴안고 사는 것은 얼마나 슬픈 삶인가. 더 많이 '희망'하는 삶은 더 많은 '공포'에 내몰리는 삶이고, 이는 결국 안도와 절망을 끊임없이 오가는 삶이다. 이런 번민을 벗어나지 못하는 삶보다 우울한 삶도 없을 테다.

고난과 상처는 끊임없이 우리 삶을 찾아올 것이다. 그때 '희망 없이 사랑하는 것'으로 그 고난과 상처를 극복했으면 좋겠다. 이별, 해고, 질병, 사고가 찾아왔을 때, '희망'에 집착하지 않았으면 좋겠다.

그 대신 '희망' 없이 어떤 것을 사랑하는 삶으로 나아갔으면 좋겠다. '다 잘될 거야!'라는 억지스러운 '희망' 대신, "잘되지 않더라도, 내 삶을 사랑하겠어!"라고 당당하게 말할 수 있었으면 좋겠다. '다시 좋은 사람을 만날 수 있을 거야!'라는 '희망' 대신, "이제 사랑받지 못한대도 기꺼이 사랑하겠어!"라고 미소 지으며 말할 수 있었으면 좋겠다. '다시 직장을 가질 수 있을 거야!'라는 '희망' 대신, "많은 돈을 벌지 못하더라도 내가 좋아할 수 있는 일을 하겠어!"라고 의연하게 말할 수 있었으면 좋겠다.

'희망' 없이 사랑하며 살 때, 진정으로 기쁘고 유쾌한 삶이 펼쳐진다. 행복한 삶의 비밀은 동서고금을 막론하고 하나다. '지금'을 사는 것! 우리가 불행한 이유가 무엇인가? 항상 과거에 대한 후회와 미래에 대한 불안에 매여 지금을 살지 못하기 때문 아닌가? 바로 이것이 '희망' 없이 사랑하는 삶을 살아야 하는 이유다. 현재를 충실하게 사는 유일한 방법이, '희망' 없이 어떤 것을 사랑하는 일이기 때문이다. '희망' 없이 사랑할 때, 우리는 과거도 미래도 아닌 지금을 살아갈 수 있다. 그렇게 우리는 '희망'과 '공포' 너머 진정으로 기쁜 삶에 이를 수 있다.

미신
— 왜 미신에 휘둘릴까요?

미신에 휘둘리는 사람들

"오늘 안 씻었어?"
"응, 씻으면 시험을 망치더라고."

'소영'은 시험 기간이면 목욕을 하지 않는다. 머리가 떡지면 모자를 눌러쓰고, 화장을 못 하면 마스크를 쓸지언정 씻지는 않는다. 이런 것을 징크스라고 한다. 징크스는 미신이다. 미신이 무엇인가? 실증적인 근거 없이 두 사건 사이에 인과관계가 있다고 맹목적으로 믿는 일이다. 이런 미신은 흔하다. 굿, 점, 사주부터 타로, 별자리, 궁합, 오늘의 운세까지, 우리는 크고 작은 미신들 속에서 살아간다고 해도 과언이 아니다.

이는 생각해 보면 참 흥미로운 일이다. 요즘이 어떤 세상인가? 누구나 자신이 과학적이고 합리적이라고 믿으며 사는 세상 아닌가. 이런 세상에 미신이 이토록 널리 퍼져 있다는 사실은 놀라운 일이다. 미신은 '합리적 세상 안의 비합리성'이라는 역설을 드러낸다. 하지만 미신을 그저 흥미로운 역설 정도로 치부할 수 없다. 미신은 우리 삶에 크고 작은 해악을 끼치기 때문이다.

미신은 해롭다. 작은 미신은 작게, 큰 미신은 크게 해롭다. '물 건너는 것이 위험하다'는 점쟁이의 말에 몇 달 전부터 준비한 여행을 취소하는 사람이 있다. '궁합이 나쁘다'는 무당의 말에 사랑하는 이와 헤어지는 사람도 있다. 심지어 무당의 말을 믿고 아픈 아이를 병원에 데려가는 대신 굿을 하는 사람도 여전히 존재한다.

물론 이들이 얻는 것도 있다. 정서적 안정감이다. 미신을 신봉할 때, 불확실한 미래가 주는 불안감은 사라지게 마련이다. 하지만 그 대가로 더 큰 것을 잃게 된다. 삶을 유쾌하게 할 여행을 가지 못하고, 삶을 함께할 연인을 떠나보내고, 아이의 건강을 악화시킨다. 정서적 안정감을 위해 더 소중한 것들을 잃는 삶, 이는 결코 건강한 삶이 아니다. 그런데도 우리는 크고 작은 미신에 휘둘리며 산다. 남들에게는 아닌 척 쉬쉬하면서 말이다. 그러니 조금이라도 더 건강하게 살아가기 위해서는 물어야 한다. '어떻게 미신에 휘둘리지 않을 수 있을까?'

스피노자의 '미신'
스피노자는 미신에 대해 어떻게 생각할까?

> 우연히 희망 또는 공포의 원인이 되는 사물은 좋은 징조 또는 불길한 징조라고 불린다. 그리고 이와 같은 징조들은 희망 또는 공포의 원인인 한에 있어서, 기쁨 또

는 슬픔의 원인이다. — 제3부, 정리 50, 주석

스피노자에 따르면, 우연히 '희망'의 원인이 되는 사물은 좋은 징조가 되고, 우연히 '공포'의 원인이 되는 사물은 불길한 징조가 된다. '희망'과 '공포'가 무엇인가? '희망'은 미래에 다가올지도 모르는 불확실한 기쁨이고, '공포'는 미래에 다가올지도 모르는 불확실한 슬픔이다. 좋은 징조는 '희망'을, 불길한 징조는 '공포'를 낳는다. 이는 전혀 어려운 이야기가 아니다. '돼지꿈'은 좋은 징조다. 왜 그런가? 그것은 '희망', 즉 '복권에 당첨될지도 모른다'는 불확실한 기쁨의 원인이 되기 때문이다. 반면 '까마귀 울음'은 불길한 징조다. 왜 그런가? 그것은 '공포', 즉 '재수 없는 일이 일어날지도 모른다'는 불확실한 슬픔의 원인이 되기 때문이다.

바로 이것이 미신 아닌가? 징크스부터 굿, 점, 사주, 타로, 별자리, 궁합, 오늘의 운세에 이르기까지, 그것은 모두 좋은 징조와 나쁜 징조를 구분하려는 일이다. 모든 미신은 우연히 '희망' 또는 '공포'의 원인이 되었던 사물에 기원한다. 이것이 미신의 기원이다. 누군가 돼지꿈을 꾼 날 우연히 복권에 당첨되었고, 누군가 까마귀가 운 날 우연히 재수 없는 일이 일어났기에 미신이 발생한다. 이러한 미신은 조금만 차분히 생각해 보면 황당할 정도로 비논리적, 비합리적, 비과학적이다.

모든 것을 의심하고 고찰하는 것이 인간의 특성 아닌가? 그럼에도 불구하고 인간 사회에서 미신이 사라진 적은 없다. 유사 이래 인간의 삶을 보라. 자연물을 숭배하는 토테

미즘, 초자연적인 존재와 소통하는 샤머니즘 등 고대 원시 신앙부터 오늘날의 기복신앙과 일부 종교에 이르기까지, 미신은 늘 인간 곁에 존재해 왔다. 인간은 사유하는 존재임에도 불구하고, 왜 인간의 역사에서 미신은 사라지지 않았던 걸까?

미신이 사라지지 않는 이유

인간은 어떤 존재일까? 단지 이성적으로 사유하기만 하는 존재일까? 그렇지 않다. 인간은 기쁨을 추구하는 존재이며, 동시에 불확실한 미래 앞에 놓인 존재이다. 즉, 인간은 불확실성 안에서 기쁨을 찾아야 하는 존재이다. 인간의 정신은 바로 이 두 가지 실존적 조건 아래서 작동한다. 이것이 인간사에서 미신이 사라지지 않는 이유다. 인간의 사유가 때로 비합리적이고 비실증적인 것도 그래서다. 인간은 분명 사유하는 존재이지만, 그 사유는 '불확실성 안에서 기쁨을 찾는 과정' 속에 너무 쉽게 왜곡되게 마련이다.

    이런 인간에게 미신은 매혹적일 수밖에 없다. 왜 그렇지 않겠는가? 좋은 징조를 통해 '불확실한 기쁨'을 얻을 수 있고, 불길한 징조를 통해 '불확실한 슬픔'을 피할 수 있으니까 말이다. 이러한 미신의 매혹이 논리적이고 합리적이며 실증적이어야 할 인간의 사유를 비논리적이고 비합리적이며 비실증적인 것으로 만든다. 이처럼 사유할 수 있는 능력이 있다고 할지라도, 인간은 쉽게 미신에서 벗어날 수 없다. 그 이유에 대해 스피노자는 이렇게 말한다.

우리는 그것들(좋은 징조, 불길한 징조)을 사랑하거나 증오하며, 또 그것들을 우리가 희망하는 사물을 위한 수단으로 사용하려고 노력하거나, 장애 또는 공포의 원인을 제거하려고 노력한다. ─ 제3부, 정리 50, 주석

스피노자의 말처럼, 우리는 좋은 징조를 사랑하고 불길한 징조를 싫어한다. 그래서 우리는 징크스 같은 미신을 통해 행운이나 재물처럼 희망하는 사물을 얻으려고 노력하고, 동시에 가난이나 이별처럼 두려워하는 사물을 제거하려고 노력한다. 인간은 '기쁨'을 가까이하고 '슬픔'을 멀리하려는 존재이기 때문이다. 그러니 어찌 보면, 미신에 대한 인간의 열망은 지극히 자연스러운 것이라 할 수 있다. 불확실성 안에서 기쁨을 찾고자 하는 인간이 어찌 미신에 끌리지 않을 수 있겠는가.

미신이 다양한 이유

이제 미신의 종류가 왜 그리 다양한지도 알 수 있다. 희망과 공포는 모든 사람이 느낀다. 그런데 그 희망과 공포가 현실이 될 때, 우연히 눈앞에 있는 사물, 즉 희망과 공포의 원인이 되는 사물은 저마다 다를 수밖에 없다. 그래서 미신이 그토록 다양해지는 것이다.

'소영'의 징크스는 '시험 기간에 씻지 않아야 성적이 잘 나온다'는 믿음이다. 한편 '대진'에게는 그런 징크스가 없다. 하지만 그는 중요한 일을 앞두고 있을 때면 '오늘의 운세'를 꼭 챙겨본다. 둘의 차이는 무엇일까? '소영'은 씻지 않고 시

험을 본 날 성적이 잘 나왔다. 이는 우연이다. '씻지 않음'이 우연히 희망의 원인이 된 것이다. 이는 반대로 말하면 '씻음'이 우연히 공포의 원인이 되었음을 의미한다. 이것이 '소영'이 믿는 미신의 기원이다.

'대진'도 마찬가지다. 그는 과거에 중요한 미팅을 앞두고 우연히 '오늘의 운세'를 읽었다. 거기서 '빨간색을 피하라!'는 조언을 듣고 넥타이를 파란색으로 바꿔 맸다. 그리고 그날 미팅이 잘 풀려서 좋은 성과를 냈다. 이 역시 우연이다. '오늘의 운세'가 우연히 희망의 원인이 된 것이다. 이는 반대로 말해 '오늘의 운세'를 따르지 않는 것이 우연히 공포의 원인이 되었음을 의미한다. 이것이 '대진'이 믿는 미신의 기원이다. 이러한 상황에 대해 스피노자는 이렇게 말한다.

> 그 어떤 것이라도 우연히 희망 또는 공포의 원인이 될 수 있다. ─ 제3부, 정리 50

어떤 것이라도 우연히 '희망'이나 '공포'의 원인이 될 수 있다. 그러니 미신은 다양할 수밖에 없다. 우연히 맺어진 원인과 결과에 의해 '희망'과 '공포'가 생겨나고, 이로써 미신이 탄생하게 된다. 다양한 삶 속에서 '희망'과 '공포'를 불러오는 우연한 원인과 결과는 얼마든지 달라질 수 있다. '돼지꿈'과 '까마귀 울음'이 각각 길조와 흉조가 된 것도 이와 같은 방식에 의해서다.

다른 미신들도 마찬가지다. 굿, 점, 사주, 타로, 별자리, 궁합 등 그것이 무엇이든 미신은 우연한 인과관계에 의해 탄생하게 된다. 이것이 자신 역시 미신에 빠져 있으면서 타인의 미신에 대해서는 어리석다고 쉽게 말하는 이유다. '오늘의 운세를 봐야 일이 잘 풀린다'는 타인의 믿음은 우연의 결과라고 쉽게 판단하지만, '씻지 않아야 시험을 잘 본다'는 자신의 믿음은 필연의 결과라고 생각하기 때문이다.

미신이 주는 '정서적 안정감'의 기원

> 미신은 슬픔을 가져오는 것을 선으로, 기쁨을 가져오는 것을 악으로 주장하는 것처럼 보인다. ─ 제4부, 부록 31

미신은 해롭다. 미신에 대한 열망이 자연스럽다고 할지라도 달라질 건 없다. 스피노자의 말처럼, 미신은 슬픔을 가져오는 것을 선으로, 기쁨을 가져오는 것을 악으로 믿게 만들기 때문이다. '씻지 않음'은 '불쾌함'이라는 슬픔을 촉발하는 '악'이지, 결코 '쾌적함'이라는 기쁨을 주는 '선'이 아니다. 오직 미신에 빠져 있을 때만 '씻지 않음'이 기쁨을 주는 '선'으로 왜곡될 뿐이다. 요컨대 미신은 슬픔(불쾌함)을 가져오는 것을 '선'으로, 기쁨(쾌적함)을 가져오는 것을 '악'으로 믿게 만드는 내적 교란장치인 셈이다. 이것이 삶의 진실이다.

이처럼 미신은 우리네 삶에서 유익보다 유해가 더 크다. 미신의 거의 유일한 유익은 '정서적 안정감'이다. 그런데 이 '정서적 안정감("안 씻으면 성적이 좋을 거야")'은 정말 유익한 걸까? 그렇지 않다. 미신이 주는 정서적 안정감은 근본적으로 극심한 유해, 즉 '정서적 불안감("성적이 나쁘면 어쩌지?")' 위에 존재하는 까닭이다. 이것이 무엇을 의미하는가? 미신을 통한 정서적 안정감을 느끼려면 먼저 정서적 불안감에 빠져 있어야 한다는 것이다.

말하자면, 미신은 불행이라는 토대 위에서 잠깐의 행복을 찾으려는 행위라고 할 수 있다. 이는 달리 말해, 미신을 통해 더 큰 안정감을 얻으려고 하면 할수록 그보다 더 큰 불안감에 사로잡힐 수밖에 없다는 의미다. 미신은 이토록 해롭다. 하지만 모든 해로운 것들이 그렇듯이, 미신 역시 좀처럼 떨쳐내기가 어렵다. 우리에게 들러붙은 미신에 대한 열망을 어떻게 떼어낼 수 있을까? 스피노자의 이야기에서 실마리를 찾을 수 있다.

미신에 휘둘리지 않는 법

우리는 희망하는 것을 쉽게 믿지만, 공포를 느끼는 것을 쉽사리 믿지 않도록 본질적으로 구성되어 있다. 또한 전자(좋은 징조)에 대해서는 적정 이상으로 후자(불길한 징조)에 대해서는 적정 이하로 평가하도록 본질적으로 구성되어 있다. 이것이 도처의 인간을 괴롭히는 미신의 기원이다. — 제3부, 정리 50, 주석

스피노자에 따르면, 인간은 희망찬 미래를 쉽게 믿고, 두려운 미래를 쉽게 믿지 않는 존재다. 그래서 인간은 좋은 징조는 과대평가하고, 불길한 징조는 과소평가하게 마련이

다. 쉽게 말해, 사주를 좋게 말해 주는 점집은 자주 찾고, 사주를 나쁘게 말하는 점집은 덜 찾게 된다는 것이다. 스피노자는 이것이 인간을 괴롭히는 미신의 기원이라고 말한다. 바로 이 지점에서 미신에 휘둘리지 않고 강건하게 살아갈 방법을 발견할 수 있다.

나 역시 한때 갖가지 미신에 휘둘리며 살았다. 우연히 시계를 봤는데 4시 44분이면, 하루 종일 기분이 찝찝했다. 시험 치기 전에는 미역국을 먹지 않았다. 어머니가 지갑에 넣어 준 부적을 늘 가지고 다녔다. 데이트할 때도 덕수궁 돌담길은 걷지 않았다. 누군가 삼재(三災)라고 하면 운전할 때 더욱 조심했다. 괜한 짓을 해서 불행해지고 싶지 않아서였다. 하지만 지금은 이런 미신에 전혀 개의치 않는다. 온갖 미신들이 넘쳐나는 시대지만, 이제 그것들은 내게 어떤 영향도 미치지 않는다.

나는 어떻게 미신에 휘둘리지 않게 되었을까? 생각보다 간단하다. 미신의 기원을 거꾸로 적용했다. 좋은 징조를 과소평가하고, 불길한 징조를 과대평가했다. 비유하자면, 사주를 나쁘게 말하는 점집만 골라 다녔던 셈이다. 정말로 그랬다. 일부러 4시 44분에 시계를 봤다. 시험 치기 전에 미역국을 두 그릇 먹었다. 어머니가 지갑에 넣어 준 부적을 찢어 버렸다. 여자 친구와 함께 덕수궁 돌담길을 걸었다. 삼재 때 오토바이를 타고 도로를 질주했다.

물론 그럴 때마다 안 좋은 일이 생길까 봐 문득 두렵고 불안했다. 하지만 불길한 징조를 의도적으로 반복하면서 알게 되었다. 불길한 징조와 불행한 일 사이에는 그 어떤 상관

관계도 없다는 사실을. 그리고 가끔 불길한 징조와 불행한 일이 연결되더라도 그것은 우연히 일어난 일일 뿐이라는 사실을 말이다. 그렇게 나는 미신으로부터 조금씩 자유로워졌다.

백척간두진일보의 삶

> 백척간두진일보百尺竿頭進一步 시방세계현전신十方世界現全身 — 무문혜개無門慧開, 『무문관』

"백 척이나 되는 장대 위에서 한 걸음을 더 내디디면, 세계 전체가 있는 그대로의 모습을 드러낼 것이다." 불교의 종파 중 하나인 선종에서 전해 내려오는 유명한 말이다. 그런데 이는 생각만으로도 아찔한 상황 아닌가? 백 척이면 약 30미터다. 30미터 높이의 장대 위에서 한 걸음을 내디디면 당장이라도 발을 헛디뎌 죽을 것 같다. 하지만 그 불안하고 두려운 상황에서 한 걸음을 내디뎌 본 사람은 안다. 그때 공포와 불안으로 왜곡된 세계가 순식간에 사라지고, 있는 그대로의 세계가 드러난다는 사실을.

백척간두에서 한 걸음을 더 내딛는 삶. 그것은 불길한 징조 속으로 자신을 내던지는 삶이다. 이는 내면적 나약함에서 벗어나 강건하고 씩씩한 삶을 향해 나아가는 과정이다. 근거 없는 미신에 휘둘리느니, 당당하게 불행을 맞이하겠다는 강건함. 그런 강건함은 백척간두 위에서 한 걸음을 내디딜 수 없다면 결코 얻을 수 없는 것이다. 미신에 휘둘리고 있다면 과감하게 불길한 징조 속으로 뛰어들어야 한다. 죽을 것 같은 공포와 불안이 엄습하겠지만, 다른 길은 없다.

　백척간두에서 한 걸음을 내딛는 과정을 반복하면 삶의 진실을 깨닫게 된다. 미신을 어겨도 별일 안 일어난다는 삶의 진실. 설령 안 좋은 일이 일어난다 해도, 그것은 우연의 결과일 뿐 불길한 징조와는 어떤 상관관계도 없다는 삶의 진실 말이다. 그렇게 미신에서 벗어날 때, 삶에서 진정으로 소중한 것들을 지켜낼 수 있는 강건함을 얻게 된다.

　진정한 정서적 안정감은 바로 그때 찾아온다. 미신이 주는 정서적 안정감은 정서적 불안감에서 파생된 감정일 뿐이다. 그래서 그것은 삶을 슬픔에 빠뜨리는 거짓 안정감이다. "씻으면 안 돼!" "물 건너 여행 가면 안 돼!" "궁합이 안 맞는 사람은 안 돼!" 이런 미신에 휘둘리면, 불쾌하고 재미없고 사랑 없는 삶을 살게 된다. 반면 이런 미신을 떨쳐냈을 때 찾아오는 안정감은 삶을 더욱 기쁘게 하는 진짜 안정감이다. 씻고 싶을 때 씻고, 떠나고 싶을 때 여행 가고, 사랑하고 싶은 사람을 사랑할 수 있는 정서적 안정감. 이런 진짜 정서적 안정감은 반드시 더 기쁜 삶을 약속한다.

『에티카』 한 걸음 더
— '자연'이란 무엇인가?

생산하는 자연, 생산된 자연

스피노자의 '신' 인식은 흔히 '범신론汎神論'이라고 불린다. 이는 스피노자가 '신'을 초월적 존재가 아니라 '자연 그 자체'로 보기 때문이다. 스피노자의 '신'은 '자연 그 자체'이기에, 세상 어디에나汎 존재하며 세상 만물을 만들어 내는 신神이다. 일부 사람들은 스피노자의 '범신론汎神論'을 '무신론無神論'으로 간주한다. 하지만 이는 엄밀하지 않은 해석이다. 오히려 '범신론'만이 진정한 의미의 '유신론'일 수 있다.

만약 신이 '범신汎神'이 아니라 한정된 곳에만 존재한다면, 그것은 더 이상 '신'이 아니다. 스피노자는 '신'이 '자연 그 자체'이기 때문에 어디에나 존재한다고 말한다. 그런데 여기서 하나의 문제가 발생한다. '신=자연'이라면, 두 개의 '신'이 존재하게 된다. '자연'에는 '자연 그 자체'와 '자연물'이라는 두 가지 '자연'이 있기 때문이다. 스피노자는 이를 각각 '생산하는 자연 Natura naturans'과 '생산된 자연 Natura naturata'으로 구분한다.

생산하는 자연이라는 것을 우리는 그 자체 안에서 이미 존재하며 그 자체를 통하여 파악되는 것, 또는 영원하고 무한한 본질을 표현하는 실체의 속성들, 즉 자유로운 원인으로서 고찰되는 한에 있어서의 신이라고 이해하지 않으면 안 된다. — 제1부, 정리 29, 주석

'생산하는 자연'은 '자연 그 자체'이다. 이는 구체적으로 무엇일까? '자연'에는 우리 눈에 보이는 비, 바람, 파도, 나무, 꽃, 과일 같은 '자연물'만 있는 것이 아니다. 그 모든 '자연물'을 만들어 내는 어떤 근원적인 힘, 즉 자연을 자연스럽게 하는 힘으로서의 '자연 그 자체'도 있다. 이것이 '생산하는 자연'이자, 스피노자가 말하는 '신'이다. 스피노자는 유대-기독교적 '신(초월적 원인)'은 이 '자연 그 자체'로서의 '신(내재적 원인)'을 오해한 것에 불과하다고 보았다. 그렇다면 '생산된 자연'은 무엇일까?

생산된 자연을 신의 본성이나 신의 각 속성의 필연성에서 생기는 모든 것, 즉 신 안에 존재하며 신 없이는 존재할 수도 없고 파악될 수도 없는 그러한 것으로 고찰되는 신의 속성의 모든 양태로 이해한다. — 제1부, 정리 29, 주석

'생산된 자연'은 '자연물'이다. 쉽게 말해, 나무, 꽃, 새, 벌 같은 '자연물'을 말한다. 이는 '양태mode'로서의 '자연'이다. '생산하는 자연'은 볼 수도, 만질 수도 없다. 우리가 보고

만질 수 있는 것은 오직 '생산된 자연'뿐이다. 더 정확히 말하면, 우리는 '생산된 자연(자연물)'을 통해 '생산하는 자연(자연 그 자체)'을 지각할 수 있다.

'신=자연'이다. 그리고 '자연'에는 두 가지 '자연'이 있다. 그렇다면 신은 둘일까? 아니다. 신(=자연)은 하나다. 왜냐하면 '양태mode'로서 '생산된 자연(자연물)'은 어디까지나 '실체'로서 '생산하는 자연(자연 그 자체)'의 변용이기 때문이다. 즉, '생산하는 자연'만이 '신'이고, '생산된 자연'은 그 '신'이 다양한 방식으로 변용된 상태mode라고 말할 수 있다. 하지만 그렇다고 하더라도, '생산된 자연'은 단순히 '신(자연 그 자체)'이 만든 피조물이 아니다. 이 점이 중요하다. '생산된 자연'은 '초월적 신'의 피조물이 아니다. 이는 '내재적 신(생산하는 자연)'의 변용이기에, '신(자연 그 자체)'의 속성 중 일부를 지닌다.

신을 넘어 자유로운 인간이 되라!
'신'은 무엇인가? 무엇인가를 생성할 수 있는 능력을 지닌 존재다. '생산하는 자연'이 '신'인 이유도 여기에 있다. '생산하는 자연'은 '생산된 자연'을 생성하기 때문이다. '생산된 자연'은 '신'은 아니지만, 분명 '신'의 속성을 지닌다. '생산된 자연' 역시 무엇인가를 끊임없이 생성하기 때문이다. 나무는 과일을, 꽃은 향기를, 동물은 새끼를, 벌은 꿀을, 인간은 사유를 끊임없이 생성하지 않던가. 물론 '생산된 자연'의 생성은 근본적으로 '신(생산하는 자연)'의 생성에 기초해 있으므로, '생산된 자연'은 '신'이 아니다. 하지만 '생산된 자연' 역시 무엇인가를 끊임없이 생성하기에, '신'의 속성을 지닌다고 말할 수 있다.

유대-기독교적 '신'과 스피노자의 '신'이 있다. 이 두 '신' 중 어느 쪽이 인간에게 더 유익할까? 당연히 스피노자의 '신'이다. 유대-기독교적 '신'은 인간을 단순한 피조물로 전락시킨다. 즉, 인간을 끊임없이 주인을 찾아 헤매야 하는 예속적 존재로 고정시킨다. '하나님-아버지'를 찾아 헤매는 정서적 예속 상태는 곧 '하나님-권력자', '하나님-자본가', '하나님-멘토'로 끊임없이 변주된다. 인간이 '신'의 피조물이라면, 인간은 결코 채워지지 않는 존재론적 결여를 메우기 위해 끊임없이 변주되는 '하나님-아버지'를 찾아 헤맬 수밖에 없다.

하지만 스피노자의 '신'은 다르다. 인간은 '신'이 아니지만, '신'의 속성을 지닌다. '신'의 속성을 지닌 인간은 단순한 피조물이 아니다. 우리 역시 스스로 무엇인가를 자유롭게 생성할 수 있는 존재다. 스스로 생성할 수 있는 인간은 예속되지 않는다. 자유롭다. 물론 스피노자의 '신'을 믿는다고 해서, 인간에게 주어진 존재론적 결여가 완전히 사라지는 것은 아니다. 인간은 '신'이 아니기에, 피할 수 없는 존재론적 결여는 언제나 존재한다.

하지만 스피노자의 '신'을 믿는다면, 그 결과는 사뭇 다르다. 스피노자의 '신'은, 각자에게 주어진 '신'의 속성을 통해 우리 역시 스스로 무엇인가를 생성해 나갈 수 있다는 믿음을 준다. 이 믿음은, 우리에게 주어진 존재론적 결여를 스스로 극복해 나갈 수 있는 힘이 된다. 그렇게 우리는 그 어떤

'하나님-아버지'에게도 예속되지 않고 스스로 자유롭게 삶을 만들어 나갈 수 있다. 스피노자가 『에티카』를 통해 우리에게 당부하고 싶은 이야기는 분명하다. "신을 넘어 자유로운 인간이 되라!"

6 더 맑은 '지혜'를 위해

후회
— 후회될 때 어떻게 해야 할까요?

후회의 집요함

'그때 그 대학에 갔어야 했는데.' '책을 좀 더 많이 읽을 걸.' '그 사람과 연애하지 말았어야 했는데.' '그때 사업을 시작하지 말걸.' '그때 집을 사 놨어야 했는데.' 우리는 갖가지 후회를 하며 산다. 후회만큼 삶을 피폐하게 만드는 감정도 없다. 건강한 삶은 '지금'을 사는 삶이다. 하지만 후회는 퇴행적이다. 후회는 우리를 과거에 머무르게 한다. 후회하면 할수록 과거에 얽매여 지금의 삶에 집중하지 못하게 된다. 후회는 그렇게 조금씩 우리네 삶을 갉아먹는다.

후회는 언제 찾아올까? 현재가 만족스럽지 못할 때다. 취업이 안 되거나, 승진에서 누락되거나, 사고나 질병을 겪거나, 사업이 어려워질 때 후회하게 된다. 즉, 현재가 슬픔일 때, '그때 그걸 하지 말았어야 했는데'라며 지난 선택들을 후회하게 된다. 물론 과거를 돌이킬 수 없다는 사실은 누구나 안다. 그럼에도 후회는 떨쳐내기 어렵다. 기대가 컸거나 중요했던 일일수록 후회 역시 강렬해지기 때문이다.

후회라는 감정은 집요하다. 현재가 만족스러울 때조차 후회가 찾아오기 때문이다. 적지 않은 돈을 벌게 되거나, 삶을 바꿀 지혜를 깨닫거나 지식을 알게 될 때가 있다. 그런데 어떤 이들은 그때조차 '이걸 조금 더 일찍 알았어야 했는데'라며 후회한다. 후회는 필연적으로 우리를 슬픔으로 몰아넣는다. 삶이 만족스럽지 않을 때도 후회하느라 더 큰 슬픔에 빠지고, 삶이 만족스러울 때도 후회하느라 기쁨을 잊고 슬픔에 빠지게 된다. 이처럼 후회는 필연적으로 슬픔을 불러온다.

유쾌하고 명랑한 삶을 원한다면 후회라는 감정을 잘 다룰 수 있어야 한다. 하지만 모든 감정이 그렇듯, 후회라는 감정 역시 뜻대로 되지 않는다. '후회하지 않아야지'라고 마음먹는다고 후회가 사라지는 것이 아니다. 후회는 우리의 의지와 상관없이 불시에 덮쳐오고, 끈덕지게 달라붙는다. 후회하고 싶지 않은 이들이 해야 할 질문은 이것이다. '후회가 밀려들 때 어떻게 해야 할까?'

스피노자의 '후회'
먼저 스피노자가 '후회'라는 감정을 어떻게 설명하는지 들어 보자.

후회란 우리가 정신의 자유로운 결심에 의하여 행하였다고 믿는 어떤 행위의 관념을 수반하는 슬픔이다. ― 제3부, 감정의 정의 27

스피노자에게 '후회'는 슬픔의 일종이다. 우리네 삶의 활력을 앗아가는 슬픔. 그렇다면 '후회'는 어떤 종류의 슬픔일까? "우리의 정신이 자유로운 결심에 의하여 행하였다고 믿는 어떤 행위"에 관한 슬픔이다. 알 듯 말 듯 난해하다. "자유로운 결심"이 정확히 어떤 의미인지 파악하기 어렵기 때문이다. 스피노자의 '후회'라는 감정을 이해하기 위해서는 먼저 그가 말하는 '자유' 개념을 파악해야 한다. 스피노자는 '자유'에 대해 다음과 같이 이야기한다.

> 인간이 자신을 자유롭다고 믿는 것(즉, 자신의 자유 의지로 어떤 일을 할 수도 있고, 하지 않을 수도 있다고 생각하는 것)은 그릇된 일이다. — 제2부, 정리 35, 주석

스피노자에 따르면, "인간이 자신을 자유롭다고 믿는 것"은 오류다. 즉, 인간이 "자유 의지로 어떤 일을 할 수도 있고, 하지 않을 수도 있다고 생각하는 것"은 그릇된 일이다. 스피노자의 주장에 당혹감을 느낄 수밖에 없다. 우리는 너무도 당연하게 자신이 자유로운 존재라고 생각하지 않는가? 특정한 외부 억압이 없다면, 우리는 자유롭게 어떤 일을 할 수도 있고, 하지 않을 수도 있다고 믿는다. 이는 사실일까? 정말 우리는 자유로운 걸까?

스피노자의 '자유'

'성규'와 '혜주'라는 두 청년이 있다. '성규'는 여행을 포기하고 취업을 준비하는 삶을 선택했다. '혜주'는 취업을 포기

하고 여행을 다니는 삶을 선택했다. 둘은 모두 자유롭게 각자의 삶을 선택했다고 믿는다. 정말 그럴까? '성규'는 왜 여행을 포기하고 취업을 준비하게 되었을까? 어린 시절, 아버지의 사업이 망해 버렸기 때문이다. '성규'는 가난이 불편함을 넘어 비참함이라는 사실을 온몸으로 알고 있다. 그렇다고 돈을 벌기 위해 사업을 할 수도 없다. 그 길이 얼마나 불안정하며, 언제든 다시 가난의 나락으로 추락할 수 있는 길인지 역시 온몸으로 알고 있기 때문이다.

한편 '혜주'는 왜 취업을 포기하고 여행을 다니는 삶을 선택했을까? 프랑스에 사는 이모 때문이다. 이모를 보러 간 프랑스에서 돈보다 중요한 가치를 추구하는 친구들을 만났다. 그들과 교류하며 직장인 말고 다른 방식의 삶도 얼마든지 가능하다는 것을 온몸으로 알게 되었다.

'성규'와 '혜주'는 모두 자신이 인생을 자유롭게 결정했다고 믿는다. 정말 그럴까? 만약 '혜주'가 외국에 사는 이모가 없고, 가난에 시달리는 어린 시절을 보냈다면 어땠을까? 만약 '성규'의 아버지가 큰돈을 벌어 아들을 유학이나 여행에 보내 주었다면 어땠을까? 둘은 정반대의 삶을 살게 되었을지도 모른다. 즉, 두 청년의 결정은 자유 의지에서 비롯된 것이 아니라, 주어진 환경의 영향 아래서 벌어진 결과다. 그럼에도 이들은 스스로가 자유롭다고 믿는다. 어째서 이런 착각이 일어나는 것일까?

(인간이 자신은 자유롭다고 믿는) 그러한 의견은 단지 그들이 자신의 행동을 의식하지만 그들로 하여금 행동하

게끔 결정하는 원인을 모르는 데서 성립한다. 그러므로 그들의 자유 관념은 단지 자신들의 행동의 원인에 대한 무지일 뿐이다. ─ 제2부, 정리 35, 주석

'성규'는 '취업 준비'라는 자신의 행동을 의식하고 있다. 하지만 그런 행동을 낳은 원인(아버지의 부도·경제적 불안정)은 모르고 있다. 이것이 그가 자유롭게 취업을 준비하게 되었다고 믿는 이유다. '혜주'도 마찬가지다. '혜주'는 '해외 경험'이라는 자신의 행동을 의식하고 있다. 하지만 그런 행동을 낳은 원인(프랑스의 이모와 친구들)에 관해서는 의식하지 못한다. 그런 원인들을 모르기에 지금 자신의 삶이 자유로운 선택의 결과라고 믿게 된 것이다.

'성규'와 '혜주'가 스스로 자유 의지를 가지고 각자의 삶을 선택했다고 믿는 것은 오류일 뿐이다. 자신에게 지대한 영향을 끼친 주변 환경에 대한 무지에서 비롯된 오류. 이처럼 인간은 자유 의지를 가지고 자신의 삶을 선택한다고 믿지만, 실제로는 그 선택이 어떤 원인으로 인해 결정된 것인지 모를 뿐이다. 이제 '후회'라는 감정이 무엇인지 조금 더 선명하게 알 준비가 되었다. 스피노자는 '후회'라는 감정에 대해 다시 이렇게 설명한다.

후회의 원인, 과잉된 자의식

후회란 원인으로서의 자기 자신의 관념을 수반하는 슬픔이며, … 이러한 감정은 자기 자신을 자유롭다고 믿

기 때문에 매우 강렬하다. ― 제3부, 정리 51, 주석

 '원하는 대학에 가지 못했다'는 '후회'를 예로 들어 보자. 이 '후회'는 "원인으로서의 자기 자신"을 떠올릴 때 발생하는 슬픔이다. 즉, 더 열심히 공부할 수 있었는데 그렇게 하지 않은 자기 자신을 떠올릴 때 발생하는 슬픔이다. 여기서 중요한 점은, 이런 '후회'는 자신이 자유로웠다고 믿을수록 더욱 강렬해진다는 사실이다.

 '후회'는 누구나 겪는다. 그러나 유독 더 크게, 더 자주 '후회'하는 이들이 있다. 이들에게는 하나의 공통점이 있다. 바로 과잉된 자의식이다. 과잉된 자의식이 무엇인가? 세상의 중심이 자신이라고 믿는 정서 상태다. 자의식이 과잉된 이들은 마치 자신이 신이라도 되는 것처럼, 타자와 세상이 모두 '나'를 중심으로 돈다고 믿는다. 이들은 타자와 세상의 존재를 외면하고 온통 자신에 대한 생각으로 머릿속이 가득하다.

 그래서 이들은 타자와 세상의 문제를 부지불식간에 모두 '나'의 문제로 연결짓는다. 그 연결은 긍정적인 일과 부정적인 일을 가리지 않는다. 자의식이 과잉된 이들을 살펴보라. 그들은 명백히 여럿이 함께 한 일임에도 불구하고 그 일이 잘되면 모두 자신 덕분이라고 믿는다. 반대로 누군가 수군거리면 그것이 모두 자신의 뒷담화라고 믿는다. 이는 자의식이 과잉된 이들에게는 당연한 일이다. 그들에게 세상의 중심은 '나'이기 때문이다.

 이런 자의식이 과잉된 이들은 필연적으로 더 크게, 더

자주 후회할 수밖에 없다. 그들은 자신이 자유로운 존재라고 믿기 때문이다. 항상 '후회'하며 사는 친구를 한 명 알고 있다. 그는 현재 상황이 만족스러울 때도, 그렇지 않을 때도, 늘 '후회'하며 산다. 돈이 없을 때는, '그때 직장을 그만두지 말았어야 했는데'라며 후회한다. 새로운 지식을 알게 되면, '이걸 좀 더 일찍 알았어야 했는데'라며 후회한다. 그는 왜 항상 '후회'에 사로잡혀 있을까? 스피노자의 말을 빌리자면, 자기 자신이 자유롭다고 확신하기 때문이다. 자신에게 무한한 자유가 있다고 믿는 그 과잉된 자의식이 '후회'의 원인인 셈이다.

후회는 오만함에서 온다

후회란, 자신이 "자유로운 결심에 의하여 행하였다고 믿는 어떤 행위"에 관한 슬픔이다. 여기서 중요한 부분은 "자유로운 결심"이다. 자유로운 결심이 정말 가능할까? 그것이 가능하다면 그는 전지전능한 신일 것이다. 그러나 신이 아닌 유한한 인간은 주변 환경의 영향을 받을 수밖에 없다. 인간은 어떤 일을 온전히 자유롭게 결심할 수 있는 존재가 아니다. 인간은 누구나 자신이 어떻게 할 수 없는 상황과 조건 속에 놓여 있기 때문이다. 우리는 온전히 자유로운 선택을 할 수 없다. 삶의 시작조차 우리가 선택한 일이 아니지 않은가.

이제 '후회'라는 감정의 놀라운 진실을 알게 된다. '후회'는 위축의 감정이 아니라 오만의 감정이다. 왜냐하면 '후회'는 자신이 자유롭다고 확신하는 사람일수록 더욱 강하게 느끼는 감정이기 때문이다. '후회'가 무엇인가? 자신이 현재 상황에 이르게 된 원인을 모두 자신에게 돌릴 때 발생하는 감정이다. 과도하게 '후회'하는 사람은 자신이 모든 불행의 원인이라고 믿는 사람이다. 이는 달리 말해, 자신에게 어떤 결정이든 내릴 수 있는 능력과 환경이 주어져 있다고 믿는 사람이다. 즉, 자신이 전적으로 자유로웠다고 믿는 사람이다. 이보다 더 오만한 사람이 어디 있을까.

'후회'는 과잉된 자의식이 만들어 낸 오만함의 결과다. 항상 '후회'하는 그 친구 역시 마찬가지다. 그는 과잉된 자의식으로 인해 오만하다. 그는 자신에게 기쁨이 찾아올 때, 그 기쁨의 원인을 오로지 자기 덕으로 여긴다. 사랑의 기쁨이 찾아오면, 그 원인을 오직 자신에게서 찾는다. 즉 자신이 좋은 사람이기 때문에 사랑의 기쁨이 찾아왔다고 믿는다. 그런 그에게 슬픔이 찾아온다면 어떻게 될까? 그것 역시 오로지 자기 탓이라 여길 수밖에 없다. 사업에 실패하면, 그 원인 역시 오직 자신에게서 찾을 수밖에 없다. 자신이 무능해서 사업에 실패했다고 믿을 수밖에 없다. 그러니 어찌 후회하지 않을 수 있을까?

후회하는 삶에서 벗어나는 법
후회가 밀려들 때 어떻게 해야 할까? 과잉된 자의식에서 벗어나면 된다. 세상의 중심이 '나'가 아니며, 세상에는 내가 어찌할 수 없는 일들이 존재한다는 사실을 받아들이면 된다. 그때 우리는 삶의 진실을 볼 수 있다. 지금 내 삶이 슬픔에 빠진 것은 오롯이 나의 자유로운 선택 때문만은 아니라는 삶의 진실. 지금 내가 느끼는 슬픔은 일정 정도 나의 의지와 상관없이 세상에 내몰린 결과였다는 삶의 진실.

책을 많이 읽지 못한 것. 대학에 가지 못한 것. 연애와 여행을 많이 해 보지 못한 것. 세상에는 이처럼 갖가지 '후회'가 있다. 그런데 이 모든 일들이 자신만의 잘못으로 일어난 것은 아니다. 책을 많이 읽을 수 없었던 것, 대학에 갈 수 없었던 것은 개인의 의지와 노력 부족 때문만은 아니다. 그 의지와 노력의 부족은, 불우한 가정형편이나 좋은 교육의 부재 같은 더 근본적인 원인의 결과였을 수 있다. 연애와 여행을 많이 하지 못했던 것도 개인의 소심함 때문만은 아니다. 그 소심함은, 지나치게 안정 지향적인 부모라는 더 근본적인 원인의 결과였을 수 있다.

이처럼 더 근본적인 원인을 마주할 때, 우리는 '후회'를 잘 다룰 수 있는 힘을 얻게 된다. 이때 '후회'를 잘 다룬다는 것은, 어떤 '후회'도 하지 않는다는 뜻이 아니다. 당연히 '후회'할 수 있고, '후회'해야만 할 때도 있다. 하지만 그 '후회'는 내가 자유로웠던 만큼만 해야 한다. 내가 어찌할 수 없는 부분이 있었다면 그만큼은 '후회'의 영역이 아니다. 불우한 가정형편이라는 조건 안에서 노력할 수 있는 틈이 있었다면, 그 틈만큼만 후회하면 된다. 안정 지향적인 부모라는 조건 안에서 용기를 낼 틈이 있었다면, 그 틈만큼만 후회하면 된다. 그만큼이 정당한 '후회'다.

'내 결정은 온전히 자유롭지 않다.' 이 삶의 진실에 비추어 '후회'를 고찰해 보는 것, 이것이 '후회'를 잘 다루는 방법이다. 즉, '후회'를 잘 다룬다는 것은 부당하게 '후회'하지 않고, 정당한 '후회'를 하는 것이다. '후회'라는 감정이 찾아왔는가? 그렇다면 먼저 자신의 삶을 있는 그대로 돌아보라. 지금 '후회'되는 그 일이 일어나기까지 자신에게 얼마만큼의 자유가 있었는가? 그 자유만큼만 '후회'하면 된다. 어떤 슬픔이 닥쳐왔을 때, 내가 자유롭게 선택할 수 있었던 부분만큼만 '후회'하면 된다.

희생
— 희생하는 삶은 좋은 삶일까요?

희생을 강요하는 사회

"넌 네가 하고 싶은 일만 하냐?" 우리가 자신의 욕망을 따르려 할 때, 세상이 던지는 질타다. 집, 학교, 직장 등 어디를 가더라도, 원하는 일을 못 하게 하거나 혹은 원치 않는 일을 강요하는 이들이 넘쳐난다. 그들의 질타는 결국 '남들은 다 희생하고 있는데, 너는 왜 아무것도 희생하지 않느냐'는 의미다. 희생이 무엇인가? 어떤 목적을 위해 자신이 이미 가졌거나 앞으로 가질 것을 버리는 일이다.

우리 사회는 명백히 희생을 강요하는 사회다. "공부해라!" "군대 가라!" "취업해라!" "효도해라!" 이는 모두 희생을 강요하는 말이다. 그 강요에 따라 희생하며 살아본 이들은 안다. 희생하는 삶이 얼마나 불쾌하고 우울하고 절망스러운지. 몇몇 예외적인 경우가 아니라면, 공부하고 입대하고 취업하고 효도하는 삶은 모두 희생하는 삶이다. 이런 희생하는 삶은 우리를 점점 더 불행의 나락으로 내몬다.

하지만 그런 희생을 단호하게 거부하기도 어렵다. 희생

을 거부하는 이들에게는 비난과 질타가 쏟아지고, 희생을 받아들이는 이들에게는 칭찬과 인정이 주어지기 때문이다. 그렇게 희생은 당연한 것을 넘어 훌륭한 것이 된다. 희생은 슬픔이다. 우리는 그 지독한 슬픔을 강요하는 사회에 산다. 그러니 우리에게는 중요한 질문이 하나 남겨진다. '어떻게 희생하는 삶에서 벗어날 수 있을까?'

스피노자의 '희생'
사실 스피노자는 희생에 대해 명시적으로 말한 바 없다. 하지만 그의 사유 체계를 통해, 스피노자가 희생을 어떻게 바라보았을지 추론해 볼 수 있다. 그 추론의 실마리가 되는 대목을 먼저 살펴보자.

> 정신은 신체의 활동 능력을 감소시키거나 억제하는 사물을 표상할 때, 그러한 것의 존재를 배제하는 사물을 가능한 한 마음에 떠올리려고 한다. — 제3부, 정리 13

인간은 자연스럽게 슬픔을 멀리하고 기쁨에 다가서려는 존재다. 그래서 인간은 삶의 활력을 감소시키거나 억제하는 사물이 떠오르면, 그것을 제거할 수 있는 사물을 가능한 한 떠올리려고 한다. 즐겁게 게임을 하고 있는 아이를 생각해 보자. 아이의 엄마가 말한다. "게임 그만하고 빨리 공부해!" 그 순간 아이는 엄마의 직장을 떠올리려고 한다. 엄마가 직장에 가면 잔소리가 사라질 것이라 생각하기 때문이다. 이는 엄마의 잔소리가 아이의 활력을 감소시키거나 억제하기에 발생하는 일이다.

이제 스피노자가 희생을 어떻게 바라보았을지 추론할 수 있다. 희생은 기쁨에서 멀어지고 슬픔에 다가서는 일 아닌가? 이는 스피노자가 바라보는 인간의 본성에 반하는 일이다. 스피노자에게 희생은 당연한 것도 훌륭한 것도 아니다. 희생은 지극히 부자연스러운 것이다. 오히려 희생하지 않는 것이 자연스럽고 당연하다. 우리의 정신은 자연스럽게 삶의 활력을 감소시키거나 억제하는 사물들, 예컨대 공부, 군대, 취업, 효도 같은 것들을 배제하는 쪽으로 움직이기 때문이다. 우리의 정신은 희생을 거부하는 쪽으로 이끌릴 수밖에 없다.

희생이 남기는 상흔

희생은 인간에게 '자연'스러운 일이 아니다. 오히려 매우 부자연스러운 일이다. 그리고 '자연'을 거스르는 것은 반드시 문제가 된다. 즉, 희생하는 삶은 필연적으로 많은 문제를 불러일으킨다. 여자 친구를 두고 군대에 가게 된 청년을 생각해 보자. 그에게 가장 먼저 찾아오는 것은 우울이다. 그리고 이런 희생이 지속되면 분노와 원망이 된다. "꽃다운 청춘을 이렇게 희생하라니, 이 나라가 싫다!" 인간은 자신이 원하는 일을 하지 못하고 자신이 원하지 않는 일을 해야 할 때 우울과 분노, 원망이 쌓일 수밖에 없다.

그뿐인가? 오랜 시간 희생에 순응하느라 쌓인 우울, 분노, 원망이 뒤엉킨 채 시간이 흐르면, 이는 터무니없는 피해의식으로 발전하게 된다. 급기야 청년은 이렇게 소리치게 될지도 모른다. "군대 안 가는 놈들은 다 죽어야 돼!" 긴 시간 희생에 순응했던 이들은 희생하지 않는 이들의 존재를 용납할 수 없다. 나만 억울하게 희생했다는 사실을 직감할 때, 근거 없는 적개심에 사로잡히게 된다. 이는 희생이 남긴 피해의식이다. 오랜 시간 희생하며 살았던 이의 내면이 흉측하게 뒤틀리는 것은 결코 우연이 아니다. 이처럼 희생은 다양한 방식으로 우리네 삶을 슬픔에 몰아넣는다.

유쾌하고 명랑한 삶을 원한다면, 주어진 삶의 조건 안에서 최대한 희생을 거부하며 살아야 한다. "희생하며 살아야 할까요?" 스피노자라면 이 질문에 이렇게 답해 줄 테다. "희생하지 말거라. 희생하는 삶은 우울하고 불쾌하며 한없이 슬픈 삶이다." 그런데 이 말에 하나의 의문이 든다. 우리는 때로 자신의 것을 기꺼이 내어놓으며, 더 유쾌하고 명랑해지는 기쁨을 경험해 보지 않았던가? 우리에게 그런 경험이 없다고 하더라도, 분명 기쁜 마음으로 공부하고 군대에 가고 취업하고 효도하는 사람들도 있지 않은가?

스피노자의 '헌신'

종종 기쁜 마음으로 자신이 가진(혹은 가질 수 있는) 것을 내어주는 이들이 있다. 그들은 그것을 내어준 뒤 더 큰 기쁨을 느낀다. 이런 경우는 어떻게 설명할 수 있을까? 그들은 자신이 가진(혹은 가질 수 있는) 것을 내어놓지만 희생하는 것이 아니다. '헌신'하는 것이다. 희생과 '헌신'은 겉보기에 비슷해 보일 뿐, 전혀 다른 감정이다. '자신의 것을 내어주는 일'이라는 측면에서 같아 보이지만, 희생과 '헌신'은 근본적으로 다른 지점이 있다. 이 둘을 어떻게 구분할 수 있을까? 우선 스피노자가 '헌신'을 어떻게 정의했는지 들어 보자.

> 헌신이란 우리가 경탄하는 사람에 대한 사랑이다. — 제3부, 감정의 정의 10

'헌신'은 '사랑'의 한 종류이다. 어떤 종류의 '사랑'일까? 스피노자는 '헌신'을 "경탄하는 사람에 대한 사랑"으로 정의한다. 간단히 말하자면, '헌신=경탄+사랑'이다. 그렇다면 이는 '기쁜 마음으로 자신의 것을 내어주는 일'과 어떤 관련이 있을까?

어느 직장인이 있다. 그는 회사에서 쉴 새 없이 일해야 한다. 커피 한 잔 마음 놓고 마실 여유조차 없다. 그뿐인가? 하루가 멀다 하고 야근까지 해야 한다. 직장에 있는 동안 그의 얼굴에는 잿빛 슬픔의 우울이 드리운다. 그렇게 고된 일을 마치고 집으로 돌아온다. 하지만 그의 일은 끝나지 않는다. 이제 막 돌을 지난 아이를 돌봐야 하기 때문이다. 먹이고 씻기고 재워야 한다. 아이가 수시로 깨서 칭얼거리는 통에 제대로 잠조차 잘 수도 없다. 그런데 고된 육아에도 불구하고 그의 얼굴에는 환한 기쁨의 미소가 드리운다.

직장의 업무와 가정의 육아, 이 둘은 모두 자신이 가진 (혹은 가질 수 있는) 것을 심대하게 내어놓아야 하는 일이다. 그런데 이 둘이 모두 희생은 아니다. 전자는 희생이지만, 후자는 '헌신'이다. 어째서 업무는 희생이고, 육아는 '헌신'일까? 그에게 아이는 '경탄'을 불러일으키는 존재이자, 동시에

'사랑'하는 존재이기 때문이다. 그는 아이가 태어났던 순간부터 단 한 번도 '경탄'하지 않은 적이 없었다.

놀라운 존재를 사랑할 때 '희생'은 '헌신'이 된다

> 경탄이란 어떤 사물에 관한 표상이나. 이 특수한 표상은 다른 표상과는 아무런 연결이 없기 때문에 정신은 그 표상 안에 확고히 머무른다. ― 제3부, 감정의 정의 4

'경탄'이란 무엇인가? 어떤 사물이 "다른 표상과 아무런 연결이 없기 때문에 정신이 그 표상 안에 확고히 머무르게" 되는 감정이다. 쉽게 말해, 난생처음 보는 것의 매혹에 빠져 버리는 것이다. 어느 조각가가 심혈을 기울여 만든 것 같은 눈망울과 작은 입, 그 작은 입으로 젖꼭지를 오물거리며 빠는 모습, 고사리 같은 손가락이 꼬물거리는 모습, 처음으로 뒤집기를 하던 모습, 처음으로 걸음마를 떼던 모습, 그 모든 순간이 '경탄'이다. 그래서 부모들은 자식에게 '헌신'할 수 있다. 과중한 업무에 자신을 희생하는 부모들도, 자식이라는 '경탄'의 대상을 누구보다 '사랑'하기에 '헌신'할 수 있다.

육아는 직장의 업무만큼이나, 아니 그보다 더 고된 일이다. '경탄'과 '사랑'이 없다면, 결코 기쁨이 될 수 없는 일이다. '헌신'에서 '사랑'과 '경탄' 중 어느 하나라도 빠지면, 육아 역시 직장의 업무처럼 희생으로 전락하게 된다. 아이가 더 이상 놀랍지 않거나 혹은 아이가 예전만큼 사랑스럽지 않을 때, 육아는 지독한 슬픔을 주는 희생이 된다. 육아는 너무 많은 것들을 내어놓아야 하는 일인 까닭이다. 다른 '헌신' 역시 마찬가지다.

> 자신이 사랑하는 사람의 총명, 근면 등에 대해 경탄하는 경우, 우리의 사랑은 그것에 의하여 더욱 커질 것이다. 그리고 경탄 또는 존경과 결합된 이 사랑을 우리는 헌신이라고 부른다. — 제3부, 정리 52, 주석

'사랑'하는 시인이 있다고 해 보자(여기서 사랑은 스피노자의 '사랑', 즉 외적 원인의 관념을 수반하는 기쁨이다). 그의 시는 어느 누구의 글과도 다른, 그래서 난생처음 느끼는 매혹(기쁨)을 주었다. 하지만 그렇다고 하더라도, 그 시인을 위해 내가 고되게 일해 받은 월급을 나눠주기는 어렵다. 만약 그렇게 해야 한다면, 그것은 희생이지 '헌신'이 아니다. 그런데 어느 날, 그 시인을 직접 만나 그의 총명함과 근면함에 매료(경탄)되어 그를 '사랑'하게 되었다고 해 보자. "경탄 또는 존경과 결합"되어 그 '사랑'은 더욱 커지게 된다. 그때 그 시인에게 도움이 되는 일이라면, 월급을 나눠주는 일이든 그보다 더 한 일이든 '헌신'할 수 있게 된다. 이는 당연한 귀결이다. '경탄'과 결합된 '사랑'은 '헌신'이 되기 때문이다

희생하는 삶으로부터 벗어나는 법
희생과 '헌신'을 구분하는 일은 중요하다. 희생을 피하려다 '헌신'마저 외면하게 되는 일은 흔히 일어난다. 이는 우리네

삶에서 피해야 할 치명적인 실수 중 하나다. 희생은 슬픔을 가져오지만, '헌신'은 기쁨을 가져오기 때문이다. 희생을 피하려다가 '헌신'마저 놓쳐 버리면, 우리는 삶의 큰 기쁨 하나를 잃게 된다. 그렇다면 어떻게 희생을 피하고 '헌신'하며 살 수 있을까?

'혜정'과 '영선'이라는 두 딸이 있다. '혜정'은 집요하게 효도를 강요받는 삶을 살았다. 가고 싶은 학과에 진학하지 못했고, 원치 않는 직장에 일찍 취업했다. 부모에게 효도하기 위해서였다. 직장에서도 마찬가지였다. 상사와 사장을 위해 늘 희생했다. '혜정'의 삶은 희생으로 점철된 삶이었다. 그녀는 우울하고 분노하고 원망하고 때로 피해의식에 사로잡혔다. "나만 희생하며 살고 있어!"

한편 '영선'은 '혜정'과 다르다. 그녀는 악착같이 자신의 것을 지키려 한다. '영선'은 결코 희생하지 않는다. 집에서든 직장에서든, '영선'은 자신이 가진(혹은 가질 수 있는) 어떤 것도 쉽사리 내어놓지 않는다. 그래서 '영선'은 희생하며 사는 '혜정'에게 종종 말했다. "바보처럼 살지 마!" 그렇다면 '영선'은 정말 잘 살고 있는 것일까? 확언할 수 없다. '영선'은 희생이라는 슬픔을 피했을 뿐, 딱히 기쁜 삶을 산다고 말할 수는 없기 때문이다. '영선'은 지혜롭지 못하다.

> 진정으로 지혜롭게 행동하는 것은, … 자기의 이익을 추구하는 것을 기초로 하여 … 행동하고, 판단하고, 자신의 존재를 보존하는 것이다. ― 제4부, 정리 24

스피노자에 따르면, 지혜로운 자는 자기의 이익을 추구한다. 이는 단순히 자기 것을 악착같이 챙기라는 의미가 아니다. 슬픔을 최대한 줄이면서, 동시에 기쁨을 최대한 키우라는 의미다. 그래서 '영선'은 지혜롭지 못하다. 희생이라는 슬픔을 피하는 데 급급한 나머지, 기쁨을 찾아 나서지 못했기 때문이다. 비단 '영선'만 그럴까? 악착같이 자신의 것을 지키려는 이들은 희생하지 않는 데만 급급할 뿐, 진정한 기쁨을 가져다줄 일에는 아무런 관심이 없다.

"아빠, 이제 독립할게요. 할 만큼 해 드렸잖아요." '혜정'은 부모에게 말했다. 그동안 '혜정'은 부모를 위해 희생하는 삶을 당연하게 여겼다. 아니, 희생하지 않는 삶을 상상조차 해 본 적이 없었다. 그런 그녀가 희생하는 삶에서 벗어났다. 어떻게 그럴 수 있었을까? 한 사람을 만났기 때문이다. 자신이 좋아하는 소설을 읽고 좋아하는 음악을 듣는, 오월의 햇살처럼 환한 미소를 지닌 남자를 만났다.

'헌신'으로 희생을 넘어서기

'혜정'은 '경탄'했다. 세상에 그런 남자가 있을 것이라곤 상상조차 해 본 적이 없었다. 그리고 그 남자를 '사랑'하게 되었다. 그렇게 '혜정'은 '경탄'스러운 존재를 '사랑'하게 되었다. '혜정'은 부모의 품을 떠나 새로운 둥지를 틀었다. 이제 '혜정'이 어떻게 희생에서 벗어났는지 알 수 있다. 연인에게 '헌신'하고자 하는 마음이, 부모와 직장에 희생하려는 마음을 몰아냈던 것이다. 그녀는 '헌신'으로 희생하는 삶에서 벗어났다. 이것이 지혜로운 행동이다. 진정으로 "자기의 이익을 추구하는 것을 기초로" 하는 지혜로운 행동.

　희생하지 않는 삶을 목적으로 삼으면, 겨우 슬픔을 줄이는 데서 멈추고 만다. 하지만 '헌신'하게 될 때 슬픔을 줄이는 동시에 기쁨을 키울 수 있다. '헌신'보다 더 큰 자기 이익은 없다. 물론 '영선'의 입장에서는 '혜정'의 삶이 전혀 달라지지 않은 것처럼 보일지도 모른다. "부모에게 갖다 바치던 돈을 남자 친구에게 갖다 바치는 것 아니야?" '영선'의 이런 생각은 무지의 소산이다. '영선'은 모른다. '혜정'이 삶이 얼마나 바뀌었는지.

　'영선'처럼 악착같이 자기 것만 지키려는 이들은 무지하기에 안타까운 존재들이다. 슬픔을 줄이는 데만 급급해서 더 큰 기쁨이 있는 곳으로 시선을 돌리지 못하는 존재들. 이것이 세상의 수많은 '영선'들이 희생과 함께 '헌신'마저 포기해 버리는 이유다. 그들은 '헌신'하는 삶이 얼마나 유쾌하고 기쁜 삶인지 결코 이해하지 못한다. "바보처럼 살지 마!" 이는 '혜정'이 '영선'에게 돌려주어야 할 말이다.

진정한 행복에 이르는 길, 자리이타 혹은 헌신

'자리이타自利利他'. 자신도 이롭게 하면서 타인도 이롭게 한다는, 불교의 오래된 가르침이다. 불교는 이 '자리이타'의 태도를 통해 궁극의 행복, 즉 해탈에 이를 수 있다고 말한다. 자신만 기쁜 것도 진정한 행복이 아니고, 타인만 기쁜 것도 진정한 행복이 아니다. 진정한 행복은 '나'의 기쁨과 '너'의 기쁨이 동시적이어야 한다. 그렇다면 우리네 삶에서 어떻게 '나'의 기쁨이 '너'의 기쁨이 될 수 있을까? 바로 '헌신'을 통해서다.

'자리이타'의 태도가 바로 '헌신'이라는 감정에 응축되어 있지 않은가? '헌신'은 얼핏 타인을 이롭게 하는 일처럼 보이지만, 실은 '경탄'과 '사랑'으로 자신을 가장 먼저 이롭게 하고, 그로 인해 타인 역시 이롭게 하는 일이다. '헌신'은 '나'의 기쁨이 곧 '너'의 기쁨이 되는 기적을 가능케 한다. 궁극의 행복은 '헌신'에 있다. 이것이 스피노자와 불교의 가르침을 횡단하며 깨달은 삶의 진실이다. '헌신'이야말로 진정한 행복에 이르는 비밀 열쇠다.

희생하는 삶에서 벗어나는 방법은 많다. 타인에게 무관심해져도 되고, 이기적으로 살아도 된다. 하지만 희생에서 벗어나 더 큰 기쁨으로 가는 방법은 하나뿐이다. 바로 '헌신'하는 삶이다. 희생하는 삶을 제대로 끝내고 싶다면, 그리고 더 나아가 진정한 행복에 이르고 싶다면, '경탄'스러우면서 동시에 '사랑'하는 존재를 만나야 한다. 온 마음을 뒤흔드는 '경탄'의 존재를 만나 그 존재를 '사랑'하게 되었을 때, 더 이상 희생은 없다. 오직 '자리이타'의 마음으로 '헌신'하는 삶이 있을 뿐이다. 진정한 행복은 바로 거기에 있다.

오해
— 오해를 어떻게 해야 할까요?

오해, 그 억울함에 대하여
"너 요즘 이직 준비하냐?"
"네? 아니에요."
"근데 왜 매일 일찍 퇴근하고, 또 일 처리는 왜 그 따위야?"
 '서진'은 억울하다. 일찍 퇴근하고 일 처리가 미흡했던 건 사실이다. 하지만 그건 이직 때문이 아니라 부모님 때문이었다. 두 분이 모두 편찮으셔서 매일 병원에 모셔다 드려야 했다. 부모님 걱정에 경제적 문제까지 겹쳐 정신이 없었다. 그런 사정도 모른 채, 팀장은 그녀를 오해했다. 그 오해가 서럽고 억울해서, 화장실에서 한참을 울었다.
 우리네 일상에서도 '서진'과 비슷한 일은 종종 일어난다. 본 적도 없는 물건을 훔쳤다고 의심받는 일. 내가 하지도 않은 말이 내가 한 말처럼 되어 있는 일. 좋아하는 사람에게 진심을 표현했을 뿐인데 스토커 취급을 받는 일. 동료의 업무 차질 때문에 내가 무능한 직원으로 질책받는 일. 이는 모두 오해다. 이런 오해를 받는 일은 서럽고 화나고 억울한 일이다. 오해만큼 우리네 삶을 힘들게 하는 것도 없다. 더욱이 심각한 문제는 이런 오해가 끊임없이 우리를 찾아온다는 사실이다.

오해는 무엇인가? 특정한 사안이나 상황을 입체적으로 조망하지 않고 단편적으로 해석할 때 발생하는 편견이다. 그런데 세상 사람들은 대부분 자신이 처한 상황을 자신의 관점에서 바라본다. 그러니 아무리 가까운 사이라 할지라도 오해는 필연적으로 발생할 수밖에 없다. 오해는 끊이지 않고, 동시에 우리를 슬픔에 빠뜨린다. 이 피할 길 없어 보이는 불행에 어떻게 대처해야 할까?

스피노자의 '멸시'

이 질문에 스피노자는 어떤 답을 해 줄까? 스피노자는 오해에 관해 직접적으로 언급한 바 없다. 그러니 오해에 대한 세간의 정의에서 시작해 보자. 오해란 어떤 상황이나 사람을 그릇되게 해석하고 이해하는 것이다. 이 정의를 바탕으로 스피노자가 오해를 어떻게 바라보는지 추론할 수 있다. 스피노자가 말한 '멸시', '과대평가', '자기비하', '거만'이라는 네 가지 감정을 통해 오해에 관해 논의해 볼 수 있다. 먼저 '멸시'부터 살펴보자.

> 멸시란 증오(미움) 때문에 어떤 사람에 대하여 정당한 것 이하로 하찮게 여기는 것이다. — 제3부, 감정의 정의 22

'멸시'는 오해의 일종이다. 어떤 오해인가? 누군가를 미워하기 때문에 그 사람을 실제보다 하찮게 여기게 되는 오해다. 팀장은 '서진'을 오해했다. 그녀가 이직 준비를 하느라 매일 일찍 퇴근하고 일 처리가 미흡한 것이라 오해했다. 팀장은 왜 '서진'을 오해했을까? 자신의 관점에서 그녀의 상황을 바라보았기 때문일까? 달리 말해, 팀장 자신이 과거에 이직 준비를 하느라 일찍 퇴근하고 일 처리가 미흡했던 적이 있기 때문에 그녀 역시 그럴 것이라 오해한 걸까? 그럴 수도 있다. 하지만 석연치 않은 점이 있다. 팀장은 '서진'과 비슷한 행동을 했던 다른 직원은 오해하지 않았기 때문이다.

팀장은 왜 '서진'을 '멸시'한 걸까? '서진'에 대한 팀장의 오해는 어디서 비롯된 것일까? 그 근본 원인은 '증오', 즉 미움에 있다. 팀장은 '서진'이 오해를 살 만한 행동을 해서 그녀를 오해한 것이 아니다. 그녀가 미웠기 때문에 그녀를 오해한 것이다. 팀장이 '서진'의 실제 업무 성과나 태도보다 그녀를 하찮게 여긴 이유는 그가 평소에 그녀를 미워하고 있었기 때문이다. 팀장은 '서진'을 '멸시'한 것이다. 스피노자는 '멸시'의 메커니즘에 대해 이렇게 설명한다.

우리가 증오하는 것을 슬픔으로 자극하여 변화시키는 것이라고 우리가 떠올리는 모든 것을 긍정하려고 노력하며, 반대로 그것을 기쁨으로 자극하여 변화시키려는 것이라고 우리가 떠올리는 모든 것을 부정하려고 노력한다. ─ 제3부, 정리 26

팀장의 '멸시'는 자연스러운 결과다. 팀장은 '서진'을 미워하기 때문에, 그녀를 슬픔에 빠뜨리고 싶다. 그래서 그녀에게 슬픔을 줄 수 있는 것이라면, 무엇이든 긍정하려고 노력한다. 반대로 그녀에게 기쁨을 줄 수 있는 것이라면, 무엇이든 부정하려고 노력한다. 그러니 팀장이 '서진'의 업무 성과나 태도를 실제보다 낮춰 보는 것은 당연한 일이다. 우리 역시 그렇지 않은가? 우리 역시 미워하는 사람이 있다면, 그를 슬프게 하는 비난, 험담, 악담, 저주 등은 긍정하려고 하고, 그를 기쁘게 하는 인정, 칭찬, 응원, 축복 등은 부정하려고 하지 않는가? 이것이 '멸시'라는 오해가 발생하는 메커니즘이다.

스피노자의 '과대평가'
세상에는 '멸시'라는 오해만 있는 것이 아니다. 그 반대의 경우도 있다. 바로 '과대평가'다. 스피노자는 '과대평가'를 다음과 같이 정의한다.

> 과대평가란 사랑 때문에 어떤 사람에 대하여 정당한 것 이상으로 대단하게 여기는 것이다. — 제3부, 감정의 정의 21

'과대평가' 역시 오해다. 어떤 오해인가? 누군가를 사랑하기 때문에 그 사람을 실제보다 대단하게 여기게 되는 오해다. 사랑에 빠진 소녀, '민서'가 있다. '민서'는 친구들을 만나 한참 동안 남자 친구 자랑을 했다. "내 남자 친구 너무 멋있어. 남자답게 덩치도 크고, 밥도 진짜 맛있게 먹어." 그 자리에 '민서'의 남자 친구가 왔을 때, 친구들은 당황스러운 침묵을 견뎌야 했다. 덩치 좋은 남자 대신 배 나온 아저씨가, 뭐든 맛있게 먹는 남자 대신 음식을 게걸스럽게 먹는 식충이가 등장했기 때문이다.

'민서'는 남자 친구를 '과대평가' 했다. 이 역시 오해다. 왜 그랬을까? '사랑'하기 때문이다. 남자 친구를 사랑하기 때문에 그를 실제보다 더 대단하게 여기게 된 것이다. '사랑'하는 사람이 생기면 우리는 필연적으로 그 사람을 '과대평가'하게 된다. 이처럼 우리는 '증오'하는 사람을 오해('멸시') 하기도 하지만, '사랑'하는 사람을 오해('과대평가')하기도 한다.

흔히 '과대평가'는 오해가 아니라고 생각하는 경향이 있다. 이는 '오해'라는 단어에 부정적인 정서가 내포되어 있기 때문이다. 누군가를 '과대평가'하거나 누군가에게 '과대평가' 받는 일은 슬픈 일이 아니라 기쁜 일이다. 그래서 우리는 선뜻 그것을 오해라고 인식하기 어렵다. 하지만 어떤 사물이나 사람을 실제와 다르게 해석하고 이해하는 것은 전부 오해다. 그러니 누군가를 실제보다 하찮게 여기는 '멸시' 뿐만 아니라, 실제보다 대단하게 여기는 '과대평가' 역시 오해다.

스피노자의 '자기비하'

'멸시'와 '과대평가'는 모두 타인을 향한 오해다. 그런데 타인을 향한 오해만 오해일까? 아니다. 자신을 향한 오해도 있다. '멸시'와 '과대평가'는 타인을 향한다. 그런데 이 두 감정이 자신을 향할 때 어떤 일이 벌어질까? 자기 오해가 발생한다. 스스로를 '멸시'하거나 '과대평가'할 때, 우리는 자신을 오해하는 혼란에 빠지게 된다. 먼저 '멸시'가 자신을 향하게 되었을 때를 생각해 보자.

자기비하(비루함)란 슬픔 때문에 자신에 대하여 정당한 것 이하로 하찮게 여기는 것이다. ─ 제3부, 감정의 정의 29

'멸시'가 자신을 향할 때, 우리는 '자기비하'를 겪는다. '내 주제에 뭘 할 수 있겠어.' 이런 생각을 한 번쯤은 해 본 적이 있지 않은가? 이런 '자기비하' 역시 오해다. '희선'은 늘 열심히 살았다. 어려운 가정형편에도 불구하고 열심히 공부해서 좋은 대학에 가고 번듯한 직장도 얻었다. 하지만 그녀는 늘 새로운 상황을 마주할 때마다 '내 주제에 뭘 할 수 있겠어'라며 '자기비하'에 빠진다. 즉, 그녀는 슬픔 때문에 자신을 실제보다 하찮게 여긴다. 그녀는 스스로를 객관적으로 바라본다고 생각하지만, 이는 오해일 뿐이다.

그렇다면 '자기비하'라는 오해는 왜 발생할까? 타인이 자신에게 남긴 오해 때문이다. 즉, '자기비하'는 '멸시'라는 오해가 남긴 오해다. 유년 시절, '희선'의 아버지는 술만 먹으면 그녀를 '멸시'했다. "계집애 주제에 공부한다고 뭐가 달라질 것 같아?" 그녀의 '자기비하'는 아버지의 '멸시'가 남긴 상흔이다. 아버지의 '멸시'가 남긴 슬픔 때문에 그녀는 자신을 실제보다 하찮게 여기는 '자기비하'에 빠지게 된 것이다. 아버지의 오해('멸시') 때문에 그녀 자신도 스스로를 오해('자기비하')하게 된 셈이다.

스피노자의 '거만'

거만이란 자신에 대한 사랑 때문에 자신에 대하여 정당한 것 이상으로 대단하게 여기는 것이다. ― 제3부, 감정의 정의 28

'과대평가'가 자신을 향할 때, 그것은 '거만'이 된다. "내가 못 하는 건 없어!" 자신감으로 똘똘 뭉친 '민섭'이 있다. '민섭'은 공부든 운동이든 연애든 무엇 하나 진지하게 최선을 다해 본 적이 없다. 하지만 그는 새로운 상황을 마주할 때마다 "내가 못 하는 건 없어!"라며 '거만'에 빠진다. 즉, 그는 자신을 너무 사랑한 나머지, 뭐든 제대로 해 본 적 없는 자신을 실제보다 대단하게 여긴다. 이 역시 자신을 향한 크나큰 오해다.

그렇다면 '거만'이라는 오해는 왜 발생할까? '거만'은 유아적인 오해다. '자기비하'라는 오해가 외부에서 온다면, '거만'이라는 오해는 내부에서 온다. '민섭'은 어떻게 '거만'에 빠지게 되었을까? 자신에 대한 과도한 사랑 때문이다. 그렇다면 그는 어떻게 자신을 과도하게 사랑하게 되었을까? 외부와 마주하지 않고, 자기 안에만 머물렀기 때문이다. 그는 공부도 운동도 연애도 진지하게 마주하지 않았다. 그것은 '거만해서'가 아니라, '거만을 유지하기 위해서'였다.

'민섭'의 과도한 자기애는 외부의 타자와 관계하지 않았기 때문에 만들어진 유아적인 자기애다. 자신만의 세상에 갇힌 사람은 자신을 과도하게 사랑할 수밖에 없다. 세상에 사랑할 수 있는 사람이 자기 자신밖에 없기 때문이다. 하지만 타자를 진지하게 만나 보면 알게 된다. 세상에 사랑받을 만한 존재가 얼마나 많은지를. 과도한 자기애로 자신을 실제보다 대단한 존재로 여기게 된 오해, 즉 '거만'은 타자를 경험해 보지 못해서 발생하는 병리적인 정서 상태다. 스피노자는 '거만'을 심지어 광기의 일종으로 보기도 한다.

오해를 잘 다루는 법

그렇다면 우리는 이 오해를 어떻게 다루어야 할까? 이 질문에 답하기 전에 먼저, 오해는 필연적이며 영원하다는 사실부터 인정해야 한다. 오해 없는 순수한 세계를 꿈꾸지 말 것. 그런 세계는 불가능하다는 사실을 인정할 것. 이것이 오해를 잘 다루는 출발점이다.

1. 오해로 얼룩진 관계를 떠나기

우선 '멸시'를 잘 다루는 법을 살펴보자. '멸시'는 오해다. 우리를 싫어하는 타인의 오해. 이런 오해('멸시')를 받을 때 우리는 그 오해를 풀려고 한다. 팀장의 말에 상처받은 '서진'은 이렇게 해명할 것이다. "사실 부모님이 편찮으셔서 일찍 퇴근한 거예요!" 이제 오해가 풀릴까? 부질없는 짓이다. '멸시'는 논리적 오류가 아니라 감정적 오류이기 때문이다. 팀장은 논리적인 이유로 '서진'을 오해한 것이 아니다. 그녀가 마음에 들지 않는다는 감정적인 이유로 오해한 것이다. 그러니 '서진'의 해명으로 논리적 오해는 풀릴 수 있어도 정서적 오해는 계속된다.

'멸시'를 다루는 원론적인 방법은 간단하다. 타인을 '멸시'하고 싶지 않다면 '증오'하지 않으면 되고, 반대로 '멸시' 받고 싶지 않다면 '증오'의 대상이 되지 않으면 된다. '멸시'는 '증오'에서 오니까. 그런데 누가 이걸 모르겠는가. 때로 원론적인 이야기는 이토록 공허하다. 누군들 미워하고 싶어서 미워하겠는가. 또 누군들 미움받고 싶어서 미움받겠는가. 불쑥 누군가가 미워지고, 나의 의지와 아무 상관 없이 미움의 대상이 되어 버리는 것이 우리네 현실 아닌가.

그렇다면 어떻게 해야 할까? 그 관계를 떠나야 한다. 오해를 풀려고 할 필요 없다. 오해를 풀려고 할 때 오해는 더 쌓이게 마련이다. 말이나 행동으로 오해를 풀려고 하면 계속 과거의 일들을 반복할 수밖에 없고, 그럴수록 상대에겐 '증오'의 감정이 되살아나게 된다. 그렇게 되새긴 '증오'만큼 다시 '멸시'는 커진다. 이것이 오해를 풀려고 하면 할수록 오해가 더 커지는 이유다. 오해에서 벗어나고 싶다면, '멸시'의 관계를 떠나는 수밖에 없다. 그 떠남의 방법과 속도는 각자의 사정과 형편에 맞게 조절해야겠지만, 근본적인 방법은 떠남뿐이다.

이는 곧 '자기비하'를 막는 방법이기도 하다. '자기비하'가 무엇인가? 타인이 보낸 '멸시'의 시선을 내면화하여, 자신을 '멸시'하게 되는 정서 상태 아닌가. '멸시'의 관계를 떠나면, 타인의 시선을 내면화할 일도 없다. 그러면 자연스레 '자기비하'도 현저히 줄어들게 된다. 타인의 '멸시'를 받으면서 자신을 '멸시'하지 않는 일은 불가능하다. 인간은 타인의 영향에서 결코 자유로울 수 없는 존재이니까. 그러니

'자기비하'에서 벗어나고 싶다면, 가장 먼저 '멸시'의 관계를 떠나야 한다.

2. 오해 속으로 뛰어들기

'과대평가'라는 오해는 어떻게 다뤄야 할까? 이 오해는 우리에게 기쁨을 주는 오해다. 그래서 우리를 구원하는 오해다. '사랑'에 빠졌을 때를 생각해 보라. 그때 우리는 얼마나 많은 오해를 하고 또 받았던가. 비만인 그를 듬직한 남자라 오해하고, 그녀의 덧니를 귀여움이라 오해하지 않았던가. 이런 오해보다 더 큰 기쁨을 주는 일이 또 어디 있을까. 오해 속으로 자신을 던져야 한다. 타인을 '과대평가'하고, 나 또한 '과대평가' 받으려 애써야 한다. 이는 궤변이 아니다.

오해에서 벗어나는 것이 아니라, 오해 속으로 뛰어들어야 한다. 놀랍게도, 이것이 오해를 잘 다루는 가장 확실한 방법이다. 우리는 '멸시', '자기비하', '과대평가', '거만'이라는 네 가지 오해를 알고 있다. 이 중 세 가지, 즉 '멸시', '자기비하', '거만'은 우리를 슬픔에 빠뜨리는 오해다. 슬픔을 유발하는 이 세 가지 오해는 모두 '과대평가'라는 오해로 극복할 수 있다.

'과대평가'에 빠진 사람을 생각해 보라. 그 사람은 누군가를 '멸시'하지도 않고, 누군가의 '멸시'를 능히 견뎌낼 수도 있다. 당연하지 않은가? '사랑'에 빠진 이는 누군가를 '증오'하지 않기 때문에 '멸시'하지도 않는다. 또한 '사랑'에 빠진 이는 자신을 향한 누군가의 '멸시'쯤은 웃으며 흘려 버릴 수 있다. 그 '과소평가(멸시)'를 넘고도 남을 만큼 이미 충분히 '과대평가' 받고 있으니까.

'자기비하'도 마찬가지다. 자신을 하찮은 존재로 오해하는 사람들이 있다. 이들은 누군가로부터 '과대평가'를 받아 본 경험이 적은 사람들이다. 깊은 '사랑'으로 '과대평가'를 받아 본 이들은 자신을 긍정할 수 있다. "태어나 줘서 고마워!" 이런 엄청난 '과대평가'를 받아 본 사람은 '자기비하'를 하지 않는다. "계집애 주제에 공부한다고 뭐가 달라질 것 같아?"라는 '멸시'의 상처가 남긴 '자기비하'도 눈 녹듯 사라진다. 이렇게 오해는 오해로 극복할 수 있다.

'거만' 역시 마찬가지다. '거만'은 잠시의 기쁨 뒤에 파멸의 슬픔을 불러오는 감정이다. '거만'은 필연적으로 파멸로 치닫게 된다. "나보다 수영을 잘하는 사람은 없어!"라고 확신하는 사람이 익사하게 되는 것처럼 말이다. 이런 '거만' 역시 '과대평가'로 극복할 수 있다.

'거만'한 이들은 타자는 없고 자신만 존재하는 세계에 사는 나르시시스트(자기성애자)다. 이들은 언제 그 허황된 자기애를 멈출 수 있을까? 타자의 존재를 마주하게 될 때다. 결코 내 마음대로 좌지우지할 수 없는 타자. '과대평가'할 수밖에 없는, 사랑하는 타자. 그런 타자를 만나게 되었을 때, '거만'이라는 자기 오해는 물거품처럼 사라진다. 진정한 사랑의 시작이 지독한 위축감으로 찾아오는 것도 그래서다. 하지만 그런 위축감은 단순한 '슬픔'이 아니다. 자신의 '거만'을 치유해 줄 성장통이다.

오해('멸시', '자기비하', '거만')는 오해('과대평가')를 통해 극복할 수 있다. 오해 때문에 삶이 힘들 때, 오해를 벗어나려고 해서는 안 된다. 그때 우리는 더 큰 오해에 휩싸이게 된다. 차라리 과감하게 오해 속으로 뛰어들어야 한다. '과대평가'라는 기쁨의 오해 속으로 말이다. 노파심에 할 말이 있다. '사랑'이 끝나면 '과대평가'도 사라지는 것 아닌가 하고 걱정될 수 있다. 기우다. 찬란했던 '과대평가'의 시간이 지나간 뒤, 우리는 기적을 경험하게 된다. '과대평가'를 받았던 모습이 진짜 나의 모습이 되어 있는 기적. 예쁘다, 예쁘다 하니 정말 예쁜 존재가 되어 있는 기적. 하나의 사랑이 지나가면 우리는 그만큼 아름다워진다.

자기애
— 나를 사랑할 수 있을까요?

넘쳐나는 '자기애'는 '자기증오'이다

"자신을 사랑할 줄 알아야 해!" 이보다 더 옳은 말도 없다. 이 말이 왜 옳은지는, 그 반대의 경우를 생각해 보면 더욱 분명해진다. 우리네 삶을 가장 피폐하게 만드는 감정이 무엇인가? 자기 자신을 증오하는 것이다. 세상 모두가 나를 사랑하더라도, 자신을 미워하는 이는 필연적으로 불행할 수밖에 없다. 반대로 세상 모두가 나를 미워하더라도, 자신을 사랑하는 이는 고된 삶을 긍정하며 행복에 다가설 수 있다. 그러니 자신을 사랑하는 것, 즉 자기애는 얼마나 중요한가?

그래서일까? 지금은 자기애가 넘쳐나는 시대다. 사람들은 섹시한 화장, 근사한 옷, 성형수술, 다이어트로 외모를 꾸미며 말한다. "나를 사랑하기 때문에 나를 꾸미는 거예요." 외모만 그럴까? 자상하고 세련된 말투, 근면하고 성실한 생활 루틴으로 일상을 꾸미며 말한다. "나를 사랑하기 때문에 일상을 가꾸는 거예요." 그런데 이는 사실 자기애가 아니라 허황된 자기기만이다. 놀랍게도, 이들은 자신을 사랑하기보다 자신을 미워하는 쪽에 가깝다.

    스스로를 꾸미는 이들의 행동이 왜 자기증오일까? 이들이 사랑하는 대상은, 있는 그대로의 자신이 아니기 때문이다. 진정한 자기애를 갖춘 사람들을 만난 적이 있는가? 그들은 외모나 생활 루틴에 집착하지 않는다. 그들은 화장, 옷, 성형수술, 다이어트에 별 관심이 없고, 자상하고 세련된 말투나 근면하고 성실한 생활에도 별 관심이 없다. 그들은 때로 후줄근하게 입고 다니며, 다이어트 같은 것은 하지 않는다. 또 그들은 때로 무심하고 투박하게 말하며, 며칠을 놀거나 낮잠을 자기도 한다.

    어떻게 그럴 수 있을까? 있는 그대로의 자신이 충분히 사랑스럽기 때문이다. 있는 그대로의 '나'가 충분히 만족스러우니 자신의 외모나 일상에서 특별히 무엇인가를 더하거나 뺄 필요가 없다고 느끼는 것이다. 오직 있는 그대로의 자신에게 만족하지 못하는 이들만이, 본인의 외모나 일상에서 자꾸만 무엇인가를 더하거나 빼려고 집착한다.

    그렇기에, 넘쳐나는 자기애는 역설적으로 자기증오이다. 외모나 일상에 집착하는 이들이 끝내 행복이 아니라 불행에 이르는 것은 우연이 아니다. 그것은 자기증오를 자기애로 오해한 필연적 결과다. 자신을 사랑하기에 외모와 일상을 가꾸는 것이라고 믿지만, 사실 그것은 자신을 사랑하지 못한 결과일 뿐이다.

스피노자의 '자기애'와 '자기만족'
"자신을 사랑할 줄 알아야 해!" 이보다 더 옳은 말도 없지만, 동시에 이보다 더 공허한 말도 없다. 누군들 스스로를 사랑하고 싶지 않겠는가? 하지만 자꾸만 '나'의 밝음보다 어둠이 더 크게 보이는 것을 어쩌랴. 우리는 그 어두운 면을 감추고 채우고 잘라내고 싶은 욕망에 휩싸인다. 물론 이는 자기애가 아니라 자기기만으로 향하는 지름길이다. 기만적 자기애를 넘어 진정한 자기애를 원한다면 이렇게 물어야 한다. 있는 그대로의 나를 어떻게 사랑할 수 있을까? 먼저 스피노자의 이야기를 들어 보자.

> 자신을 고찰함으로써 생기는 기쁨은 자기애 또는 자기만족이라고 불린다. — 제3부, 정리 55, 주석

스피노자는 자신을 고찰하면서 생기는 기쁨을 '자기애'라고 말한다. 그리고 그 '자기애'는 '자기만족'의 다른 이름이라고 말한다. 즉, '자신에 대해 만족하는 마음'이 곧 '자신을 사랑하는 마음'이라는 의미다. 일견 옳은 말이다. 자신에 대해 만족하지 않는 사람이 자신을 사랑할 수 있을 리 없다. 자신의 외모에 만족하지 못하는 사람은 자신을 사랑할 수 없다. 자신의 일상에 만족하지 못하는 사람도 자신을 사랑할 수 없다. 그 모습이 어떻든, 자신을 사랑하고자 하는 사람은 스스로에 대해 만족해야 한다. 스피노자는 이 '자기만족'을 이렇게 정의한다.

> 자기만족이란 인간이 자신과 자신의 활동 능력을 고찰하는 것에서 생기는 기쁨이다. — 제3부, 감정의 정의 25

'자기만족'은 자신의 존재와 능력을 고찰하는 데서 발생하는 기쁨이다. 쉽게 말해, 자신이 무엇을 할 수 있고 무엇은 할 수 없는지를 깨달으며 느끼게 되는 기쁨이 바로 '자기만족'이다. 이 기쁨을 누리는 만큼 자신을 사랑하게 된다. 스피노자의 논의를 종합해 보면, 이렇게 도식화할 수 있다. '자기이해=자기만족=자기애'. 즉, 자신에 대해 잘 이해하는 사람은 스스로에 대해 만족하고, 결국 자신을 사랑할 수 있다.

'자기만족'이 어려운 이유

기만적 자기애가 아닌, 진정한 자기애를 위해서는 '자기만족'이 필수적이다. 바로 여기서 우리는 기만적 자기애가 왜 그리 흔한지, 그리고 동시에 진정한 자기애는 왜 그리 어렵고 드문지를 이해할 수 있다. 스피노자는 '자기만족'과 '자기애'에 관해 이렇게 말한다.

> 정신은 자기 자신 및 자신의 활동 능력을 고찰할 때, 기쁨을 느낀다. 그리고 정신이 자기 자신 및 자신의 활동 능력을 보다 명확하게 표상할수록 그만큼 큰 기쁨을 느낀다. — 제3부, 정리 53

우리는 자신의 능력을 고찰할 때, 즉 자신을 이해할 때 기쁨을 느낀다. 하지만 이는 내가 잘하는 일에 한해서만 그렇다. 운동을 잘하는 나, 공부를 잘하는 나, 노래를 잘하는 나, 옷을 잘 입는 나, 몸매가 좋은 나처럼, 우리는 자신의 능력, 즉 '나'의 역량을 고찰할 때만 기쁨을 느낀다. 반대로 운동을 못하는 나, 공부를 못하는 나, 노래를 못하는 나, 옷을 못 입는 나, 뚱뚱한 나처럼, '나'의 무능을 고찰할 때는 기쁨은커녕 온갖 슬픔에 빠진다.

스피노자의 '자기애(자기만족)'는, 쉽게 말해 주제 파악(자기이해)을 할 때 느끼는 기쁨이다. 그런데 우리는 자신의 장점, 역량, 아름다움 같은 '밝음'을 고찰할 때만 기쁨을 느낄 뿐, 자신의 단점, 무능, 추함 같은 '어둠'을 고찰할 때는 슬픔을 느낀다. 그래서 주제 파악을 하면 할수록 기뻐지기는커녕 점점 더 슬퍼지는 것이다. 이것이 '기만적 자기애'가 넘쳐나는 이유인 동시에 진정한 '자기애(자기만족)'는 드문 이유다. 세상 사람들은 대부분 자신을 사랑하고 싶지만, 주제 파악(자기이해)은 하고 싶지 않기 때문이다.

'자기애'가 없으면 '위축'된다

그런데 여기서 이렇게 항변할 수 있다. '기만적 자기애'가 무엇이 문제란 말인가? 자신의 '어둠'만을 보며 자신을 미워하는 것보다, 자신의 '밝음'만을 보며 자신을 사랑하는 편이 더 낫지 않은가? 이는 얼핏 설득력 있어 보이는 주장이지만, 문제는 그리 단순하지 않다.

'나'를 대하는 세 가지 태도가 있다. '자기증오', '기만적 자기애', '자기애(자기만족)'. '자기증오'는 명백한 슬픔이고, '자기애(자기만족)'는 명백한 기쁨이다. 그런데 '기만적 자기애'는 모호한 측면이 있다. 자신을 속이더라도 자신을 사랑할 수만 있다면 좋은 게 아니냐고 생각할 여지가 있기 때문이다. 하지만 '자기증오'뿐만 아니라 '기만적 자기애' 역시 명백한 슬픔이다.

왜 그런가? '자기애(자기만족)'가 얕으면 정서적으로 굉장히 취약할 수밖에 없기 때문이다. 이 정서적 취약함은 '위축'이라는 감정으로 찾아온다. '자기애(자기만족)'에 이르지 못한 이들, 즉 '자기증오'나 '기만적 자기애'에 빠져 있는 이들은 삶에서 언젠가 마주칠 수밖에 없는 크고 작은 곤경 앞에서 쉽게 '위축'된다.

> 자기만족은 우리가 자신의 활동 능력을 고찰하는 것에서 생기는 기쁨으로 해석되는 한에 있어서 위축감과 대립된다. ― 제3부, 감정의 정의 26, 해명

스피노자에 따르면, '자기만족'과 '위축감'은 서로 대립되는 한 쌍의 감정이다. 즉, '자기애(자기만족)'가 얕은 사람은 쉽게 '위축'되고, '자기애(자기만족)'가 깊은 사람은 어떤 상황에서도 좀처럼 '위축'되지 않고 당당하다. 반면, '자기증오'에 빠진 사람은 늘 어딘가 모르게 '위축'되어 있다. '기만적 자기애'를 가진 사람은 얼핏 당당해 보이지만, 그것은 마음속 깊은 곳에 '위축감'을 숨기고 있는 것일 뿐이다. 이는 스피노자가 말한 '위축감'의 정의를 살펴보면 쉽게 이해할 수 있다.

> 위축감이란 인간이 자신의 무능이나 무력함을 고찰하는 것에서 생기는 슬픔이다. ― 제3부, 감정의 정의 26

'자기애(자기만족)'가 있는 사람은 자신의 능력을 고찰하면서 자신의 '유능'뿐만 아니라 '무능'이나 '무력함'에 대해서도 기쁨을 느낄 수 있다. 하지만 '자기애(자기만족)'가 없다면, "자신의 무능이나 무력함을 고찰"할 때 슬픔에 휩싸여 '위축감'을 느낄 수밖에 없다. 이것이 진정한 '자기애(자기만족)'가 있는 이들은 자신의 '어둠'을 턱턱 드러내지만, '자기증오'나 '기만적 자기애'에 빠져 있는 이들은 자신의 '어둠'을 감추려고 전전긍긍하는 이유다.

다시 말해, '자기증오'에 빠진 이들은 자신의 '어둠'에 잠식된 이들이다. 그래서 '위축'된다. '기만적 자기애'에 빠진 이들 역시 마찬가지다. 이들은 애써 자신의 '어둠'을 외면하고 억압한 채 '밝음' 뒤에 숨는다. 이들은 얼핏 당당해 보이지만, 이내 '위축'으로 되돌아온다. 프로이트의 전언처럼, 억압된 것은 반드시 돌아오기 마련이니까. 반면, '자기애(자기만족)'가 있는 이들은 '어둠'에 잠식되지도, '밝음' 뒤에 숨지도 않는다. 이들은 자신의 '어둠'과 '밝음'을 모두 공정하게 긍정할 수 있다. 이는 너무나 당연한 일이다. 진정으로 자신을 사랑하는 이들은 애초에 '위축'될 리 없기 때문이다.

'자기애'는 칭찬에 달려 있다

그렇다면 어떻게 '자기증오'와 '기만적 자기애'를 넘어, 진정한 '자기애'에 이를 수 있을까? 다시 '자기애'의 정의로 돌아가 보자. '자기애'는 무엇인가? 자신의 장점, 역량, 아름다움 같은 '밝음'뿐만 아니라 단점, 무능, 추함 같은 '어둠'까지 모두 긍정하는 일이다. 달리 말해, 자신의 '밝음'과 '어둠'

을 모두 고찰하면서 기쁨을 느끼는 일이다. 여기서 문제가 되는 것은 '어둠'이다. 자신의 '밝음'을 긍정하는 것은 누구나 할 수 있는 일이다. 문제는 '어둠' 아닌가? 자신의 '어둠'을 긍정하는 것은 좀처럼 쉬운 일이 아니다.

그러니 '자기애'에 이르는 길은 자신의 '어둠'을 긍정하는 일이라고 바꿔 말할 수 있다. 그런데 이것이 어디 쉬운 일이던가? 소심한 나, 돈 없는 나, 뚱뚱한 나를 떠올리며 어떻게 기쁨을 느낄 수 있겠는가? 한 번도 '자기애'에 이르지 못한 이들에게, 이는 불가능한 말장난처럼 들릴지도 모른다. 이런 사람들을 위해, 스피노자는 '자기애(자기만족)'라는 기쁨에 이르는 길에 대해 다음과 같이 말한다.

> 이 기쁨(자기만족)은 인간이 타인으로부터 더 많이 칭찬받는 것을 표상함에 따라 더욱 강렬해진다. — 제3부, 정리 53, 계

스피노자에 따르면, 인간은 타인으로부터 칭찬받을 때 '자기애(자기만족)'가 점점 더 커진다. 그런데 세상 사람들은 우리를 좀처럼 칭찬하지 않는다. 간혹 칭찬하더라도, 우리의 '밝음'에 대해서만 칭찬한다. 우리의 '어둠'에 대해 칭찬하는 일은 거의 없다. "넌 소심해서 안 돼!" "그 돈 벌어서 결혼은 하겠니?" "못생겼으면 살이라도 빼!" 우리의 '어둠'에 대해서는 칭찬은커녕 비난이 쏟아지기 일쑤다. 이것이 우리가 온전한 '자기애(자기만족)'에 이르지 못하고, 너무 쉽게 '자기증오'나 '기만적 자기애'에 빠지게 되는 이유다.

어둠마저 밝히는 칭찬

그렇다면 '자기애(자기만족)'에 도달하는 것은 불가능한 일일까? 세상에는 수많은 타인들이 있다. 그들 대부분은 우리의 '어둠'에 대해 비난하거나 아예 관심조차 없다. 한편 드물게 우리의 '밝음'을 칭찬하는 타인이 있다. 그보다 더 드물게, 우리의 '어둠'을 칭찬해 주는 타인도 있다. 그 타인은 누구일까? 바로 우리를 사랑하는 타인이다.

어린 나이에도 '자기애(자기만족)'에 이른 이들이 있다. 키도 작고 공부도 못하고 사교성도 없는 아이가 있다. 그럼에도 불구하고 그 아이는 '자기애(자기만족)'가 있다. 어떻게 그럴 수 있을까? 아이의 부모가 항상 이렇게 말해 주었기 때문이다. "네 작은 키가 사랑스러워." "공부 좀 못하면 어때." "모든 친구들과 친해질 필요는 없어." 부모는 아이의 '어둠'까지 칭찬해 주었다. 그 칭찬은 사랑이다.

'밝음'에 대한 칭찬은 사랑이 아닐 수 있다. 하지만 '어둠'에 대한 칭찬은 반드시 사랑이다. 오직 누군가를 진심으로 사랑할 때만, 그의 '어둠'조차 밝게 보이기 때문이다. '어둠'마저 밝히는 칭찬을 듣고 자란 아이는 씩씩하게 말한다. "키가 작은 게 뭐 어때서?" "공부 대신 좋아하는 일을 잘하면 되지!" "친구는 마음이 통하는 한 둘이면 충분해!" 이처럼 칭찬을 흠뻑 받고 자란 아이는 자연스레 '자기애(자기만족)'를 갖게 된다.

이는 당연한 귀결이다. '어둠'마저 밝히는 칭찬은 자신의 단점, 무능, 추함을 새로운 시각으로 바라보게 한다. 그러한 시각은 '자기이해'를 넓히고, 그렇게 넓어진 '자기이해'

는 곧 '자기애(자기만족)'가 된다. 이제 왜 우리에게 '자기애(자기만족)'가 없거나 적은지 알 수 있다. '어둠'에 대해 칭찬받아 본 적이 없거나 적기 때문이다. 그래서 우리는 자신을 미워하거나 혹은 애써 자신의 '어둠'은 은폐하고 '밝음'만 보려고 애쓰며 살아왔던 것 아닌가?

 이러한 '자기증오'나 '기만적 자기애'는 다시 '자기이해'를 더 작고 얕게 만들며, 동시에 '자기애(자기만족)'를 더 작고 얕게 만든다. 불행의 악순환이다. 이 불행의 악순환을 어떻게 끊을 수 있을까? '어둠'마저 밝히는 칭찬이다. 오직 그것만이 '자기애'를 크고 깊게 한다. 사랑이 가득한 칭찬만이 자신의 '어둠'마저 이해할 수 있게 해 주기 때문이다. 그렇게 넓어진 '자기이해'만큼 '자기만족'이 커지고, 그만큼 자신을 사랑하게 된다. 한 사람의 '자기애(자기만족)'는 그렇게 커지고 깊어진다. 행복의 선순환이다.

'자기애'는 셀프가 아니다

그런데 누군가는 이렇게 반문할 수도 있다. 좋은 부모를 만나지 못했다면, '자기애'는 이미 물 건너간 것 아니냐고 말이다. 그렇지 않다. 좋은 부모를 만나지 못했다고 해도 걱정할 필요 없다. 우리의 '어둠'마저 칭찬해 줄 사람을 지금 만나면 된다. 부모만큼, 혹은 부모보다 더 우리를 사랑해 줄 사람을 만나면 된다. 그때 우리는 그 사람에게 칭찬받아 '자기이해'가 넓어지고, '자기만족'을 하며, '자기애'가 깊어질 수 있다.

 여드름과 축 처진 뱃살 때문에 도무지 나 자신을 사랑

할 수 없었던 시절이 있었다. 매일 아침 거울을 보면 짜증이 났고, 길을 걷다 유리창에 비친 내 모습을 보면 한없이 위축되었다. 그렇게 '자기애'는커녕 '자기증오'에 빠져 있을 때, 한 친구를 만났다. 우리의 사랑이 깊어지던 어느 날이었다. 그녀가 거울 앞에서 잔뜩 찡그린 얼굴로 서 있는 나를 보았나 보다. 그녀는 덕지덕지 난 여드름과 축 처진 뱃살을 사랑스럽게 쓰다듬어 주며 말했다.

"여드름 난 네가 좋아. 뱃살도 사랑스러워." 처음 들어보는 말이었다. 가슴이 먹먹해서 코끝이 찡했다. 신기하게도 그날부터 여드름과 뱃살이 예전만큼 미워 보이지 않았다. 그러자 조금씩 기쁘게 주제 파악(자기이해)을 할 수 있게 되었다. 그렇게 나 자신이 조금씩 만족스러워졌고(자기만족), 그만큼 나 자신을 조금 더 사랑할 수 있게 되었다(자기애). '어둠'마저 밝히는, 그녀의 사랑 그득한 칭찬 덕분이었다.

이제 어떻게 자신을 사랑할 수 있는지 알겠다. '자기애'는 셀프가 아니다. 누군가의 사랑이 필요하다. '어둠'마저 밝히는 칭찬을 선물해 줄 사랑. 그 선물을 받을 때만 우리는 '자기애'에 이를 수 있다. 세상에 공짜는 없다. 하물며 진정한 '자기애'라는 큰 선물이 공짜일 리 없다. '나'의 '어둠'마저 칭찬해 줄 '너'를 찾아 나서야 한다. 그리고 그 '너'를 만났다면, '너'가 '나'의 '어둠'마저 칭찬해 줄 수밖에 없도록 만족시켜 주어야 한다.

그때 비로소 '나'의 사랑에 만족한 '너'가 '자기만족'을 선물해 준다. 역설적이게도, '자기만족'은 '타인만족'에서 온다. 사랑받기 위해서는 사랑해야 한다. '자기만족'은 타인을 만족시키는 과정에서 오고, '자기애'는 타인에게 사랑받은 기억에서 온다. '자기증오'와 '기만적 자기애'를 넘어 '나'를 진심으로 사랑하고 싶다면 방법은 하나뿐이다. 온몸과 온 마음을 다해 '너'를 사랑할 것!

『에티카』 한 걸음 더
― '심신평행론'이란 무엇인가?

스피노자의 '심신평행론'

인간은 정신과 신체로 이루어진 존재다. 이는 부정할 수 없는 사실이다. 인간은 생각하는 존재인 동시에 몸을 가진 존재이기 때문이다. 하지만 여기에는 오래된 오해가 하나 있다. 정신과 신체가 서로 독립된 별도의 영역이라고 보는 견해다. 즉, 생각하는 정신과 움직이는 몸이 따로 분리되어 있다는 믿음이다. 정신과 신체가 독립적으로 존재하며, 이 둘은 인과관계에 의해 상호작용한다는 이론, 이것이 데카르트의 '심신이원론'이다. 우리 역시 이 '심신이원론'을 믿는 경향이 있다.

우리는 흔히 신체가 움직여야(원인) 정신이 생각하고(결과), 정신이 생각해야(원인) 신체가 움직인다고(결과) 믿는다. 신체를 움직여 영화관에 가야만 정신이 '이 영화는 철학적이네'라고 생각할 수 있다고 믿지 않는가? 반대로 정신이 '영화를 보러 가야지'라고 생각해야만 신체를 움직여 영화관에 갈 수 있다고 믿지 않는가? 이러한 발상은, 정신과 신체가 별도의 영역으로 분리되어 있다고 보기에 가능한 것이다. 하지만 스피노자는 이런 발상이 오류라고 말한다.

> 신체가 정신을 사유로 결정할 수는 없으며, 정신도 신체를 운동이나 정지, 혹은 (만약 다른 어떤 것이 있다면) 다른 어떤 것으로 결정할 수 없다. — 제3부, 정리 2

스피노자의 관점은 놀랍다. 스피노자에 따르면, 신체는 정신을 생각하게 할 수 없고, 동시에 정신도 신체를 움직이게 하거나 멈추게 할 수 없다. 즉, 정신과 신체는 별도의 영역으로 서로 독립되어 있지 않으며, 둘은 인과관계에 의해 상호작용하지 않는다. 쉽게 말해, 정신이 '영화를 보러 가야지'라고 명령해서 신체가 영화관으로 가게 되는 것이 아니라는 의미다. 스피노자에 따르면, 정신과 신체는 인과관계에 의한 상호작용의 관계가 아니다. 그렇다면 정신과 신체는 어떤 관계일까?

> 정신과 신체는 동일한 것이며, 그러한 것이 때로는 사유의 속성 아래서, 때로는 연장의 속성 아래서 파악된다. … 우리 신체의 능동 및 수동의 질서는, 본성상 정신의 능동 및 수동의 질서와 동시적이다. — 제3부, 정리 2, 주석

스피노자에 따르면, '정신(사유)-신체(연장)'는 동일하며 동시적이다. "정신과 신체는 동일한 것"이기에 이는 어떤 경우에도 평행을 유지하는 동전의 양면과 같다. 동전은

앞면이 움직일 때 뒷면도 함께 움직이고, 그 반대도 마찬가지다. 정신과 신체 역시 이 동전의 양면처럼 계속 평행을 유지하며 함께 움직인다. 인간은 정신과 신체로 구성되어 있지만, 그 둘은 별도의 영역으로 분리되어 있지 않고, 인과관계에 의해 상호작용하지도 않는다.

스피노자는 '정신-신체'를, 인간이라는 하나의 실체의 두 가지 양태로 파악한다. 이것이 스피노자의 '심신평행론'이다. '심신이원론'는 오류이고, '심신평행론'이 진실이다. 있는 그대로의 인간을 생각해 보라. '영화가 보고 싶다'는 정신(원인) 때문에 신체가 영화관으로 움직이게 되는 것(결과)이 아니다. 정신이 '영화를 보고 싶은' 동시에 신체는 '영화관으로 움직이게' 된다. 즉 정신과 신체는 동일하며 동시적이다.

'정신-신체'는 동일하며 동시적인 하나이지만, 단지 상황에 따라 "때로는 사유(정신)의 속성 아래서, 때로는 연장(신체)의 속성 아래서 파악"되는 것일 뿐이다. 영화가 너무 보고 싶을 때는 평행한 심신이 "사유(정신)의 속성 아래서" 파악되고, 영화관으로 가는 길이 너무 멀 때는 그것이 "연장(신체)의 속성 아래서 파악"되는 것일 뿐이다. 이에 대해 스피노자는 다음과 같이 설명한다.

정신의 결의 및 충동과 신체의 결정은 본성상 동시에 존재하며, 혹은 오히려 하나이고 동일한 것인데, 이 동일한 것이 사유의 속성 아래서 고찰되고 사유의 속성을 통하여 설명될 때 그것을 결의라고 부르며, 연장의 속성 아래서 고찰되고 운동과 정지의 법칙으로부터 도출될 때 그것을 결정이라고 부른다. — 제3부, 정리 2, 주석

심신평행론은 삶을 명료하게 해 준다
인간에게는 "정신의 결의('영화를 보러 가야지')"와 "신체의 결정(영화관으로 이동)"이 있다. 이 둘은 인과관계가 아니다. 즉, 어떤 정신적 '결의'를 했기 때문에 신체가 '결정'되는 것이 아니다. 이 둘은 "본성상 동시에 존재하며", "하나이고 동일한 것"이다. 혹자는 이렇게 반문할 수도 있다. "저는 공부하려고 '결의'했는데, 왜 책상에 앉아 공부하도록 '결정'되지 않죠?" 답은 간명하다. 정신이 '결의'하지 않았기 때문이다. 만약 정신이 진정으로 '결의'했다면, 신체는 이미 책상에 앉아서 책을 보도록 '결정'되었을 것이다. '정신-신체'는 동일하며 동시적인 하나이기 때문이다.

'심신평행론'이라는 삶의 진실을 깨닫는 것은 매우 중요하다. 우리는 마음(정신)먹은 대로 실천(신체)하지 못한 자신을 얼마나 책망해 왔던가? 정신과 신체는 동일하며 동시적이라는 사실을 깨닫는다면, 그 괴로움에서 벗어날 수 있다. 사랑하고 싶지만 고백하지 못해서 괴로워하는 이가 있다. 돈을 벌고 싶지만 일은 하기 싫어서 괴로워하는 이도 있다. 이들의 괴로움은 스피노자의 '심신평행론'으로 해소될 수 있다.

사랑하고 싶지만 고백하지 못하는 이, 돈은 벌고 싶지만 일은 하기 싫은 이. 이들의 괴로움은 어디서 오는가? 사

랑하지 못하고, 돈을 벌지 못해서인가? 이는 피상적인 원인일 뿐이다. '왜 나는 '마음(정신)'먹은 대로 '행동(신체)'하지 못할까?' 이 자책감이 그들의 괴로움의 근본적 원인이다. 이들의 괴로움, 즉 자책감은 근본적으로 '심신이원론'에서 온다. 정신과 신체가 서로 인과적으로 작용해야 하는데, 그 인과관계가 제대로 작동하지 않아서 괴로운 것이다.

'심신평행론'으로 삶을 보면, '마음(정신)'먹은 대로 '행동(신체)'하지 못해 발생하는 자책감은 없다. 정신이 '결의('사랑하고 싶다'·'돈을 벌고 싶다')'했다면 동시에 신체는 '결정(고백·일)'되고, 정신이 '결의'하지 않았다면 신체는 '결정'되지 않을 것이기 때문이다. 이는 달리 말해, '결정(고백·일)'되지 않은 '결의('사랑하고 싶다'·'돈을 벌고 싶다')'는 '결의'가 아니며, 오직 '결정'된 '결의'만이 '결의'라는 의미다.

있는 그대로의 삶을 보라. 삶은 명료하다. 우리의 마음이 혼탁할 뿐이다. 정신과 신체는 동일하며 동시적인 사건이다. '마음(정신)'먹은 대로 '행동(신체)'하지 못하는 경우는 애초에 없다. '마음'이 곧 '행동'이고, '행동'이 곧 '마음'일 뿐이다. 달리 말해, '마음'만큼 '행동'하게 되고, '행동'만큼이 '마음'이다.

진정으로 사랑하고 싶었다면 이미 고백했을 테다. 진정으로 돈을 벌고 싶었다면 이미 일을 하고 있을 테다. 지금 고백하지 않고, 지금 일을 하지 않는다면, 진정으로 사랑하고 싶은 마음, 진정으로 돈을 벌고 싶은 마음이 없는 것일 뿐이다. 조금 더 정확히 말해, 고백하는 만큼만 사랑하는 마음이고, 일하는 만큼만 돈을 벌고 싶은 마음일 뿐이다. 마음(정신)먹은 대로 행동(신체)하지 못하는 것은, 의지나 능력의 문제가 아니다. 자신의 마음(정신)을 잘 모르기 때문에 벌어지는 일일 뿐이다. 쉽게 말해, 좋아하는 마음(정신)이 '10'인데, 이를 '100'으로 착각하기 때문이다. 우리는 언제나 마음('10')만큼 행동하고 있다. 다만 '10'인 자신의 마음을 '100'이라고 착각하기에 마음과 행동이 불일치한다고 여기는 것일 뿐이다. 보이지 않기에 알 수 없는(혹은 착각하는) 우리의 마음(정신)은 오직 행동(신체)을 통해 확인될 뿐이다. 이처럼 스피노자의 '심신평행론'은 복잡하고 혼란스러운 우리의 마음(정신)을 명료하게 보여 준다. 어떤 경우에도 우리의 정신과 신체는 평행하다.

7 더 행복한 '삶'을 위해

지혜
— 지혜롭게 살 수 있을까요?

333 누가 세속적 성취가 의미 없다고 하는가?

삶에서 지혜로워지는 것보다 중요한 일은 없다. 지혜로운 자만이 진정한 행복이 무엇인지, 또 그 행복에 어떻게 이를 수 있는지 알게 되기 때문이다. 그래서 삶의 이치를 안다고 자부하는 이들은 종종 말한다. "세속적 성취는 무의미하다." 많은 돈을 벌어 명품을 두르고, 좋은 차와 넓은 집을 갖는 것. 큰 명성을 얻어 가는 곳마다 선망의 시선과 환대를 받는 것. 이런 세속적 성취는 무의미하니 멀리해야 한다고 말한다.

그들의 말은 틀렸다. 그들은 삶의 진실을 절반밖에 모르는 헛똑똑이들이다. 세속적 성취는 필요하고 또 중요하다. 돈과 명예 그 자체 때문이 아니다. 세속적 성취를 이룬 뒤에야 비로소 진정으로 지혜롭게 산다는 것이 무엇인지 묻게 되기 때문이다. 세속적 성취는 지혜와 모순되는 것이 아니다. 그것은 지혜에 이르는 과정의 일부다.

세속적 욕망에서 출발해, 세속적 성취를 거쳐, 결국 지혜에 이르는 것. 예외적인 경우가 아니라면, 삶의 성숙은 이 과정을 따른다. 왜냐하면 세속적 욕망이 없는 사람은 없기 때문이다. 으리으리한 집이나 수천만 원짜리 가방, 수억 원짜리 자동차 같은 것만이 세속적 욕망은 아니다. '맛있는 음식을 먹고 싶다', '잠시 숨 돌릴 겸 여행을 다녀오고 싶다' 같은 소박한 바람 역시 모두 세속적 욕망이다. 산속에 들어가 수행하는 이들이 아니라면, 이런 세속적 욕망을 완전히 없애는 것은 불가능하다.

　세속적 욕망은 인간의 존재 조건이라고 말할 수 있다. 이러한 조건 아래서 아무런 성취도 이루지 못하면 어떻게 될까? 세속적 욕망에 사로잡혀, 지혜롭게 산다는 것이 무엇인지 고민해 볼 겨를조차 없게 된다. 이것이 세속적 성취가 필요하고 또 중요한 이유다. 세속적 성취를 건너뛴 채 추구하는 지혜는 대체로 세속적 성취를 이루지 못한 불만족스러운 자신으로부터의 도피이거나 자기 합리화다.

　크고 작은 세속적 성취를 이룬 이들은 자연스럽게 지혜를 묻게 된다. 물론 세속적 성취를 이루었다고 해서 모두 지혜로워지는 것은 아니다. 세속적 성취는 지혜를 향한 출발점일 뿐, 종착지가 아니기 때문이다. 그러니 지혜에 이르고 싶다면, 먼저 지혜 그 자체에 대해 고민해 보아야 한다. 세속적 성취를 넘어 지혜로운 삶을 원한다면 이 질문이 중요하다. '지혜롭게 산다는 것은 무엇일까?'

스피노자의 '지혜'
스피노자는 '지혜'를 어떻게 정의했을까?

> 각자가 자신의 이익을 추구하기 위하여, 즉 자신의 존재를 보존하기 위하여 더 많이 노력하고 그것을 더 많이 달성할수록 그만큼 더 유덕하다. ― 제4부, 정리 20

스피노자가 말하는 '덕德·virtue'이 바로 지혜다. 즉, "유덕有德하다"는 '지혜가 있다'는 의미다. 이제 스피노자의 지혜가 어떤 것인지 알 수 있다. 스피노자에 따르면, 각자가 자신의 이익을 추구하면서, 그것을 위해 더 많이 노력하고 더 많이 성취할수록 더 지혜로워진다. 당황스럽게도, 스피노자는 지혜로움이 곧 이기심이라고 말하고 있는 셈이다. 의아하지 않은가? 흔히 이기심을 지혜로움과 가장 먼 것이라 여긴다. 그런데 스피노자는 이기심이야말로 진정한 지혜라고 단호하게 말한다.

> 자기를 보존하려는 노력은 덕의 유일한 기초다. ― 제4부, 정리 22, 계

자신의 이익을 추구하여 "자기를 보존하려는 노력"이 곧 지혜로움(덕)이다. 스피노자는 이런 이기적 노력이 지혜로워지는 데 가장 중요하며, 동시에 지혜의 유일한 기초라고 말한다. 목이 마를 때 물을 마시고, 추울 때 따뜻한 곳에 가야 자신을 보존할 수 있다. 스피노자에 따르면, 물을 마시려는, 따뜻한 곳을 찾으려는 노력이 바로 지혜로움인 셈이다. 그런데 이 논의를 따라가다 보면, 기묘한 논리에 이르게 된다. 예컨대, 더 많은 돈을 벌기 위해 혈안이 된 사람도 자

신의 이익을 추구하는 것이니 지혜로운 사람이라 말할 수 있는 것인가? 이 생경한 논리를 어떻게 이해해야 할까?

지혜롭게 사는 것은 이기적으로 사는 것이다

예를 들어 보자. '재원'은 자수성가해서 많은 돈을 벌었다. '재원'은 지독히도 이기적이었다. 돈이 되는 일이라면, 다른 사람의 처지나 입장은 전혀 고려하지 않고 돈을 벌었다. 그렇다면 '재원'은 지혜로운가? 그렇다. 어떻게 그렇게 말할 수 있을까? '세속적 욕망 → 세속적 성취 → 지혜'라는 삶의 성숙 과정을 생각해 보자. '돈을 벌고 싶다', '섹시한 몸을 갖고 싶다', '유명해지고 싶다' 같은 세속적 욕망은 이미 우리 안에 자리 잡고 있다. 좋든 싫든, 이것이 우리 내면의 현실적 조건이다.

이 현실적 조건을 건너뛰고 뒤엉킨 내면을 정돈할 수는 없다. 세속적 성취가 없다면, 드글거리는 욕망은 잔잔해지기는커녕 더욱 요동칠 뿐이다. 오직 원하는 것을 얻었을 때만 요동치는 마음이 잔잔해지고, 동시에 삶의 다음 문을 열 준비를 할 수 있다. 미친 듯이 갈증이 날 때는 물을 마셔야 마음이 잔잔해지고, 그러고 나서야 다음 할 일이 떠오르는 것처럼 말이다.

뒤엉킨 내면을 정돈하지 못하면, 지혜로움은 시작조차 할 수 없다. 온통 돈을 벌고 싶은 생각뿐인 '재원'은 자신의 세속적 욕망을 인정하고, 세속적 성취를 달성하고자 애를 썼다. 이는 뒤엉킨 내면을 잔잔하게 하는 과정의 일부라고 볼 수 있다. 즉, '재원'의 이기적인 행동은, 적어도 삶의 성숙 과정의 측면에서 보면, 어느 정도 지혜롭다고 말할 수 있다. 이에 대해 스피노자는 이렇게 말한다.

> 어떤 사람도 존재하고 행동하며 생활하는 것, 즉 현실적으로 존재하는 것을 욕구하지 않고서는 행복하게 존재하고 선량하게 행동하며, 또한 선량하게 생활하기를 욕구할 수 없다. ─ 제4부, 정리 21

현실적인 삶의 조건들을 충족하지 못한다면, 행복도, 선량함도, 선량하게 살려는 마음도 있을 수 없다. 당연하지 않은가. 며칠을 굶은 사람이 행복할 리 없다. 그는 남을 돕는 선량한 행동을 할 수 없고, 또 그런 행동을 하고 싶은 마음이 생길 수도 없다. 세속적 성취가 "현실적으로 존재하는 것"이라면, 그것을 "욕구하지 않고서는 행복하게 존재하고 선량하게 행동"할 수 없다. "또한 선량하게 생활하기를 욕구"할 수도 없다. 그러니 세속적 성취를 바라는 이들은 누가 뭐래도 일단 크고 작은 성취를 이뤄야 한다.

인생은 야박하다. 어느 하나 건너뛸 수 있는 것이 없다. 지혜를 원한다면, 먼저 세속적 욕망을 충족시켜야 한다. 지혜로운 척은 지혜로부터 가장 멀리 있는 상태다. "돈과 명예는 중요하지 않아!" 돈과 명예에 대한 욕망이 드글거리며, 그 욕망을 제대로 한 번 충족해 보지도 못했으면서 어설프게 지혜로운 척하는 이들이 있다. 그들이야말로 지혜로부터 가장 멀리 있는 이들이다. 그들은 계속 배고픈 상태이기 때문에, 결코 삶의 다음 무대로 넘어갈 수 없다.

모두가 이기적으로 살면 세상은 엉망이 되지 않을까?

'지혜로운 삶=이기적인 삶'. 이 낯선 도식을 논리적으로 이해한다 해도, 하나의 의문이 남는다. 모두가 이기적으로 살면 세상은 엉망이 되지 않을까? 사실 누구나 이기적으로, 즉 자기가 원하는 대로 살고 싶다. 하지만 세상은 함께 사는 곳 아닌가? 그러니 모두가 각자의 이기심만을 충족하려 한다면, 세상은 아수라장이 되지 않을까? 이에 대해 스피노자는 이렇게 답한다.

> 진정으로 유덕하게 행동하는 것은, … 자기의 이익을 추구하는 것을 기초로 하여 이성의 지도에 따라 행동하고 생활하고 자신의 존재를 보전하는 것일 뿐이다. — 제4부, 정리 24

스피노자에 따르면, 진정으로 지혜롭다는 것은 "자신의 이익을 추구하는 것을 기초로 하여 이성의 지도에 따라 행동하고 생활"하는 것이다. 쉽게 말해, 자신의 이익을 추구하되 '이성'에 따라 자신의 존재를 보존하는 것이 진정한 지혜다. 여기서 중요한 것은 '이성'이다. 대체 '이성'을 따른다는 것은 어떤 의미인가?

> 덕을 따르는 사람은 누구나 자기를 위하여 추구하는 선을 다른 사람들을 위해서도 욕구한다. — 제4부, 정리 37

인간의 본성, 자기보존과 타자공감

덕(지혜)을 따르는 이는 자기를 위해 추구하는 '선'을 다른 사람들을 위해서도 추구한다. 왜 그런가? 스피노자에 따르면, 인간이라는 존재는 두 가지 본성적 특성을 지닌다. '자기보존'과 '타자공감'이다. 인간은 명백히 '자기보존'의 존재이다. 즉, 인간은 자신의 이익을 추구하려고 노력하는 존재이다. 그렇게 해야만 자신의 생명과 재산을 보존할 수 있기 때문이다. 하지만 동시에 인간은 '타자공감'의 존재이다. 즉, 인간은 타인의 감정에 동조된다. 기쁘고 유쾌한 사람 곁에 있으면 기쁘고 유쾌해지고, 슬프고 우울한 사람 곁에 있으면 슬프고 우울해지는 것은 바로 이 때문이다. 자신을 보존하려는 마음만큼 타자와 공감(교감)하려는 마음 역시 인간의 본성이다.

이제 '이기심=지혜로움'이라는 낯선 도식을 이해할 수 있다. '자기보존'의 존재로서 인간은 슬픔을 피하고 기쁨을 취하려 노력할 수밖에 없다. 그런데 그 노력이 타자에게 슬픔을 주는 방식이 되면, 그 슬픔은 결국 자신에게 되돌아오게 된다. 인간은 '타자공감'의 존재이기 때문이다. "이성의 지도"를 따르는 지혜로운 자들은 이 사실을 안다. 그래서 그들은 자신을 이롭게 하면서도, 동시에 타인에게 슬픔을 주지 않고 오히려 타인마저 이롭게 하는 방법을 찾는다.

사실 우리 역시 이러한 삶의 진실을 이미 알고 있다. 돈은 분명 우리를 이롭게 한다. 하지만 그 돈을 벌기 위해 연인에게 상처를 주고, 그 돈을 지키기 위해 병든 부모를 외면한다면, 우리는 기쁨을 느낄 수 있을까? 달리 말해, 진정으로 이기심을 충족했다고 말할 수 있을까? 결코 그렇지 않다. 연인과 부모의 슬픔이 우리에게 전해져 기쁨은커녕 (당장 혹은 때늦게) 더 큰 슬픔에 빠지게 될 것이기 때문이다. 오직 지혜롭지 못한 이들만이 자신의 이익을 위해 타인에게 상처를 준다. 이제 스피노자의 이 말을 이해할 수 있다.

지혜로운 자의 삶

이성에 근거하여 다른 사람들을 이끌려고 노력하는 사람은 충동적으로가 아니라 인애적으로 그리고 선의적으로 행동하며, 그 마음은 지극히 확고하다. ― 제4부, 정리 37, 주석

'이성'에 근거하여 더 크고 온전한 기쁨을 얻으려고 노력하는 사람은 결코 충동적으로 행동해서 타인에게 상처를 주지 않는다. 즉, 자신의 기쁨을 위해 타인을 슬프게 하지 않는다. 그들은 어질고 사랑하는 마음으로 선의를 갖고 행동하며, 그 마음은 지극히 확고해서 결코 흔들리지 않는다. 지혜로운 자는 '더 큰 이익'이 무엇인지 분명히 알고 있기 때문이다. 그래서 그는 어떤 경우에도 자신과 타인 모두가 기뻐질 수 있는 방법을 찾아낸다.

이 삶의 진실을 깨닫게 되면, 이기심은 '우리 모두를 위한 것'이 된다. '재원'은 더 이상 돈벌레가 아니다. 그는 이제 주변 사람들을 어질고 선하게 대한다. 어떻게 그럴 수 있을까? 더욱 이기적인 사람이 되었기 때문이다. '재원'은 자신의 이익을 극대화하려면 타인에게 기쁨을 주어야 한다는 삶

의 진실을 알게 되었다.

'재원'은 지혜로워졌다. 이처럼 지혜로워지기 위해서는 눈앞의 충동적인 이익에만 머무르지 말고, 나와 연결된 존재들의 이익을 따져볼 수 있어야 한다. 더 지혜로워진다는 건, '나'와 연결된 존재들을 더 넓게 인지할 수 있다는 의미다. 달리 말해, '나'의 이익에서 '너'의 이익으로, 다시 '우리'의 이익까지 확장해서 볼 수 있는 능력이 바로 지혜이다. 그렇다면 이런 넓은 시야는 어떻게 가질 수 있을까?

> 정신에 관계하는 감정에서 생기는 온갖 활동을 정신의 힘으로 간주하며, 그것을 용기와 관용(아량)으로 나눈다. ― 제3부, 정리 59, 주석

지혜로운 자는 어떤 사람일까? '정신의 힘'이 강한 사람이다. 스피노자는 이 정신의 힘을 '용기'와 '관용'으로 나눈다. 다시 말해, 지혜로운 자는 '용기' 있으며 동시에 '관용' 있는 사람이다. 스피노자의 '용기'와 '관용'은 우리가 일상적으로 말하는 과감함이나 참을성과는 조금 다르다.

지혜로운 자의 덕목, '용기'와 '관용'

> 용기란 각자가 이성의 지령에 따라서만 자신의 존재를 보존하려고 노력하는 욕망으로 이해한다. 관용이란 각자가 오직 이성의 지령에 따라서만 다른 사람들을 돕고 그들과 친교를 맺으려고 노력하는 욕망으로 이해한다.

그러므로 자신의 이익만을 의도하는 행동을 용기로, 다른 사람들의 이익도 의도하는 행동을 관용으로 여긴다. 절제, 금주, 위험에 처했을 때의 침착함 등은 용기의 일종인 반면, 예의, 자비 등은 관용의 일종이다. — 제3부, 정리 59, 주석

흔히 용기라는 말은 타인과 관계된 상황에서 사용한다. 예컨대, 다른 사람들은 시도하지 못하는 일에 과감히 도전하는 사람을 용기 있는 사람이라고 말한다. 하지만 스피노자가 말하는 '용기'는 이와 다르다. 스피노자에게 '용기'는 오직 자신과 관계된 정신적 힘으로, "자신의 존재를 보존하려고 노력하는 욕망"이다. 쉽게 말해, '용기'란 자기 통제력이라고 할 수 있다. 그런데 이 '용기'는 "이성의 지령"에 따를 때라야 제대로 발현될 수 있다.

예를 들어, 지혜롭지 못한 자는 게임과 술에 중독되고, 도둑이 들면 당황하며 숨는다. 왜 그럴까? 그는 자신을 보존하기 위해 행동하지만, 그것은 "이성의 지령"에 따르지 않은 행동이기 때문이다. 반면 지혜로운 자는 게임과 술을 알맞게 즐기고, 집에 도둑이 들어도 침착함을 유지한다. 이는 "이성의 지령"에 따라 자신을 보존하려는 욕망, 즉 '용기'를 지니고 있기 때문이다. 즉, 스피노자의 '용기'란 기쁨과 슬픔 사이를 적절히 가로지르며 자신의 진정한 기쁨에 이르는 자기 통제력인 셈이다.

그렇다면 '관용'은 무엇일까? 흔히 '관용을 가지라'는 말은 '참을성을 가지라'는 의미로 사용된다. 하지만 스피노

자의 '관용'은 이와 다르다. 그것은 "다른 사람들을 돕고 그들과 친교를 맺으려고 노력하는 욕망"이자, "다른 사람들의 이익도 의도하는 행동"이다. 그렇다면 스피노자의 '관용'은 '이기심'이 아니라 '이타심'일까? 그렇지 않다.

'관용'은 어렵거나 모호한 개념이 아니다. '관용'은 '선물'이다. 힘들게 번 돈으로 부모님에게 여행을 보내 주는 일, 돈벌이는 줄이고 연인과 함께하는 일, 친구에게 따뜻한 밥 한 끼를 대접하는 일, 사회적 약자들을 위해 작은 기부를 하는 일. 이런 '선물' 같은 행동들은 모두 '관용'이다. 이런 '관용'은 명백히 이기심이다. 진정한 '선물'은 상대를 기쁘게 하는 일이라기보다 자신을 기쁘게 하는 일이기 때문이다. '선물'을 받고 기뻐하는 부모, 연인, 친구, 사회적 약자들을 보며 자신 역시 기쁨을 느끼게 되지 않던가. 즉, 스피노자의 '관용'이란 자신의 기쁨과 타인의 기쁨을 적절히 연결해 내는 능력이라고 말할 수 있다.

지혜로운 삶이란 '용기'와 '관용'이 있는 삶이다. 이제 지혜로워지는 방법도 알 수 있다. '용기'를 갖고 '관용'적으로 살려고 노력하면 된다. 먼저 '용기', 즉 자기 통제력을 갖추고 진정으로 '나'의 기쁨을 크게 해야 한다. 그리고 '관용'을 통해 '나'의 기쁨을 '너'의 기쁨으로 적절히 연결시켜야 한다. 진정으로 이기적으로 살려고 노력할 때, 지혜로운 삶에 도달할 수 있다. '함께 사는 세상이기에 이기적으로 살면 안 된다.' 이 얼마나 무지한 소리인가. 함께 사는 세상이기에, 더욱 이기적으로 살아야 한다. 진정한 이기심이 바로 지혜이기 때문이다.

불행
— 불행에 어떻게 대처해야 할까요?

불행은 폭탄이다

불행은 폭탄이다. 폭탄에는 두 가지 유형이 있다. 콩알탄과 수류탄. 어떤 폭탄은 콩알탄처럼 따끔할 뿐이지만, 어떤 폭탄은 수류탄처럼 치명적이다. 우리의 불행도 그렇지 않은가? 감당할 수 있는 불행이 있고, 감당하기 어려운 불행이 있다. 돌부리에 걸려 넘어지는 일, 아침 출근길에 버스가 오지 않는 일, 커피를 엎질러 옷이 더럽혀지는 일. 이런 일들은 불행이지만, 콩알탄 같은 불행이기에 누구나 능히 감당할 수 있다.

하지만 수류탄처럼 쉬이 감당하기 어려운 불행도 있다. 갑작스러운 이별 통보, 권고사직, 부모의 별세, 시한부 판정. 이런 일들은 우리네 삶을 멈춰 세울 만큼 치명적이다. 우리는 이런 불행을 피하고 싶다. 사랑하는 이와 헤어지고 싶지 않고, 안정적인 직장을 계속 다니고 싶고, 부모가 영원히 내 곁에 있기를 바라며, 건강한 삶이 유지되기를 바란다. 하지만 그런 일은 일어나지 않는다. 불행은 언젠가 반드시 찾아온다. 누구나 이 사실을 이미 알고 있다. 이것이 우리네 마음 깊은 곳에 자리 잡은 불안의 원인이다.

예견된 불행, 불안의 원인

"이유 없이 불안해." 사람들은 흔히 말한다. 틀렸다. 이유 없는 불안은 없다. 이유를 숨겨 둔 것일 뿐이다. 세상의 모든 불행은 예견된 불행이다. 불행은 그냥 폭탄이 아니다. 시한폭탄이다. 언제 터질지 모를 뿐, 언젠가 터진다는 것을 이미 다 알고 있다. 다만 다가올 불행이 콩알탄인지 수류탄인지, 그 타이머에 시간이 얼마나 남아 있는지를 모를 뿐이다. 이는 얼마나 두려운 일인가?

불행이 언젠가 터질 것이라는 사실을 깨닫는 것은 두려운 일이다. 그것이 너무 두렵기에 우리는 그 예정된 불행을 억지스럽게 외면한다. 이것이 우리네 삶이 불안한 근본적인 이유다. '걱정'과 '불안'의 차이는 무엇인가? 대상이 명확할 때는 '걱정'하고, 대상이 모호할 때는 '불안'하다. 맹수는 '걱정'의 대상이지만, 가난은 '불안'의 대상인 것도 그래서다. 우리의 불안은 불확실하고 모호한 불행을 긴 시간 외면했기에 발생한 마음이다.

언젠가 닥쳐오리라는 사실을 어렴풋이 알고 있지만, 그 시기와 크기를 가늠할 수 없는 불행은 우리의 불안이 된다. 어쩌면 이 불안이야말로 우리네 삶의 가장 큰 불행인지도 모른다. 특정한 사건으로 인한 불행은 삶의 특정 시기를 어둡게 물들이지만, 닥쳐올 불행한 사건을 외면한 결과로 발생한 불안은 삶 전체를 지독한 어둠으로 물들이기 때문이다. 그런 삶은 언제 터질지 모르는 시한폭탄을 품고 사는 것과 같다.

스피노자의 불행 대처법

명확한 '사건'으로 인한 불행이든 모호한 '불안'으로서의 불행이든, 우리는 늘 불행에 노출된 존재다. 이는 인간이 피할 수 없는 삶의 조건이다. 그러니 불행에 대한 고찰 없이 진정으로 삶을 잘 살아내기란 요원한 일이다. 불행이 오기 전에 불행에 대해 고찰해 보아야 한다. 예견된 불행 앞에서 우리는 어떻게 해야 할까? 스피노자의 이야기를 직접 들어 보자.

> 극단적인 불법 때문에 생기는 분노는 그다지 쉽게 정복되지는 않을지라도, 비록 약간의 동요는 있겠지만, 그러한 것을 미리 숙고하지 않을 경우보다 훨씬 짧은 시간 안에 정복될 것이다. — 제5부, 정리 10, 주석

스피노자는 "극단적인 불법 때문에 생기는 분노"에 대해 말한다. 이는 분명 불행의 한 종류이다. 예컨대, 10년 동안 저축한 돈을 어느 날 밤 도둑맞았다고 해 보자. 그때 치미는 분노는 결코 쉽게 극복할 수 있는 수준이 아니다. 스피노자는 이 분노를 다루는 방법을 제시한다. 분노에 빠지게 될 상황을 미리 진지하게 상상해 보라는 것이다. 이런 일종의 예행연습을 거치면, 분노는 훨씬 짧은 시간 안에 극복될 수 있다. 스피노자는 두려움이라는 불행 역시 이와 같은 방식으로 잘 다룰 수 있다고 말한다.

> 두려움에서 벗어나기 위해서 우리는 같은 방식으로 용기에 대하여 생각해야 한다. 즉, 흔히 발생하는 삶의 위험들을 헤아리고 자주 표상하여, 침착함과 정신의 강함으로써 그것들을 가장 잘 회피하고 극복할 수 있는 방법들을 생각해 두어야 한다. — 제5부, 정리 10, 주석

이별, 교통사고, 권고사직, 부모의 별세, 시한부 판정. 이처럼 갑작스럽게 닥치는 불행은 우리를 두려움에 몰아넣는다. 그 두려움에 사로잡히면, 무엇을 어떻게 해야 할지 갈피조차 잡을 수 없게 된다. 스피노자에 따르면, 그 두려움에서 벗어나기 위해서는 '용기'에 대해 생각해야 한다.

스피노자가 말하는 '용기'란 무엇인가? 어떤 상황에서도 차분하고 침착하게 대처할 수 있는 자기 통제력이다. 이는 "흔히 발생하는 삶의 위험들을 헤아리고 표상(상상)"하여 갖게 되는 "침착하고 강한 정신"이다. 이러한 '용기'를 갖기 위해 닥쳐올 삶의 여러 위험들을 "잘 회피하고 극복할 수 있는 방법들을" 미리 생각해 두어야 한다.

예견된 불행의 시뮬레이션

예견된 불행에 대처하는 스피노자의 방법은 간명하다. (지금 '용기'가 없더라도) 평소에 자주 '용기'에 대해 생각하면 된다. 이는 쉽게 말해, '불행의 시뮬레이션'을 해 보라는 뜻이다. 즉, 삶에서 흔히 발생할 수 있는 위험들을 미리 상상해 보라는 것이다. 그 '불행의 시뮬레이션'을 통해 침착하고 강한 정신이 길러지고, 예견된 불행을 잘 회피하고 극복할 수 있는

방법들도 마련된다. 이는 실제 우리네 삶에서도 그대로 적용된다.

운동선수들의 훈련법 중 '이미지 트레이닝'이라는 것이 있다. 이는 중요한 시합을 앞두고, 그 시합에서 발생할 수 있는 여러 (최악의) 상황들을 머릿속으로 반복적으로 떠올려 보는 훈련이다. 이 훈련을 통해 선수는 닥쳐올 고난과 돌발적인 위기 상황들을 미리 마주할 수 있다. 이 훈련을 자주 한 선수와 그렇지 않은 선수는 실제 시합에서 확연한 차이를 보인다. 스피노자가 누차 말했듯, 정신과 신체는 동시적이기에 머릿속으로 떠올린 일들은 몸의 반응을 촉발하기 때문이다.

이 '이미지 트레이닝'은 스피노자의 표현을 빌리면, '용기'에 대해 생각하는 일, 즉 '불행의 시뮬레이션'이다. 이는 운동선수들에게만 해당되는 일일까? 그렇지 않다. 예견된 불행(이별·권고사직·부모의 별세·시한부 판정)을 자주 상상해 본 사람과 그렇지 않은 사람이 있다고 해 보자. 이 둘이 불행에 대처하는 방식은 현격히 다르다.

불행이 자신만은 비껴갈 것처럼 예견된 불행을 외면했던 이는, 실제로 불행이 닥쳤을 때 주체할 수 없을 정도로 큰 혼란에 빠진다. 하지만 예견된 불행을 자주 시뮬레이션 해 본 이는 다르다. 그는 실제로 불행이 닥쳐와도 혼란스러운 감정을 비교적 짧은 시간에 극복할 수 있다. '불행의 시뮬레이션' 과정에서 침착함과 정신력, 그리고 불행에 대처할 수 있는 구체적인 방법들을 충분히 마련했기 때문이다.

'불행의 시뮬레이션'이 잘 안되는 이유

우리는 이제 불행에 대처하는 이론적인 방법을 알았다. 그렇다면 이제 불행을 잘 극복할 수 있을까? 쉽게 답할 수 없다. 왜 그런가? '불행의 시뮬레이션'은 그리 쉽게 할 수 있는 일이 아니기 때문이다. '불행의 시뮬레이션'이 필요하다는 사실을 안다고 해도, 실제로 그 시뮬레이션을 하기란 여간 어려운 일이 아니다.

감당할 수 있는 불행, 이를테면 길을 걷다 넘어지거나, 버스가 오지 않거나, 옷에 커피를 쏟는 불행이 별일 아닌 이유가 무엇인가? 그것이 작은 불행이기 때문인가? 아니다. 이는 원인과 결과를 뒤집어 말하는 오류에 불과하다. 작은 불행이기에 감당할 수 있는 것이 아니라, 감당할 수 있기에 작은 불행이다. 그렇다면 어떤 불행이 '감당할 수 있는 불행', 즉 작은 불행이 되는가?

'감당할 수 있는 불행'은, 비교적 쉽게 자주 시뮬레이션할 수 있는 불행이다. 아이가 넘어졌을 때 세상이 무너진 것처럼 우는 이유는, 그것이 정말 심각한 불행이라서가 아니라 그 불행을 시뮬레이션해 본 적이 없기 때문이다. 마찬가지로 '감당할 수 없는 불행'이 큰일인 이유도, 그것이 큰 불행이라서가 아니라 그 불행을 시뮬레이션해 본 적이 없거나 적기 때문이다. '불행의 시뮬레이션'을 통해 불행을 잘 극복할 수 있다. 이는 분명 옳은 이야기다. 하지만 공허하다. 알지만 잘 안되는 일이기 때문이다.

'불행의 시뮬레이션'은 슬픔이다

'감당할 수 없는 불행'은 왜 쉽게 자주 시뮬레이션하기 어려울까? 그 시뮬레이션을 하면 할수록 더 큰 슬픔에 빠져들기 때문이다. 연인에게 이별을 통보받고, 회사에서 잘리고, 부모가 죽고, 자신이 시한부 판정을 받는 상황을 거의 매일 떠올려 본다고 해 보자. 그 사람의 정서 상태는 어떻게 될까? 슬픔에 빠져 극도로 침잠되거나 우울해질 것이 분명하다.

스피노자에 따르면, 이는 부자연스러운 일이다. 인간은 기쁨을 가까이하고 슬픔을 멀리하려는 존재 아닌가? 그런 인간이 '감당할 수 없는 불행'을 미리 자주 시뮬레이션하는 것은 자연스럽지 않다. 오히려 그런 시뮬레이션은 하지 않는 것이 자연스럽다. 그런 상상을 할 때마다 기쁨은 줄고 슬픔은 깊어질 테니까 말이다. 사람들이 '감당할 수 없는 불행'을 시뮬레이션하지 않는 데는 다 이유가 있는 셈이다.

이제 우리는 하나의 딜레마에 빠졌다. '불행의 시뮬레이션'을 하자니 우울(슬픔)이 밀려오고, 하지 않자니 계속 불안(슬픔)에 떨 수밖에 없다. 그렇다면 어떻게 해야 할까? 억지로라도 '불행의 시뮬레이션'을 해야 할까? 아니면 '감당할 수 없는 불행'은 그저 마음 깊은 곳에 불안의 원인인 채로 남겨 두어야 할까? 스피노자는 이 딜레마를 돌파할 단서를 남겨 놓았다. 그는 '불행의 시뮬레이션'을 하면서 주의해야 할 점에 대해 이렇게 말한다.

다음과 같은 사실을 주의해야 한다. 우리의 사고와 심상들을 정리할 때는, 항상 각 사물의 좋은 점들에 주의

하여 우리가 항상 기쁨의 감정에 근거하여 행동하도록 결정해야 한다. — 제5부, 정리 10, 주석

'불행의 시뮬레이션'은 중요하다. 하지만 잘되지 않는다. 그 시뮬레이션이 슬픔을 불러오기 때문이다. 이에 스피노자는 흔히 발생하는 삶의 위험을 자주 헤아리고 상상하되, 그 대상의 좋은 점을 바라보며 기쁨에 근거하여 행동을 결정해야 한다고 말한다. 이는 쉽게 말해, "'불행의 시뮬레이션'을 기쁘게 하라!"는 것이다.

기쁨의 시뮬레이션

여기서 다시 의아함을 느끼게 된다. 도대체 어떻게 '불행의 시뮬레이션'을 기쁘게 할 수 있다는 말인가? 이 질문에 답하기 위해, 스피노자가 말하는 시뮬레이션의 사례를 살펴보자.

어떤 사람이 자기가 지나치게 명예를 추구한다는 것을 알고 있다면, 그는 명예의 올바른 이용에 대해 생각하고, 어떤 목적을 위하여 그것을 추구해야 하는지, 또한 어떤 수단으로 그것을 획득할 수 있는지에 대해 생각해야 한다. 그러나 명예의 악용과 허망함과 인간의 변덕, 또는 이런 종류의 다른 것들에 대해서는 생각하지 않는 게 좋다. — 제5부, 정리 10, 주석

'상우'는 지나치게 타인의 관심을 받으려는(명예를 추구

하는) 아이다. 그는 SNS에서 유명해지고 싶다. 이를 위해 '상우'는 온갖 시뮬레이션을 할 것이다. 그런데 이 시뮬레이션에는 두 가지 방향이 있다. 하나는 불특정 다수에게 무작정 주목받기 위해 발버둥치는 시뮬레이션이다. 이는 "명예의 악용과 허망함"을 불러일으키는 시뮬레이션이다. 왜냐하면 왜 유명해지고 싶은지, 어떤 사람들에게 인정받고 싶은지는 생각하지 않은 채, 오직 유명해지는 것 자체에만 정신이 팔려 있기 때문이다. 이런 방식이라면 '상우'는 점점 더 자극적인 볼거리로 사람들의 이목을 끄는 상상만을 하게 될 수밖에 없다. 이런 시뮬레이션은 그의 정신을 좀먹고, 혐오감이나 참담함 같은 부정적인 감정을 불러일으킬 수밖에 없다.

이와는 다른 방향의 시뮬레이션도 있다. 명예를 올바르게 이용하는 방법에 대해 숙고하는 것이다. 즉, 왜 유명해지고 싶은지, 무엇을 통해 어떤 사람들에게 인정받고 싶은지, 그리고 그렇게 쌓은 영향력을 어떻게 사용하고 싶은지를 곰곰이 생각해 보는 것이다. 이런 방식이라면 '상우'는 자연스레 자신이 잘하는 일이나 좋아하는 일을 통해, 자신과 취향이 비슷한 사람들에게 관심을 받으려는 상상을 하게 될 것이다.

물론 이런 방식 역시 명예를 과도하게 추구하는 시뮬레이션이 될 수 있다. 하지만 이 방식은 결코 슬픔을 불러오는 시뮬레이션이 아니다. 오히려 기쁨을 불러오는 시뮬레이션이다. 자신이 사랑하는 일을 하며 관심받고, 자신이 사랑하는 이들에게 인정받는 상상은 그 자체로 기쁨이기 때문이다. 이런 방식의 시뮬레이션은 기쁨을 동반하기 때문에 더 쉽게, 더 자주 할 수 있다. 또 그 과정에서 '상우'는 명예를 과도하게 추구하는 마음을 잘 다룰 수 있는 침착함과 정신력도 얻게 된다.

'불행의 시뮬레이션'을 기쁘게 하라!
이 시뮬레이션 방식은 '불행의 시뮬레이션'에도 적용할 수 있다. 나는 예견된, 동시에 막상 일어나면 감당할 수 없을 것 같은 불행을 종종 생각한다. '나'의 죽음과 소중한 '너'의 죽음, 그것은 분명 슬픈 일이다. '나'라는 존재가 사라지는 것은 말할 수 없이 두려운 일이다. 그리고 '나'의 죽음 뒤에 남겨진 이들이 겪을 아픔을 떠올리는 것은 지독히도 고통스러운 일이다. 이는 누구에게나 쉬이 감당하기 어려운 슬픔이다.

그런데 이보다 더 두렵고 고통스러운 일이 있다. '나'의 죽음보다 먼저 찾아올지 모르는, 소중한 '너'의 죽음이다. 소중한 이가 사라지는 것보다 더 큰 슬픔은 없다. 그리도 사랑하고 아꼈던 이의 부재, 그 지독한 상실감을 껴안고 또 하루를 살아가야 한다는 사실보다 두렵고 고통스러운 일은 없다. 바로 이것이 세상 사람들이 '죽음'에 대한 시뮬레이션을 금기처럼 여기는 이유일 테다. 그 시뮬레이션을 진지하게 반복했다가는 극심한 침잠과 절망, 우울에 빠져 버릴 것을 직감하기 때문이다. 그런데 그런 큰 불행마저 기쁘게 시뮬레이션할 수 있다.

어느 날, 시한부 선고를 받은 나를 떠올린다. 조용히 집으로 돌아와 집필하던 원고를 잘 마무리한다. 시간이 허락

한다면, 사랑하는 이들과 조용한 곳으로 잠시 여행을 떠난다. 그리고 남겨진 시간이 있다면, 좌충우돌하며 살아온 내 곁을 긴 시간 지켜주었던 소중한 사람들을 떠올리며 그들에게 작은 편지를 한 통씩 쓰고 싶다. 여기까지 떠올리면 '나의 죽음'이 오직 슬픔뿐인 것은 아니다. 슬픔 사이로 깊고 차분한 기쁨이 있다. 큰 기쁨을 주었던 '소중한 사람들'과 '글쓰기'를 함께 떠올리며, 죽음이라는 불행 앞에서 내가 기쁘게 할 수 있는 일들을 찾았기 때문이다.

어느 날, 소중한 '너'의 죽음을 듣는 순간을 떠올린다. 한참을 운다. 아주 한참을. 그러다 눈물이 마를 즈음, 집필실로 돌아와 '너'와 함께했던 기쁜 순간들을 떠올린다. 그 순간들이 얼마나 소중했는지를 한 글자 한 글자씩 눌러 가며 쓴다. 그것이 모여 한 권의 책이 될 때까지. 여기까지 떠올리면 소중한 '너'의 죽음이 오직 슬픔뿐인 것은 아니다. 슬픔 사이로 잔잔하고 먹먹한 기쁨이 있다. 큰 기쁨을 주었던 소중한 '너'와의 기억과 '글쓰기'를 함께 떠올리며, 크나큰 불행 앞에서 내가 기쁘게 할 수 있는 일들을 찾았기 때문이다. 이것이 내가 '불행의 시뮬레이션'을 기쁘게 하는 방법이다.

'죽음'이라는 불행에 대처하는 자세

인간의 정신은 신체와 함께 영원히 파괴될 수 없고, 오히려 그중 영원한 어떤 것이 존재한다. — 제5부, 정리 23

우리에게 예견된 불행 중 가장 큰 불행은 무엇인가? 바로 죽음이다. '나'의 죽음과 '너'의 죽음. 하지만 '불행의 시뮬레이션'을 기쁘게 할 수 있다면, 죽음이라는 가장 큰 불행마저 넘어설 수 있다. 스피노자의 말처럼, "인간의 정신은 신체와 함께 영원히 파괴될 수 없고, 오히려 그중 영원한 어떤 것이 존재한다." 불행의 시뮬레이션을 기쁘게 할 수 있을 때, 우리는 그 '영원한 어떤 것'이 무엇인지 깨닫게 된다. 그때 우리는 죽음이 결코 끝이 아니라는 삶의 진실에 이르게 된다. 죽음 뒤에도 남겨지는 것이 있다.

물론 이런 '불행의 시뮬레이션'을 한다고 하더라도, 막상 지독한 불행이 실제로 들이닥치면 생각처럼 평온하게 대처하지 못할 수도 있다. 하지만 분명한 건, '불행의 시뮬레이션'을 해 본 적 없는 이들보다, 그것을 충분히 해 본 이들이 닥쳐온 불행 앞에서 더 차분하게 침착함을 유지하며 그 불행을 잘 극복해 나갈 것이란 사실이다.

다른 불행 역시 마찬가지다. 퇴학, 이별, 실직, 이혼, 사고 등 어떤 불행이든, 그것을 기쁜 방식으로 시뮬레이션할 수 있으면 된다. 여기에 하나의 정답은 없다. 감당할 수 없는 불행도, 그 불행에 기쁨의 옷을 입히는 방식도 저마다 다를 것이기 때문이다. 우리에게는 모두 저마다의 불행과 기쁨이 있으니까 말이다. 그러니 '불행의 시뮬레이션'을 기쁘게 할 수 있는 자신만의 방법을 찾아야 한다. 그때 비로소 우리는 닥쳐올 불행에 잘 대처할 수 있다.

행복

— 진정한 행복은 무엇일까요?

우리는 왜 행복하지 못할까?

"좋은 대학에 가고 싶어요." "취업하고 싶어요." "결혼하고 싶어요." "여행을 가고 싶어요." "돈을 많이 벌고 싶어요." 사람들은 저마다 바라는 것이 있다. 하지만 그들이 바라는 것은 대학, 취업, 결혼, 여행, 돈 그 자체가 아니다. 그 모든 바람의 최종 목적지는 하나다. 행복이다. 우리의 모든 소망은 결국 "행복해지고 싶어요"의 변주일 뿐이다. 문제는 그 행복에 도달하기가 매우 어렵다는 것이다.

거의 모든 사람이 행복을 바라지만, 정작 행복에 도달하는 이는 매우 드물다. 왜 그런가? 욕망하는 것을 손에 넣기 어려워서일까? 꼭 그렇지만은 않다. 좋은 대학, 대기업, 세계 일주, 많은 돈 등 간절히 바랐던 것을 얻은 이들을 적지 않게 알고 있다. 하지만 그들 중 깊은 미소를 지으며 "나 지금 행복해"라고 말하는 이는 없었다. 그들은 모두 다음 성취를 향해 조급하게 움직일 뿐이었다.

행복은 왜 그토록 어렵고 드문가? 세상 사람들은 '행복'

이 무엇인지 모르기 때문이다. 이것이 우리가 당장 눈앞에 있는 성취에만 목을 매는 이유다. '행복'이 무엇인지 모르기에, 대학만 가면, 취업만 하면, 결혼만 하면, 여행만 가면, 돈만 벌면 행복해질 것이라 착각하는 것이다. 서글프게도 그 성취 끝에 도착하면 알게 된다. '이런 것들로는 행복해질 수 없구나.' 그토록 간절히 욕망했던 것들을 모두 얻게 된다고 하더라도, 그 끝에 '행복'은 없다.

스피노자의 '행복'

진정으로 '행복'을 바란다면 처음부터 다시 물어야 한다. 진정한 '행복'은 무엇일까? 스피노자는 '행복'에 대해 어떤 이야기를 해 줄까? 스피노자의 이야기를 들어 보자.

> 인생에 있어서 가장 유익한 것은 우리의 이성을 가능한 한 완전하게 회복하는 것이며, 오로지 이것에만 인간의 최고의 행복이 있다. ― 제4부, 부록 4

스피노자에 따르면, "이성을 가능한 한 완전하게 회복하는 것"이 바로 '행복'이다. 이는 우리가 완전한 '이성'을 갖추게 되면 진정으로 '행복'해질 수 있다는 뜻이다. 여기서 스피노자가 말하는 '이성'은 무엇인가? 이는 수학이나 과학에서 요구하는 수리적, 논리적 추론 및 판단 능력 따위가 아니다. 스피노자의 '이성'은 '세계와 삶을 이해하는 지혜'이다. 조금 더 정확히 말하면, 세계와 삶 사이에서 기쁨을 따르고 슬픔을 멀리하는 지성적 능력이다. 이런 '이성'을 지니면,

기쁨은 가까이하고 슬픔은 멀리하는 삶을 살 수 있다. 바로 이것이 '행복' 아닌가?

애초에 우리가 불행한 이유가 무엇인가? 복잡하고 모호하며 혼란스러운 세상에서 무엇이 나에게 기쁨을 주고 무엇이 슬픔을 주는지를 명확히 파악하지 못해서다. 기쁨을 줄 것이라 믿고 따랐던 것(돈·술)이 지독한 슬픔의 구렁텅이(탐욕·중독)가 되고, 슬픔을 줄 것이라 믿었던 것(운동·직언)이 큰 기쁨(건강·성숙)을 가져다준다는 사실을 우리는 늘 때늦게 깨닫지 않는가. 진정한 기쁨과 슬픔이 무엇인지를 꿰뚫어 볼 수 있는 능력이 바로 '이성'이다. 그러니 완전한 '이성'을 갖게 되면 더 적은 슬픔과 더 많은 기쁨의 상태, 즉 '행복'에 이르게 된다.

하지만 문제가 있다. '이성을 가능한 한 완전하게 회복하는 것'이 좀처럼 쉽지 않다는 것이다. 좋아하는 음식을 마음껏 먹다가 체했던 적이 다들 한 번쯤은 있을 테다. 이는 우리가 얼마나 비'이성'적인지를 말해 주는 사건 아닌가? 과도하게 먹으면 배탈이 난다는 걸 모르는 이들은 없다. 하지만 우리는 이미 배가 부른데도 계속 음식을 먹다가 탈이 나곤 한다. 이처럼, 우리는 기쁨으로 가는 길을 알면서도 슬픔으로 가는 길에 쉽게 유혹당하곤 한다. 이는 모두 '이성'의 힘이 아직 약한 상태이기 때문에 벌어지는 일이다. 그래서 우리에게는 '이성'의 회복이 필요하다. 그렇다면 '이성'의 힘을 회복하기 위해서는 무엇을 해야 할까?

스피노자의 '제3종 인식'

> 제3종 인식에서 존재할 수 있는 최고의 정신의 만족이 생긴다. ─ 제5부, 정리 27

스피노자에 따르면, 인간이 자신과 세계를 파악하는 지적 능력에는 네 단계가 있다. '인식', '제1종 인식', '제2종 인식', '제3종 인식'이다. 이는 생소할 수는 있지만 난해한 개념은 아니다. 하나씩 살펴보자.

'인식'은 감각적 경험이다. 어린 아이가 난로 위의 뜨거운 주전자를 잡았다고 해 보자. 이때 아이가 느끼는 즉각적인 고통이 바로 '인식'이다. 엄마는 아이의 다친 손바닥에 약을 발라 주며 '뜨거운 것을 만지면 아프다'는 사실을 가르쳐 줄 것이다. 이를 통해 아이는 '주전자는 뜨겁다', '다치면 약을 발라야 한다' 같은 주관적인 의견을 갖게 되는데, 이것이 '제1종 인식'이다.

'인식(감각)'과 '제1종 인식(의견)'을 거친 아이는 난로 위의 냄비를 보며, '저건 주전자는 아니지만 난로 위에 있었으니까 뜨거울 거야'라고 생각할 수 있다. 이런 추론이 '제2종 인식'이다. 아이는 '인식(감각)'에서 '제1종 인식(의견)'을 거쳐 '제2종 인식(추론)'에 이르면서 점점 더 높은 차원의 지적 능력을 갖게 된다. 그런데 이보다 더 높은 차원의 지적 능력이 있다. 그것이 바로 '제3종 인식'이다.

스피노자에 따르면, 이 '제3종 인식'에 도달하면 인간의 '이성'은 어떠한 혼란이나 오류도 없이 온전히 작동하게 되고, 그때 비로소 인간은 최고의 행복에 이르게 된다. 그렇다면 '제3종 인식'은 구체적으로 어떤 것일까? 이는 자연 전체가 모두 연결되어 있음을 이해하고, 그 연결을 충분히 파악하게 된 상태다.

예를 들어 보자. '나'와 친구는 우정으로 연결되어 있다. 그리고 음악을 좋아하는 그 친구를 통해 '나'는 음악을 알게 된다. 즉, '나'는 친구를 매개로 음악과 연결된다. 그리고 우연히 만난 누군가와 음악 이야기를 나누다 사랑에 빠지게 된다. 즉, 음악을 매개로 연인과 연결된다. 또 그 연인을 매개로 꽃과 바다와 연결된다. 이러한 연결은 무한히 확장되며, 끝내는 자연 전체에 이르게 된다.

스피노자가 말하는 '자연'은 이처럼 모든 것이 무한히 연결되어 끊임없이 변화하는 거대한 그물망이다. 이 무한無限한 동시에 무상無常한 연결을 충분히 파악할 수 있는 지성적 능력이 '제3종 인식'이며, 이것이 바로 스피노자가 말하는 '이성'이다. 물론 이 '제3종 인식'은 쉬이 도달할 수 있는 인식 단계가 아니다. 언뜻 보기에 그것은 아예 불가능한 일처럼 느껴지기도 한다. 무한히 연결되어 끊임없이 변화하는 그 연결고리 전체를 어떻게 파악할 수 있단 말인가? 어떻게 하면, 이 불가능해 보이는 '제3종 인식'에 이를 수 있을까?

지혜, 공통개념의 확장

스피노자에 따르면, '공통개념'의 확장을 통해 '제3종 인식'에 이를 수 있다. '공통개념'이란 쉽게 말해, '나'와 타자 사이의 공통분모라고 할 수 있다. 앞선 사례에서 '나'와 친구는 우정이라는 '공통개념'을 통해 연결된다. 그리고 그 친구를 '공통개념' 삼아 다시 '나'는 음악과 연결되고, 또 음악을 '공통개념' 삼아 사랑하는 연인과 연결된다. 이처럼 우리는 '공통개념'을 통해 타인과 연결될 수 있고, 그 연결을 다시 '공통개념' 삼아 더 많은 것들과 연결될 수 있다. 이렇게 '나'와 '타자'의 '공통개념'을 계속 확장해 나가면, 어느 순간에 '제3종 인식', 즉 지혜에 이르게 된다.

'공통개념'을 더 넓게 확장한 사람일수록 더 지혜로울 수밖에 없다. '공통개념'이 확장되는 만큼, '나'가 확장되어 더 넓은 세계를 알게 되기 때문이다. 달리 말해, 지혜는 '나'의 확장으로서 '너(세계)'를 알게 되는 과정이라고 말할 수 있다. '나'라는 존재의 확장 없이, 단지 객관적인 정보만을 습득하는 일은 '지혜'가 아니라 '지식'일 뿐이다. 반면, '나'의 확장으로 결코 이해할 수 없을 것 같았던 '너' 속에서 '나'의 일부를 발견하는 것, 이것이 바로 진정한 '지혜'이다.

해양 생물학을 전공하는 두 사람이 있다. 한 사람은 바다를 사랑하던 아버지를 따라 노을 지는 바닷가를 걸은 적이 있다. 그때 저 멀리서 뛰어오르는 돌고래 떼를 보았다. 그 모습을 잊지 못해 해양 생물학을 전공했다. 다른 한 사람은 오직 점수에 맞춰서 그 전공을 선택했다. 같은 학문을 공부하더라도, 전자는 '지혜'에 이르고 후자는 '지식'만을 쌓게 된다. 왜 그런가? 전자는 '나-아버지-바다-노을-돌고래…'라는 '공통개념'을 이어서 자신의 세계를 확장해 나가지만, 후자에게는 그런 '공통개념'이 없기에 그저 분절된 세계만 있기 때문이다.

'지혜'로운 이는 타자와 기쁨과 슬픔을 나누지만, '지식'뿐인 이는 그러지 못하는 것도 바로 이 때문이다. 지혜로운 이는 바다와 노을, 돌고래와 함께 울고 웃으며, 그것들을 사랑하는 이들과도 기쁨과 슬픔을 나눌 수 있다. 그는 그것들과 이미 하나이기 때문이다. 하지만 '지식'만을 쌓은 이는 그럴 수 없다. 그에게 바다와 노을, 돌고래는 그저 학짐을 위한 도구일 뿐이며, 그것들을 사랑하는 이들 역시 자신과 아무 상관 없는 존재이기 때문이다. 이처럼 '나'와 세계가 연결되어 있음을 깨닫고, 그 연결을 파악해 가는 능력이 바로 '제3종 인식'이며, '지혜'이다.

자연 전체는 '공통개념'으로 연결되어 있다

자연의 모든 존재는 '공통개념'을 매개로 모두 연결되어 있다. 다만 우리가 그 연결을 파악하지 못하는 것뿐이다. 생각해 보면 정말 그렇지 않은가? '나-너' 사이의 '공통개념(인간)'에서 '인간(나·너)-원숭이' 사이의 '공통개념(직립보행)'을, 또 '동물(인간·원숭이)-나무' 사이의 '공통개념(물·호흡)'을 파악할 수 있다. 더 나아가 '동식물(인간·원숭이·소나무)-자연물(비·바람·바다)' 사이의 '공통개념(탄소·산소·수소)'을 파악할 수 있다. 이런 파악을 무한히 이어갈 때, 궁극적인 지점에서 '자연 전체(인간·원숭이·소나무·비·바람·바다…)'의 '공통개념(공空!·무상無常!·무아無我!)'을 파악하게 된다.

이처럼 '공통개념'을 통해 인식을 계속 넓혀 가다 보면, 마침내 인간을 넘어 생명 전체, 생명을 넘어 자연물 전체, 더 나아가 세계 전체의 무한한 연결고리를 이해하는 '제3종 인식'에 이르게 된다. '공통개념'을 확장하여 자연물 간의 연결고리를 더 많이 파악하고, 좁았던 시야를 넓혀 자연 전체를 바라볼 수 있는 이 '제3종 인식'이 스피노자가 말하는 진정한 '지혜'다.

'공통개념'의 확장이 행복이다

이제 우리의 첫 질문으로 돌아가자. 진정한 '행복'은 무엇일까? '제3종 인식'에 도달하는 것이다. 달리 말해, '공통개념'을 확장하여 자연 전체의 연결을 파악하는 것이다. 하지만 아직 해결되지 않은 질문이 있다. '제3종 인식'은 어떻게 우리네 삶을 행복하게 하는 것일까? 우선 스피노자의 이야기를 들어 보자.

> 정신이 보다 많은 것을 제2종 인식 및 제3종 인식을 통해 인식할수록, 그만큼 나쁜 감정으로부터 작용을 받는 것이 덜하며, 또 그만큼 죽음을 덜 두려워하게 된다. ─ 제5부, 정리 38

우리는 언제 '행복'하지 못한가? 탐욕, 분노, 질투, 증오, 공포 같은 슬픔을 주는 나쁜 감정에 휩싸일 때다. 이때 '공통개념'을 확장하면 그만큼 나쁜 감정으로부터 덜 영향 받게 된다. 예컨대 운전 중 앞차가 뭉그적거리면 화가 난다. 하지만 그 운전자가 초보라는 사실을 알게 되면 화가 조금 누그러진다. 이는 나 역시 초보였던 기억을 '공통개념'으로 가지고 있기 때문이다. 타인에게서 자신과 공통된 면을 발견할 수 있는 사람은 그로 인해 분노나 질투에 휩싸이지 않는다. 우리는 오직 자신과 아무런 공통점도 발견할 수 없는 타인에 의해서만 나쁜 감정에 휩싸이게 된다.

 이것이 우리의 '행복'을 결정짓는다는 사실은 자명하다. '동환'과 '경재' 두 사람이 있다. 만사를 '이성'적으로 바라보는 '동환'은 늘 평온하다. 그는 음식을 적당히 먹는다. 또 갑자기 옆 차가 끼어들거나 직장 동료들이 무리한 요구를 해도 평온한 미소를 유지한다. 반면 '이성'적이지 못한 '경재'는 늘 분노와 짜증에 휩싸여 있다. 그는 늘 과식과 폭식을 한다. 또 옆 차가 끼어들거나 직장 동료들이 무리한 요구를 하면 솟구치는 분노와 짜증을 주체하지 못한다. 둘 중 누가 더 행복할까? 단연 '동환'이다. '경재'는 나쁜 감정에 휘둘려 하루를 망치지만, '동환'은 나쁜 감정의 영향을 덜 받아 자신이 원하는 일들을 차분히 이어갈 수 있기 때문이다.

'공통개념'이 우리를 행복하게 하는 법

둘의 차이는 무엇일까? '공통개념'의 차이다. '동환'은 어떻게 항상 기쁨을 누릴 만큼만 음식을 먹을 수 있을까? '음식(동물·식물)-나' 사이의 '공통개념'을 갖고 있기 때문이다. 자신 역시 눈, 코, 심장 등 여러 기관으로 이루어진 존재(동물)이며, 햇볕이 필요하고 호흡을 해야 하는 존재(식물)임을 알고 있기 때문이다. '동환'은 거대한 자연 안에서 자신과 음식이 '공통개념'으로 연결되어 있다는 사실을 알고 있다. 바로 이 때문에 필요 이상으로 음식을 먹지 않는 것이다. 이것이 '동환'이 먹는 기쁨을 따르되, 과식의 슬픔을 피하는 행복한 상태에 머물 수 있는 이유다.

옆 차가 갑자기 끼어들어도, 동료들이 무리한 요구를 해도 '동환'이 분노하지 않는 이유도 마찬가지다. 자신과 옆 차 운전자, 자신과 동료들 사이에 '공통개념'을 갖고 있기 때문이다. 그는 자신이 그렇듯 다른 운전자 역시 저마다의 사정과 여건이 있을 수 있다는 사실을 안다. 또 자신이 그렇듯 동료들 역시 고된 업무에 시달리는 노동자라는 사실을 안다. 이런 '공통개념'을 더 많이 가질수록 이해하지 못할 일이 적다. 그래서 나쁜 감정에 덜 휘둘리고, 더 많은 행복을 누릴 수 있게 된다.

'경재'가 불행한 이유 역시 '공통개념' 때문이다. 즉 타자와의 '공통개념'을 형성하지 못했기 때문이다. 그의 탐식, 분노, 짜증은 '공통개념'의 부재에서 비롯된다. '경재'는 자신과 음식, 자신과 운전자, 자신과 동료들 사이에 '공통개념'이 없거나 현저히 적다. 쉽게 말해, 음식, 운전자, 동료들을 자신과 아무 상관 없는 존재라고 여긴다. 바로 이 때문에 '경재'는 탐욕, 짜증, 분노 같은 온갖 나쁜 감정에 휘둘리게 된다. '공통개념'을 더 적게 가질수록 이해하지 못할 일이 더 많고, 그래서 나쁜 감정에 더 휘둘리느라 그만큼 행복에서 멀어진다.

행복은 지혜로움 그 자체다

지혜로워진다는 것은, 더 많은 타자들과 더 많은 공통점을 발견할 수 있다는 것을 의미한다. 이것이 스피노자가 말한 '이성'이며, 그 '이성'을 따르는 사람은 더 큰 '행복'을 누릴 수 있다. 그런데 여기서 주의해야 할 점이 있다. 그것은 욕심과 '행복'의 관계에 관한 것이다.

> 행복은 덕의 보상이 아니라 덕 그 자체이다. 우리는 욕심을 억제하기 때문에 행복을 누릴 수 있는 것이 아니라, 오히려 행복을 누리기 때문에 욕심을 억제할 수 있다. ― 제5부, 정리 42

우리는 흔히 욕심을 억제해야 '행복'해질 수 있다고 믿는다. '동환'이 행복한 이유를, 음식을 더 먹고 싶은 욕심, 목적지에 빨리 가고 싶은 욕심, 직장생활을 편하게 하고 싶은 욕심을 억제했기 때문이라고 여긴다. 하지만 진실은 정반대다. '동환'은 욕심을 억제했기 때문에 '행복'한 것이 아니라, '행복'하기 때문에 자연스럽게 욕심이 줄어든 것일 뿐이다. 이를 두고 스피노자는 "행복은 덕(지혜)의 보상이 아니라 덕(지혜) 그 자체"라고 말한다.

지혜는 그 자체로 이미 '행복'이다. 지혜로운 자는 지혜('공통개념'의 확장) 그 자체가 우리에게 '행복'을 가져다준다는 사실을 알고 있다. 왜냐하면 지혜로운 자는 '나'와 '너'가 '공통개념'으로 연결된 하나라는 사실을 알고 있기 때문이다. 그는 남을 따뜻하게 대하려는 마음이 곧 자신을 따뜻하게 대하는 일임을 알고 있다. 그래서 지혜로운 자는 이미 충분히 '행복'하다. 그래서 과도한 욕심을 부릴 이유가 없다.

지혜로워질수록 불필요한 욕심은 자연스레 줄어든다. 지혜로운 자는 모든 것이 연결되어 있다는 사실을 알고 있기 때문이다. 지혜로운 자는 그 반대의 사실도 안다. '나'의 과도한 욕심으로 인해 발생한 타인의 슬픔은 어떤 식으로든 나에게 되돌아온다는 사실 말이다. 불필요한 욕심은 '지혜의 부재'일 뿐이다. '행복'을 원한다면 욕심을 줄이려고 하지 말고, 매 순간 '공통개념'을 더 확장해서 더 지혜로워지려고 노력해야 한다.

우리는 어디까지 '행복'해질 수 있을까?

'공통개념'을 확장하여 지혜를 얻고, 이를 통해 '행복'을 깨닫는 것. 이것이 스피노자가 말하는 '행복'에 이르는 길이다. 이 길에서 우리가 할 수 있는 일은 하나뿐이다. '공통개념'을 확장하는 것! 그다음 단계인 지혜와 '행복'은, 당장은 보이지 않는 지향점이다. 그 흐릿한 지향점을 향해 우리가 내디딜 수 있는 한 걸음은 '공통개념'의 확장뿐이다. 지금 내 옆에 있는 존재들과의 '공통개념'을 발견하고, 그 '공통개념'을 조금씩 넓혀 가는 것. 이로써 우리는 지혜로워지고, 그 지혜만큼 행복해질 수 있다. 그렇다면 우리는 어디까지 행복해질 수 있을까?

스피노자는, '제3종 인식'에 이르면 인간에게 가장 나쁜 감정을 유발하는 죽음마저도 덜 두려워하게 된다고 말한다. 이는 종교적인, 뜬구름 잡는 이야기가 아니다. 오히려 지극히 논리적인 이야기다. 더 많은 타자와 더 많은 '공통개념'을 발견하는 과정은 어디까지 나아갈 수 있을까? 그 끝은 필연적으로 자연 전체에 가닿을 수밖에 없다. 흙, 물, 바람, 불 등 자연 전체와 자신이 다르지 않다는 것을 진정으로 깨달은 사람은 죽음이 두려울 리 없다. 결국 죽음은 자연으로 돌아가는 일이니까 말이다.

'모든 것이 연결되어 끊임없이 변화하고 있다.' 이 삶의 진실을 진정으로 깨달은 이는 '집'으로 돌아가는 마음처럼 편안히 죽음을 맞이할 수 있다. 자연 전체가 자신과 다르지 않다는 진실을 진정으로 깨달은 이에게, 이해하지 못하거나 받아들이지 못할 일은 없다. 이제 우리는 '행복'의 진실을 알게 되었다. 역설적으로, 그래서 기쁨보다 슬픔에 빠지게 될지도 모르겠다. 그 행복에 이르는 길이 얼마나 어렵고 고될지 직감하게 되기 때문이다.

더 많은 '공통개념'을 파악하는 일, 나아가 죽음마저 편안함으로 받아들이는 지혜를 얻는 일은 얼마나 고되고 아픈 여정이겠는가. 그래서 진정한 '행복'이 무엇인지 알게 된 이들은 그 삶의 진실 앞에서 머뭇거릴 수밖에 없다. '행복' 앞에서 주저하고 있는 우리를 위해, 스피노자는 『에티카』를 끝내며 우리의 어깨를 두드려 준다. 나는 '행복'이 두려울 때, 스피노자의 이 말을 조용히 되뇐다.

이러한 목적지에 이르는, 내가 제시한 이 길은 몹시 험준하게 보인다. 하지만 분명 발견될 수는 있다. 진실로, 이처럼 행복이 드물게 발견되는 것은 곤란한 일이다. 만일 행복(구원)이 눈앞에 있어서 큰 노력 없이도 발견될 수 있다면, 어떻게 거의 모든 사람들이 그것을 등한시할 수 있겠는가? 모든 고귀한 것은 어려울 뿐만 아니라 드물다. ─ 제5부, 정리 42

『에티카』 한 걸음 더
— 지혜로움이란 무엇인가?

지혜로움으로 가는 네 가지 단계

스피노자에 따르면, 오직 '지혜(이성)'를 깨달은 자만이 진정으로 '행복'할 수 있다. 그리고 그 '지혜(이성)'는 네 가지 인식 단계를 거쳐 도달할 수 있다. '인식', '제1종 인식', '제2종 인식', '제3종 인식'이다. 먼저 '인식'과 '제1종 인식'이 무엇인지부터 알아보자.

> 감각을 통하여 단편적이고 혼란스러운 방식으로 어떠한 지성적 질서도 없이 우리에게 나타나는 개별의 사물들의 지각, 이러한 지각들을 닥치는 대로의 경험에 의한 인식이라고 부른다. — 제2부, 정리 40, 주석 2

우리가 어떤 말을 듣거나 글을 읽으면서 사물을 상기하고, 그것에 대하여 그것과 유사한 어떤 관념을 형성하며, 그 관념을 통하여 그 사물을 표상하는 것으로부터 사물을 생각하는 이 두 방식을 제1종 인식, 의견 또는

표상이라고 부를 것이다. — 제2부, 정리 40, 주석 2

'인식'은 감각을 통한 지각이다. 이는 보고 듣고 만지고 냄새 맡는 등의 감각을 통해 개별의 사물들을 닥치는 대로 경험함으로써 형성되는, 단편적이고 혼란스러운 이미지이다. 이러한 감각(이미지)적 지각인 '인식'에는 어떠한 지성적 질서도 없다. 한편, '제1종 인식'은 주관적인 의견이다. 이는 '인식'을 통해 받아들인 정보를 바탕으로 형성된 관념으로, 주관적인 의견이나 상상에 해당된다.

예를 들어 보자. 다양한 모양과 색깔의 꽃들이 있다. 그 개별의 사물(다양한 꽃)들을 닥치는 대로 지각하는 것이 바로 '인식'이다. 쉽게 말해, '이 꽃은 빨갛고, 저 꽃은 노랗다'라고 지각하는 것이 '인식'이다. 이때 빨간 꽃만 '인식'한 이가 '모든 꽃은 빨갛다'라는 '의견'을 말할 수 있다. 이것이 '제1종 인식'이다. '제1종 인식'은 제한된 지각으로부터 도출된 의견이나 상상, 즉 일종의 편견이나 선입견이라고 말할 수 있다. 이제 '제2종 인식'이 무엇인지 알아보자.

우리가 사물의 특성에 대하여 공통개념 및 타당한 관념을 가지고 있는 것으로부터 이것을 나는 이성 및 제2종 인식이라고 부를 것이다. — 제2부, 정리 40, 주석 2

'제2종 인식'은 '공통개념'을 바탕으로 하는 인식이다. 즉, 어떤 사물들이 공통적으로 지니는 속성들을 파악하여 개념화하는 인식이 '제2종 인식'이다. 스피노자는 '이성'은 이 '공통개념'으로부터 나온다고 말한다. 예컨대, '꽃은 뿌리와 줄기가 있고, 저마다 고유한 색과 향기를 지닌다'고 말하는 경우를 생각해 보자. 이는 많은 꽃들을 관찰하고, 또 다양한 사람들과 꽃에 대해 이야기를 나누며 꽃의 '공통개념'을 파악해야 형성할 수 있는 인식이다. 스피노자에게 '이성'이란 이런 '공통개념'을 통해 도출된 인식을 뜻한다. 그렇다면 '제3종 인식'은 무엇일까?

> 이 두 종(제1종 인식, 제2종 인식)의 인식에 더하여, … 제3종 인식이 있는데, 이것을 직관적 인식이라고 부를 것이다. ― 제2부, 정리 40, 주석 2

'제3종 인식'은 '직관적 인식'이다. 이 말은 다소 의아하게 들린다. '직관'이란, 흔히 판단이나 추론 같은 사유 과정을 거치지 않고 대상을 직접 파악하는 것을 뜻하지 않는가? 그렇다면 '직관'은 비'이성'적인 것 아닌가? 그런데 스피노자는 '이성'의 최고 단계를 '직관적 인식'이라고 말한다. 스피노자의 말을 어떻게 이해해야 할까? '제3종 인식'에 대한 설명을 조금 더 들어 보자.

> 제3종 인식을 통해 사물을 인식하려는 노력(코나투스) 또는 욕망은 제1종 인식에서는 생길 수 없지만, 제2종 인식에서는 생길 수 있다. ― 제5부, 정리 28

'제3종 인식'은 '제1종 인식(의견)'으로부터 생길 수 없다. 즉, 제한된 '인식'에서 도출된 '제1종 인식(의견·편견·선입견)'으로는 '제3종 인식'에 도달할 수 없다. 이는 당연하다. 잘못된 전제로부터 올바른 결론을 도출해 낼 수는 없는 법이다. '제3종 인식'은 '제2종 인식'을 통해 도달할 수 있다. 즉, '공통개념'의 확장을 통해 '제3종 인식'에 이를 수 있다. 그렇다면 '공통개념'을 확장한다는 것은 어떤 의미일까?

> 제3종 인식에서 필연적으로 신에 대한 지적 사랑이 생긴다. ─ 제5부, 정리 32, 계

'제3종 인식'은 "신에 대한 지적 사랑"과 관련된 문제다. 스피노자에게 신은 곧 자연 전체이므로, '제3종 인식'은 자연에 대한 앎과 관련된 문제라고 할 수 있다. 조금 더 구체적으로 말해, '제3종 인식'은 자연 전체를 지적으로 이해하는 능력이다. 자연 전체를 이해한다는 것은 무슨 뜻일까? 그것은 자연에 존재하는 모든 것들이 어떤 방식으로든 서로 연결되어 있다는 사실을 파악한다는 의미다. 자연 안의 모든 것들은 어떻게 연결되어 있는가? 그것들은 모두 '공통개념'을 매개로 서로 연결되어 있다. 그러니 '공통개념'을 확장한다는 것은 자연을 이해한다는 의미인 것이다.

'사람과 꽃은 다르지 않다.' 이 말은 '제3종 인식'에 가깝다. 왜 그런가? 자연 안에는 꽃만 있는가? 아니다. 사람도 있다. '공통개념'을 확장하면, 꽃의 줄기가 인간의 몸통이고, 꽃의 뿌리가 인간의 다리임을 깨닫게 된다. 또 비슷해 보이는 꽃이라 할지라도 저마다의 색과 향이 있듯, 비슷해 보이

는 인간이라 할지라도 저마다의 존재론적 색과 향이 있다는 사실을 깨닫게 된다. 이렇게 '공통개념'을 확장해 나갈 때, '제3종 인식'에 더 가까워진다. 달리 말해, 식물-사람, 사람-동물, 더 나아가 생명체-비생명체 사이의 '공통개념'을 발견할 수 있을 때, 우리는 '제3종 인식'에 더 가까워진다.

행복은 신에 대한 직관적 인식에서 생기는 정신의 만족이다. ― 제4부, 부록 4

"행복은 신에 대한 직관적 인식"에서 생긴다. 이는 '제3종 인식'에 이르면 '행복'할 수 있다는 의미다. '제3종 인식'은 '자연(신)'에 대한 '직관적 인식'이기 때문이다. 이제 왜 '제3종 인식'이 '직관적 인식'인지 알 수 있다. '자연(신)' 안에 있는 무한한 '공통개념'의 연결을 파악하는 일은 논리적 판단이나 추론으로는 결코 도달할 수 없는 일이기 때문이다. 그것은 오직 '직관'을 통해서만 가능한 일이다. 그 '직관적 인식'으로 자연 전체의 연결을 깨닫게 되었을 때, 우리는 진정한 '행복'에 이를 수 있다.

간보다, 정서적으로 의지했던 시간이 더 길
컨대, 제게 '스피노자'는 '하나님'이자 '부
『티카』는 '성경'이자 '경전'이었습니다. 그런
지도 후회스럽지도 않습니다. 그 소중한 시
지금의 저는 없었을 테니까요.

을 마무리하며, '임제' 선사의 이야기가 다
. 당혹스럽게도, 부처의 가르침을 따라 자
'임제'는 만나는 모든 것을 죽이라고 말합
이고, 부모도 죽이고, 심지어 부처(신!)마저
. 그래야 진정으로 자유로울 수 있다고
의 말은 옳습니다. 매 순간 자신의 마음속에
하는 자가 어떻게 자유로울 수 있으며, 어
있을까요. 오로지 작은 '부처(친척·부모)'와
두 죽인 이들만이 진정한 자유를 얻어 스
수 있겠지요(성불成佛!).

갖은 것처럼 정신이 번쩍 들었습니다. 저는
으로 바랐던 것이 무엇인지 알고 있습니
'스피노자'는 종교든 감정이든, 인간을 예
로부터 벗어나 우리가 진정한 자유인이 되
'스피노자'에 대한 긴 이야기를 마무리하
았던 이유를 이제 압니다. 진정으로 '스피노
서는 '스피노자'를 죽여야 하기 때문입니
부처'로 모시는 한, 저는 결코 진정한 자유
지요.

쓴 이 책은, 저를 위한 책이기도 합니다.

에필로그

1.

> 스피노자로부터 어떤 감정, 감정들 전체, 동역학적 결정, 충동을 받아들인 사람, 그리고 그렇게 스피노자와 만나고 스피노자를 사랑하는 사람 또한 비철학자이지만 스피노자주의자이다. — 질 들뢰즈, 『스피노자의 철학』

"『에티카』를 읽어 봐요." 사람들이 제게 저마다의 고민을 이야기할 때, 제가 되돌린 답이었습니다. 『에티카』는 정말이지 보석 같은 책입니다. 저는 이 책을 통해 정신적 키가 몇 뼘이나 자랐습니다. 『에티카』는 우리가 당연하게 여겨 온 생각이나 판단이 실은 터무니없는 편견에 불과했음을 드러냅니다. 그렇게 우리의 협소한 생각과 판단을 전복시켜 버립니다. 그 전복의 과정을 통해 오래된 고민들이 자연스레 해소되거나, 심지어 그것들은 사실 고민이 아니었음을 깨닫게 되기도 합니다. 그렇게 제 주위의 사람들 역시 『에티카』

를 통해 정신적 키가 자라기를 바랐습니다.

"무슨 말인지 모르겠어요." 제 말을 듣고 『에티카』를 읽어 본 이들이 하나같이 했던 말입니다. 그럴 법도 합니다. 『에티카』는 난해하기로 악명 높은 책이니까요. 『에티카』를 쉽게 이해할 수 있게 도와 줄 해설서를 찾았습니다. 하지만 딱히 추천해 줄 만한 해설서를 찾지 못했습니다. 어떤 해설서는 『에티카』보다 더 난해했고, 또 어떤 해설서는 이미 『에티카』에 대해 어느 정도 알고 있어야 이해할 수 있는 해설서였습니다. 그 책들은 적어도 제가 만난 이들에게는 전혀 '해설'서가 아니었습니다. 그때였나 봅니다. 제 마음속에 제법 큰 야심 하나가 생겼던 때가.

"세상에서 가장 쉬운 『에티카』 해설서를 쓰고 싶다!" 딱딱하고 현학적이어서 『에티카』보다 더 읽기 어려운 『에티카』 해설서 말고, 우리의 일상적 고민들에 대해 이야기하면서 자연스레 『에티카』를 이해하게 되는 그런 해설서를 쓰고 싶었습니다. 인간의 자유와 행복을 갈망했던 스피노자 철학의 정수인 『에티카』를 직접 읽을 수 있게 도와드리고 싶었습니다. 『에티카』 직접 읽기! 이것이 제가 이 책 속에 숨겨 놓았던 또 하나의 '기쁨'입니다.

눈치채지 못하셨을 수도 있겠지만, 이 책은 『에티카』를 직접 읽을 수 있도록 돕는 『에티카』의 해설서로 구성되어 있습니다. 이 책을 충실히 다 읽으셨나요? 그렇다면 서점으로 가서 『에티카』를 읽어 보세요. 여전히 어렵기는 하겠지만 어느 정도 이해하며 읽어 나가실 수 있을 겁니다. 이 책에는 여러분의 '고민'만 담겨 있는 것이 아닙니다. 스피노자의 '철이 책을 쓰는 동안, '스피노자'와 함께 울고 웃었던 지난 세월을 정리하는 시간을 선물 받았기 때문입니다. 저는 이제 '스피노자'를 놓아줄 수 있을 것 같습니다. 여러분께 '스피노자'를 돌려드렸으니 말입니다. 긴 이야기의 마지막 글을 쓰는 지금 깨닫습니다. 이 글이 바로 제 마음속의 '부처', 곧 '스피노자'를 죽이는 일이라는 사실을 말입니다. 저는 '스피노자'를 죽여 진정한 스피노자주의자가 되려 합니다. 그렇게 제 삶의 다음 여정을 시작하겠습니다. 긴 글을 읽어 주셔서 진심으로 고맙습니다.

'신도림 스피노자'를 내려놓으며,
황진규 씀.

스피노자 자연스러운 삶을 위한 철학

ⓒ황진규, 2025

초판 1쇄 펴냄 2025년 11월 20일
지은이   황진규
엮은이   김혜원
디자인   상록

펴낸이   김병준
펴낸곳   (주)지경사
출판등록 제10-98호(1978년 11월 12일)
주소   서울특별시 강남구 논현로71길 12
전화   010-9495-9980(편집) 02-557-6351(영업)
팩스   02-557-6352
이메일   jigyungsa@gmail.com

ISBN 978-89-319-3471-7 03100

철학흥신소는 (주)지경사의 임프린트입니다.
이 책의 내용을 무단 복제하는 것은 저작권법에 의해 금지되어 있습니다.
파본이나 잘못된 책은 구입한 곳에서 교환해드립니다.